21 世纪通识教育系列教材

统计学基础

(第7版)

贾俊平 / 编著

Fundamental Statistics

中国人民大学出版社
· 北京 ·

出版说明

随着信息时代的来临、经济全球化的深入与文化软实力竞争的加剧，重视大学生人文素养与创新能力的培养，提升大学生的综合素质，已成为各国教育改革与发展关注的重点和热点。人们越来越意识到：高等教育不仅要培养大学生良好的专业素质，更重要的是使得他们在走向社会之后拥有长足的自我拓展能力。只有以宽口径、厚基础、复合型为人才培养目标，才能更好地提高我国高等教育的质量，培育出适应现代社会需求的具备公民意识、社会责任感与创新精神的优秀人才。

从中外大学通识教育的实践来看，通识教育是一项系统工程，而课程体系建设始终是推进通识教育的核心任务，教材建设则又是其中的重要环节。为满足广大高校师生对高质量通识教育教材的需求，中国人民大学出版社组织多学科、多领域的专家学者，在广泛调研与深入研讨的基础上，组织编写了这套“21 世纪通识教育系列教材”，为推动高等学校通识教育教材建设进行了探索。

本套教材分为人文、政法和经管三大板块，定位为非专业统开课教材，突出“通识”的特色，强调内容阐释的“基础”和“宽度”，力求突破单纯的“专业视域”或“知识视域”，引导学生调整知识结构，拓宽文化视野，以达成人才培养效果上的“宽度”，从而实现高等教育培养复合型人才的目标。

本套教材中的每一本均由该学科领域有影响力的专家学者领衔编撰。通识教材的“基础”与“宽度”，需要特别重视教材纲目与内容的适用性、可拓展性和灵活性。唯有在该领域具有丰富教学经验及精深学术水准的名家，方能“取精用弘，由博返约”，编撰出体现“通识”特色的高水平教材。

本套教材形式与内容和谐统一，教材内容基础适用，语言简洁生动，并辅以典型、有趣的案例、图表，轻松活泼的栏目和插图等，图文并茂，引人入胜，照顾到青年学生群体的阅读习惯。

作为出版者，我们特别希望通过加强通识教育教材建设，推进高校课程体系的融会贯通，提高学生跨学科、跨文化的理解能力，为学生未来的职业生涯与人生发展奠定良好的知识和能力基础。这套通识教育系列教材只是开始，期望更多的专家学者共襄此事，推进通识教育教学的改革与发展。

中国人民大学出版社

出版说明

[illegible]

中国人民大学出版社

前　言

本书是为高等院校各类专业的学生编写的一本统计通识课程教材，并以数据分析为导向介绍一些基本的统计方法。

全书共包括 8 章，第 1 章介绍统计学的一些基本概念、数据及其分类、数据来源等。第 2 章介绍数据的图表展示方法，包括数据的预处理、频数分布表的生成、类别数据和数值数据的图示方法。第 3 章介绍描述数据的一些常用统计量的计算方法。第 4 章介绍抽样与参数估计，包括常用的概率抽样方法及其统计量的分布、参数估计的原理与方法等。第 5 章介绍假设检验的基本方法，包括假设检验的原理及其应用。第 6 章介绍相关与回归分析方法，包括变量间关系的描述方法、简单线性回归分析的应用。第 7 章介绍时间序列的分析和预测方法，包括增长率分析、平滑法预测、趋势外推预测和分解预测等。第 8 章介绍统计指数，包括指数的编制方法及其应用。

本书例题的计算和分析均使用 Excel (2019) 软件实现，并列出了详细的操作步骤。为方便教学和学习，本书配备有教学大纲、教学和学习用 PPT、例题和习题数据等资源，可在中国人民大学出版社网站上下载，网址：www.crup.com.cn。

贾俊平
于中国人民大学

统计学基础课程
思政建设的总体目标

《统计学基础》（第 7 版）以习近平新时代中国特色社会主义思想为指导，全面贯彻党的二十大精神，根据教育部《高等学校课程思政建设指导纲要》的要求，把立德树人作为根本任务。

统计学基础既是方法课，也是应用课。思政建设的侧重点应放在应用层面，将统计方法的应用与中国实际问题相联系，重点把握以下几个方面的内容。

- **树立正确的统计价值观，将统计应用与习近平中国特色社会主义思想的生动实践相结合**

统计学基础是一门应用性很强的学科。在内容讲授过程中，应注意对学生正确统计理念的塑造，这就需要将思政建设的内容与课程内容和知识传授的理念相结合，其中的关键是授课教师应加强自身的政治素养和树立正确的理念，通过知识传授将正确的价值观传递给学生，引导学生科学合理地应用统计解决实际问题。

- **树立正确的统计理念，将统计方法与实事求是的理念相结合**

统计学基础课程的内容涵盖数据收集、处理、分析并得出结论。要树立正确的统计理念，就应始终本着实事求是的态度，要实事求是地收集数据，避免弄虚作假。在数据分析中应科学合理地使用统计方法，避免主观臆断。在对数据分析结果的解释和结论陈述中，应保持客观公正、表里如一，避免为一己私利而违背科学和实事求是的理念。

- **牢记统计服务于社会的使命，将统计应用与以人民为中心的发展思想相结合**

统计学基础作为一门通识课，学生学习的主要目的是应用统计方法解决实际问题。在课程内容的讲授过程中，应牢记统计服务于社会、服务于生活、服务于管理、服务于科学研究的使命，坚持以人民为中心的发展思想。鼓励学生将统计方法应用于分析和研究中国特色社会主义建设的成就，应用于反映人民生活水平变化，应用于反映社会主义制度的优越性上。

贾俊平

目　录

第1章　统计学和统计数据

1.1　统计学及其应用领域 …… 1
　1.1.1　什么是统计学 …… 1
　1.1.2　统计学的应用领域 …… 2
1.2　数据的类型 …… 4
　1.2.1　类别数据和数值数据 …… 4
　1.2.2　观测数据和实验数据 …… 5
　1.2.3　截面数据和时间序列数据 …… 5
1.3　数据的来源 …… 6
　1.3.1　数据的间接来源 …… 6
　1.3.2　数据的直接来源 …… 7
　1.3.3　调查方案设计 …… 10
　1.3.4　数据质量 …… 11
1.4　统计中的几个基本概念 …… 12
　1.4.1　总体和样本 …… 12
　1.4.2　参数和统计量 …… 12
　1.4.3　变量 …… 13
1.5　Excel【数据分析】工具的安装 …… 14
本章小结 …… 16
练习题和答案 …… 16

第2章　数据的图表展示

2.1　数据的预处理 …… 20
　2.1.1　数据审核 …… 20
　2.1.2　数据排序 …… 21
　2.1.3　数据筛选 …… 22
2.2　数据的频数分布 …… 25
　2.2.1　类别数据的频数分布表 …… 25
　2.2.2　数值数据的类别化 …… 29

2.3 类别数据的图示 …… 33
2.3.1 条形图和帕累托图 …… 33
2.3.2 饼图和环形图 …… 36
2.4 数值数据的图示 …… 37
2.4.1 直方图和箱形图 …… 38
2.4.2 散点图和气泡图 …… 43
2.4.3 雷达图和轮廓图 …… 45
2.4.4 时间序列的图示 …… 47
2.5 合理使用图表 …… 49
本章小结 …… 50
练习题和答案 …… 50

第 3 章 数据的概括性度量
3.1 集中趋势的度量 …… 62
3.1.1 平均数 …… 62
3.1.2 分位数 …… 64
3.1.3 众数 …… 68
3.1.4 各度量值的比较 …… 68
3.2 离散程度的度量 …… 69
3.2.1 极差和四分位差 …… 69
3.2.2 平均差 …… 70
3.2.3 方差和标准差 …… 71
3.2.4 离散系数 …… 73
3.2.5 标准分数 …… 74
3.3 偏度与峰度的度量 …… 76
3.3.1 偏度系数 …… 76
3.3.2 峰度系数 …… 77
3.4 Excel【数据分析】工具的应用 …… 77
本章小结 …… 79
练习题和答案 …… 80

第 4 章 抽样与参数估计
4.1 抽样与抽样分布 …… 84
4.1.1 概率抽样方法 …… 85
4.1.2 抽样分布 …… 88
4.2 参数估计的基本原理 …… 93
4.2.1 估计量与估计值 …… 93

4.2.2 点估计与区间估计 …… 94
4.3 总体均值的区间估计 …… 97
4.3.1 正态总体、方差已知，或非正态总体、大样本 …… 97
4.3.2 正态总体、方差未知、小样本 …… 100
4.4 总体比例的区间估计 …… 103
4.5 样本量的确定 …… 104
4.5.1 估计总体均值时样本量的确定 …… 104
4.5.2 估计总体比例时样本量的确定 …… 105
本章小结 …… 105
练习题和答案 …… 106

第5章 假设检验
5.1 假设检验的基本原理 …… 111
5.1.1 假设的陈述 …… 111
5.1.2 两类错误与显著性水平 …… 114
5.1.3 检验统计量与拒绝域 …… 116
5.1.4 利用 P 值进行决策 …… 118
5.2 总体均值的检验 …… 122
5.2.1 大样本的检验方法 …… 122
5.2.2 小样本的检验方法 …… 127
5.3 总体比例的检验 …… 129
本章小结 …… 131
练习题和答案 …… 131

第6章 相关与回归分析
6.1 变量间关系的度量 …… 138
6.1.1 变量间的关系 …… 138
6.1.2 相关关系的描述与测度 …… 139
6.1.3 相关关系的显著性检验 …… 145
6.2 一元线性回归分析 …… 146
6.2.1 一元线性回归模型 …… 146
6.2.2 参数的最小二乘估计 …… 148
6.2.3 回归直线的拟合优度 …… 151
6.2.4 显著性检验 …… 154
6.2.5 利用回归方程进行估计和预测 …… 157
本章小结 …… 161
练习题和答案 …… 161

第 7 章 时间序列分析和预测
7.1 时间序列的成分 …… 169
7.2 增长率分析 …… 170
7.2.1 增长率与平均增长率 …… 170
7.2.2 增长率分析应注意的问题 …… 173
7.3 时间序列预测的程序和方法 …… 174
7.3.1 确定时间序列的成分 …… 174
7.3.2 预测方法的选择与评估 …… 175
7.4 平滑法预测 …… 176
7.4.1 移动平均法 …… 176
7.4.2 简单指数平滑法 …… 177
7.5 趋势外推预测 …… 181
7.5.1 线性趋势预测 …… 181
7.5.2 非线性趋势预测 …… 183
7.6 多成分序列的分解预测 …… 188
7.6.1 确定并分离季节成分 …… 188
7.6.2 建立预测模型并进行预测 …… 191
7.6.3 计算最终预测值 …… 192
本章小结 …… 193
练习题和答案 …… 194

第 8 章 指 数
8.1 指数及其分类 …… 201
8.2 加权指数 …… 202
8.2.1 加权综合指数 …… 202
8.2.2 加权平均指数 …… 204
8.2.3 价值指数与指数体系 …… 205
8.3 几种常用的价格指数 …… 206
8.3.1 消费者价格指数 …… 206
8.3.2 生产者价格指数 …… 207
8.3.3 股票价格指数 …… 207
本章小结 …… 207
练习题和答案 …… 208

附录 用 Excel 生成概率分布表 …… 213
参考书目 …… 217

第1章　统计学和统计数据

内容提要

本章主要介绍统计学的一些基本问题，目的是使读者对统计学有一个初步了解和认识，具体内容包括：

1. 统计及其应用领域。介绍统计学的含义以及统计的应用领域等。

2. 统计数据及其类型。介绍统计数据及其类型以及统计数据与统计方法之间的关系。

3. 统计数据的来源。介绍二手数据的来源、原始数据的调查和收集方法、调查方案的设计以及统计数据的误差等问题。

4. 统计中的基本概念。介绍统计中常用的几个基本概念，包括总体和样本、参数和统计量以及变量等。

1.1　统计学及其应用领域

在生活中，人们经常会接触到统计数据，比如，各种报道中经常使用统计数据、图表等。本章将介绍统计学的一些基本问题，包括统计学的含义、统计数据及其分类、统计中的一些基本概念等。

1.1.1　什么是统计学

统计学是分析数据的一门科学。统计学家给统计学下的定义很多，如“统计学是收集、分析、表述和解释数据的科学”“统计学是一门收集、分析、解释和提供数据的科学”“统计学指的是一组方法，用来设计实验、获得数据，然后在这些数据的基础上组织、概括、演示、分析、解释和得出结论”。总结上述定义，可以将统计学的含义概括如下：

▶ **定义 1.1**　统计学（statistics）是收集、处理、分析、解释数据并从数据中得出结论的科学。

统计学的定义告诉我们，统计学是关于数据的科学，它提供一套有关数据收集、数据处理、数据分析、数据解释并从数据中得出结论的原则和方法。统计学研究的是来自各领域的数据。

统计学提供的数据分析方法大致可分为描述统计和推断统计。

▶ **定义 1.2** 研究数据收集、处理和描述的统计学方法，称为描述统计（descriptive statistics）。

描述统计的内容包括取得研究所需要的数据、用图表形式对数据进行处理和显示，进而通过综合、概括与分析，得出反映所研究现象的一般性特征。

▶ **定义 1.3** 研究如何利用样本数据来推断总体特征的统计学方法，称为推断统计（inferential statistics）。

推断统计是研究如何利用样本数据来推断总体特征的统计学方法，内容包括参数估计和假设检验两大类。参数估计是利用样本信息推断所关心的总体特征，假设检验则是利用样本信息判断对总体的某个假设是否成立。比如，从一批灯泡中随机抽取少数几个灯泡作为样本，测出它们的使用寿命，然后根据样本灯泡的平均使用寿命估计这批灯泡的平均使用寿命，或者是检验这批灯泡的使用寿命是否等于某个假定值，这就是推断统计要解决的问题。

1.1.2 统计学的应用领域

统计方法是适用于所有学科领域的通用数据分析方法，只要有数据的地方就会用到统计方法。目前，随着定量研究的日趋重要，统计方法已应用到自然科学和社会科学的众多领域。可以说，几乎所有的研究领域都要用到统计方法。比如，政府部门、学术研究领域、日常生活、公司或企业的生产经营管理中都要用到统计。下面给出统计在工商管理中的一些应用。

1. 企业发展战略

发展战略是一个企业的长远发展方向。制定发展战略，一方面需要及时了解和把握整个宏观经济的状况及发展变化趋势，以便了解市场的变化；另一方面，还要对企业进行合理的市场定位，以便把握企业自身的优势和劣势。所有这些方面都离不开统计，它们需要统计提供可靠的数据，利用统计方法对数据进行科学的分析和预测，等等。

2. 产品质量管理

质量是企业的生命，是企业持续发展的基础。我们在质量管理中同样离不开统计的应用。在一些知名的跨国公司中，6σ 准则已成为一种重要的管理理念。由此可知，质量控制已成为统计学在生产领域中的一项重要应用。此外，各种统计质量控制图还广泛用于监测生产过程。

3. 市场研究

企业要在激烈的市场竞争中取得优势，首先必须了解市场。要了解市场，企业就需要做广泛的市场调查，以取得所需的信息，然后对这些信息进行科学的分析，并以此作为生产和营销的依据。这些措施都需要统计的支持。

4. 财务分析

上市公司的财务数据是股民进行投资选择的重要参考依据。一些投资咨询公司主要是根据上市公司提供的财务和统计数据进行分析，为股民提供投资参考。企业自身的投资也离不开对财务数据的分析，其中就要用到大量的统计方法。

5. 经济预测

企业要对未来的市场状况进行预测，经济学家也常常对宏观经济或某一方面进行预测，他们在进行预测时就要使用各种统计信息和统计方法。比如，企业要对产品的市场潜力做出预测，以便及时调整生产计划，此时就需要利用市场调查取得数据，并对数据进行统计分析。经济学家在预测通货膨胀时，要利用有关生产价格指数、失业率、生产能力利用等统计数据，然后使用统计模型进行预测。

6. 人力资源管理

利用统计方法对企业员工的年龄、性别、受教育程度、工资等进行分析，并以此作为企业制定工资计划、奖惩制度的依据。

当然，统计并不仅仅是为了管理，它是为自然科学、社会科学的多个领域而发展起来的，并为多个学科提供了一种通用的数据分析方法。从某种意义上说，统计仅仅是一种数据分析的方法，与数学一样，统计是一种工具，它是一种数据分析的工具。

统计的主要作用是帮助我们分析数据。比如，我们可以利用统计简化繁杂的数据，用图表重新展示数据，再建立数据模型，并进行比较分析，等等。对于一个工商管理人员来说，他会面临企业经营管理的大量数据。这些数据对该管理人员进行管理与决策起到了什么样的作用？一个决策者可能更喜欢看文字性的材料，或者某种结论性的东西，他看到数据就会头痛。也就是说，他“害怕”数字。殊不知，结论性的东西就是来自对数据的分析。

统计的目的不仅仅是让人们看懂数据，其主要功能是分析数据。统计学提供了一套分析数据的通用方法和工具。不同的人对数据分析的理解也会不一样，曲解数据分析是一种常见的现象。在有些人的心目中，数据分析就是寻找支持：他们的心目中可能有了某种结论性的东西；或者说，他们希望看到一种符合他们需要的结论，然后再去找些统计数据来支持他们的结论。这恰恰歪曲了数据分析的本质：数据分析的真正目的是从数据中找出规律、从数据中寻找启发，而不是寻找支持。真正的数据分析事先是没有结论的，我们需要对数据进行分析才能得出结论。

当然，统计不是万能的，它不能解决我们所面临的一切问题。统计能帮助我们进行数据分析，并从分析中得出某种结论，但对统计结论的进一步解释，则需要分析人员具备专业知识。统计不能为管理人员提供所需的一切技巧和方法。当我们把统计用到管理领域时就会发现，统计和管理之间还有差距。许多学过统计的管理人员总觉得还缺少点什么东西，好像统计没有从根本上解决他们的问题。实际上，大部分统计方法都需要某些假设作为前提。比如，我们在建立一个线性回归模型时，首先要假设变量之间的关系是线性的，否则我们就无从下手。但是，这种假设必须经过严格的检验，之后才能应用所建立的模型。作为一个管理人员，他更关心真正有用的信息是什么，结论是什么，应采取什么样的行动，他并不那么关心严格的统计检验。当然，该管理人员也会检验信息的正确性，但他不一定是通过统计检验，而是通过某种其他方式，如定性的方法，或者干脆就凭直觉。然而，自然科学强调应在不同条件下对非统计方法推导出的假设进行严格的检验。显然，统计在自然科学和管理科学中的作用是不同的。管理人员所需要的功能，统计未必能提供。如果我们希望在没有外界帮助的条件下找出数据的特征或规律，那么统计对此无能为力。统计是一套分析数据的方法和工具，我们不能指望统计成为解决所有问题的灵丹妙药。

1.2 数据的类型

统计数据是对现象进行观测或实验的结果。比如，对经济活动总量进行测量可以得到国内生产总值（GDP）数据，对股票价格变动水平进行测量可以得到股票价格指数的数据，对人口性别进行测量可以得到男或女这样的数据，等等。由于使用的测量尺度不同，统计数据可以分为不同的类型。下面我们从不同角度说明统计数据的分类。

1.2.1 类别数据和数值数据

按照所采用的不同计量尺度，我们可以将统计数据分为类别数据和数值数据。

▶ **定义 1.4** 只能归于某一类别的非数字型数据，称为类别数据（categorical data）。

类别数据也称为定性数据或品质数据（qualitative data），它是对事物进行分类的结果，数据则表现为类别，是用文字来表述的。比如，观察人的性别、上市公司所属的行业、用户对商品满意度的评价，得到的结果就不是数字，而是事物的属性。比如，观测性别的结果是“男”或“女”，上市公司所属的行业为“金融业”“地产业”“旅游业”等，用户对商品满意度的评价为“很满意”“满意”“一般”“不满意”“ 很不满意”。这些都是类别数据。此外，将从业人员的月收入分为 5 000 元以下、5 000～10 000 元、10 000～15 000 元、15 000～20 000 元、20 000 元以上 5 档，这里的月收入档次的取值也不是普通的数值，而是数值区间，这实际上是将数值转化成了类别，因此也属于类别数据。

类别数据根据取值是否有序通常分为无序类别数据和有序类别数据两种。无序类别的各个取值是不可以排序的。例如上市公司所属的行业这一变量取值为“金融业”“地产业”“旅游业”等，这些取值之间不存在顺序关系。有序类别数据也称为顺序（ordinal）数据，其取值间可以排序。例如对商品满意度的评价这一变量的取值为“很满意”“满意”“一般”“不满意”“很不满意”，这 5 个值之间是有序的。

有序类别数据也是对事物进行分类的结果，但这些类别是有顺序的。比如，产品可分为一等品、二等品、三等品、次品等；考试成绩可以分为优、良、中、及格、不及格等；一个人的受教育程度可以分为小学、初中、高中、大学及以上；一个人对某一事物的态度可以分为非常同意、同意、保持中立、不同意、非常不同意；等等。同样，有序类别数据也可以用数字代码来表示。比如，1 表示“非常同意”，2 表示“同意”，3 表示“保持中立”，4 表示“不同意”，5 表示“非常不同意”。

▶ **定义 1.5**　按数字尺度测量的观察值，称为数值数据（metric data）。

数值数据（quantitative data）的取值为数字。例如“企业销售额”“股票价格”“月收入”“投掷一枚色子出现的点数”等，取值都用数字来表示，都属于数值数据。在现实中，我们所处理的大多数数据是数值数据。

数值数据根据其取值的不同，可以分为离散数据（discrete data）和连续数据（continuous data）。离散数据只能取有限个值，而且其取值可以一一列举，如“上市公司数”“一个社区的居民户数”等就是离散数据。连续数据可以在一个或多个区间中取任何值，它的取值是连续不断的，不能一一列举，如“温度”“股票价格”等都是连续数据。

1.2.2　观测数据和实验数据

按照统计数据的收集方法，可以将其分为观测数据和实验数据。

▶ **定义 1.6**　通过调查或观测收集到的数据，称为观测数据（observational data）。

观测数据是在没有对事物进行人为控制的条件下得到的，有关社会经济现象的统计数据几乎都是观测数据。

▶ **定义 1.7**　在实验中控制实验对象收集到的数据，称为实验数据（experimental data）。

比如，对一种新药疗效的实验数据，对一种新农作物品种的实验数据。自然科学领域的大多数数据是实验数据。

1.2.3　截面数据和时间序列数据

按照被描述的现象与时间的关系，可以将统计数据分为截面数据和时间序列数据。

▶ **定义 1.8**　在相同或近似相同的时间点上收集的数据，称为截面数据（cross-sectional data）。

截面数据所描述的是现象在某一时刻的变化情况，它通常是在不同的空间上获得的数据。比如，2022 年我国各地区的地区生产总值数据就是截面数据。

▶ **定义 1.9**　在不同时间上收集到的数据，称为时间序列数据（time series data）。

时间序列数据是按照时间顺序收集到的，用于描述现象随时间而变化的情况。比如，2000 年至 2022 年我国的国内生产总值数据就是时间序列数据。

图 1-1 给出了统计数据分类的框图。

区分数据的类型是很重要的。因为对不同类型的数据，需要采用不同的统计方法来处理和分析。比如，对于无序类别数据，我们通常计算出各组的频数或频率，计算其众数和异众比率，进行列联表分析和 χ^2 检验等；对于有序类别数据，我们可以计算其中位数和四分位差以及等级相关系数等；对于数值数据，我们可以用更多的统计方法进行分析，如计算各种统计量、进行参数估计和检验等。

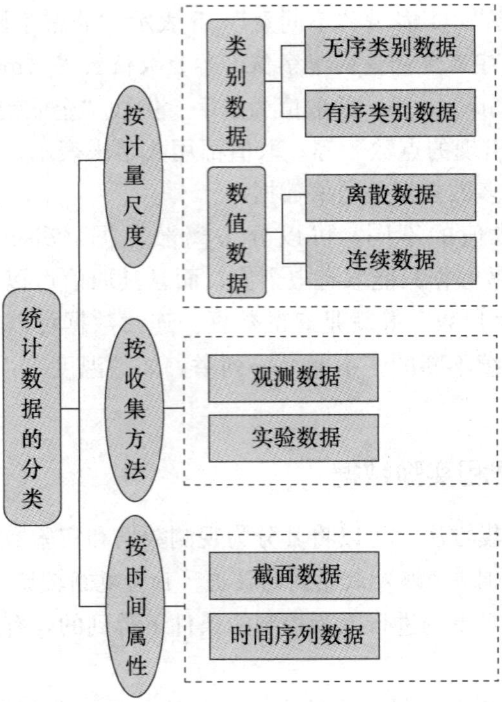

图 1-1 统计数据的分类

1.3 数据的来源

应用统计方法分析问题时首先要取得数据。从使用者的角度看，数据主要来源于两种渠道：一是来源于直接的调查和科学实验的数据，对使用者来说，这是数据的直接来源，称为一手数据或直接数据；二是来源于别人调查或实验的数据，对使用者来说，这是数据的间接来源，称为二手数据或间接数据。

1.3.1 数据的间接来源

对大多数使用者来说，亲自去做调查往往是不可能的或不必要的。他们所使用的数据大多是别人调查或科学实验的数据，这些数据对使用者来说是二手数据。

二手数据主要是公开出版或公开报道的数据，当然有些是尚未公开出版的数据。公开出版或报道的社会经济统计数据主要来自国家和地方的统计部门以及各种报刊媒介。除了公开出版的统计数据外，还可以通过其他渠道使用一些尚未公开的统计数据以及广泛分布在各种报纸、杂志、图书、广播、电视媒体中的数据。现在，随着互联网的发展，也可以在网络上获取所需的各种数据，例如，登录国家统计局网站（www.stats.gov.cn）即可得到有关宏观经济和社会发展的各种统计数据。

利用二手数据对使用者来说既经济又方便，但使用时应注意统计数据的含义、计算口径和计算方法，以避免误用或滥用。同时，使用者在引用二手数据时，一定要注明数据的来源，以尊重他人的劳动成果。

1.3.2　数据的直接来源

数据的直接来源主要有两个渠道：一是调查或观察；二是实验。调查是取得社会经济数据的重要手段，其中有统计部门进行的调查，也有其他部门或机构为特定目的进行的调查，如市场调查等；实验是取得统计数据的重要方法之一，它是取得自然科学数据的主要手段。在此，我们着重介绍取得社会经济数据的主要方式和方法。

1. 统计调查方式

统计调查是取得社会经济数据的主要来源，也是获得直接统计数据的重要手段。我们在实际中常用的统计调查方式主要有抽样调查、普查、统计报表等。

（1）抽样调查。

▶ **定义 1.10**　*从总体中随机抽取一部分单位作为样本进行调查，并根据样本调查结果来推断总体特征的数据收集方法，称为抽样调查（sampling survey）。*

抽样调查是实践中应用最广泛的一种调查方式，它具有以下几个特点。

1）经济性。这是抽样调查的一个最显著优点。由于调查的样本单位通常是总体单位中的很小一部分，调查的工作量小，因而可以节省大量的人力、物力、财力和时间，其调查费用较低。

2）时效性强。抽样调查可以迅速、及时地获得所需要的信息。由于工作量小，调查的准备时间、调查时间、数据处理时间等都可以大大缩减，从而提高数据的时效性。与普查等全面调查相比，抽样调查可以频繁地进行，并随事物的发生和发展及时取得有关信息，以弥补普查等全面调查的不足。比如，在两次人口普查之间各年份的人口数据都是通过抽样调查取得的。

3）适应面广。抽样调查可以获得更广泛的信息，它适用于对各个领域、各种问题的调查。从适用的范围和问题来看，抽样调查可用于调查全面调查能够调查的现象，也能调查全面调查所不能调查的现象。抽样调查特别适合对一些特殊现象的调查，如产品质量检验、农产品实验、新药的临床试验等。从调查的项目和指标来看，抽样调查的内容和指标可以更详细、深入，能获得更全面、更广泛和更深入的数据。

4）准确性高。抽样调查的数据质量有时比全面调查更高，因为全面调查的工作量大、环节多，登记性（或调查）误差往往很大；而抽样调查由于工作量小，可使各环节的工作做得更细致，误差往往很小。当然，用样本数据去推断总体时，不可避免地会有推断误差，但这种误差的大小是可以计算并加以控制的，因此推断的结果通常是可靠的。

抽样调查有不同的样本抽取方法，这一问题将在第 4 章中详细介绍。

（2）普查。

▶ **定义 1.11**　*为特定目的而专门组织的全面调查，称为普查（census）。*

世界各国一般都定期进行各种普查，以便掌握有关国情国力的基本统计数据。普查是适合特定目的、特定对象的一种调查方式，它主要用于收集处于某一时点状态的社会经济现象的数量，目的是掌握特定社会经济现象的基本全貌，为国家制定有关政策或措施提供依据。

目前，我国进行的普查主要有人口普查、农业普查和经济普查。其中，经济普查的内容包括工业普查、第三产业普查、基本单位普查和建筑业普查等。由于普查涉及的面广、调查单位多，需要耗费大量的人力、物力、财力和时间，通常间隔较长的时间进行一次。在我国的普查中，经济普查每5年进行一次，其他普查每10年进行一次。每逢年份的末尾数字为“0”的年份进行人口普查，每逢“6”的年份进行农业普查，每逢“3”和“8”的年份进行经济普查。

(3) 统计报表。

▶ **定义1.12** 按照国家有关法规的规定，自上而下地统一布置、自下而上地逐级提供基本统计数据的调查方式，称为统计报表（statistical report forms）。

统计报表是收集统计数据的一种重要方式，在我国几十年的政府统计工作中，已形成了一套比较完备的统计报表制度，它已成为国家和地方政府部门统计数据的主要来源。

2. 数据的收集方法

不论采取何种方式进行调查，在取得统计数据时，都有一些具体的数据收集方法。数据的收集方法归纳起来可分为询问调查、观察和实验三大类。

(1) 询问调查。询问调查是调查者与被调查者直接或间接接触以获得数据的一种方法，具体包括访问调查、邮寄调查、电话调查、电脑辅助调查、座谈会、个别深访等。

1) 访问调查。访问调查又称派员调查，它是调查者与被调查者通过面对面的交谈得到所需资料的调查方法。访问调查的方式有标准式访问和非标准式访问两种。标准式访问又称结构式访问，它是按照调查者事先设计好的有固定格式的标准化问卷或表格，有顺序地依次提问，并由被调查者做出回答。其优点是能够对调查过程加以控制，从而获得比较可靠的调查结果。非标准式访问又称非结构式访问，它事先不制作统一的问卷或表格，没有统一的提问顺序，调查者只是给一个题目或提纲，由调查者和被调查者自由交谈，以获得所需的资料。在市场调查和社会调查中常采用访问调查。

2) 邮寄调查。它是通过邮寄或宣传媒体等方式将调查表或调查问卷送至被调查者手中，由被调查者填写，然后将调查表寄回或投放到指定收集点的一种调查方法。邮寄调查是一种标准化调查，其特点是：调查者和被调查者没有直接的语言交流，信息的传递完全依赖于调查表。邮寄调查的问卷或表格发放方式有邮寄、宣传媒介传送、专门场所分发三种。统计部门进行的统计报表工作及市场调查机构进行的问卷调查中经常使用邮寄调查。

3) 电话调查。它是调查者利用电话同被调查者进行语言交流，从而获得信息的一种调查方式。电话调查具有时效快、费用低等特点。随着电话的普及，电话调查的应用越来越广泛。电话调查可以按照事先设计好的问卷进行，也可以针对某一专门问题进行电话采访。用于电话调查的问题要明确，问题数量不宜过多。

4）电脑辅助调查。随着通信技术的发展，特别是电脑的应用，不仅调查数据的处理可由电脑来完成，甚至整个调查的过程，包括问卷的设计和显示、样本设计、具体的调查、数据处理等都可以由电脑来控制和完成。电脑辅助调查也称为电脑辅助电话调查，它是在电话调查时，调查的问卷、答案都由电脑显示，整个调查的过程包括电话拨号、调查记录、数据处理等都借助电脑来完成。

目前，电脑辅助调查已在一些发达国家和地区得到广泛应用，并已开发出了各种电脑辅助电话调查系统（CATI）。该系统使电话调查更加便利和快捷，也使调查的质量大大提高。目前，CATI 的系统开发正朝着简单化的方向发展，调查员需要戴上耳机式电话，坐在电脑终端前，调查的问题（问卷）会显示在屏幕上，调查员可将电脑屏幕上显示的问题读给受访者，并将受访者的回答输入电脑。另外，问题的用字和分类以及问题的输入、优先权的选择都利用电脑控制，调查员输入答案后，可以即时修正文字错误和明显的逻辑错误，从而大大缩短调查的时间，提高调查的效率。

5）座谈会。座谈会也称为集体访谈法，它是将一组被调查者集中在调查现场，让他们对调查的主题（如一种产品、一项服务或其他话题等）发表意见，从而获取调查资料的方法。通过座谈会，调查者可以从一组被调查者那里获得所需的定性资料，这些被调查者与研究主题有某种程度的关系。为获得此类资料，调查者可通过严格的甄别程序选取少数被调查者，然后围绕研究主题以一种非正式的、比较自由的方式进行讨论。这种方法适用于收集与研究课题有密切关系的少数人员的倾向和意见。

参加座谈会的人数不宜太多，通常为 6～10 人，并且是所调查问题的相关专家或有经验的人。座谈会的讨论方式主要取决于主持人的习惯和爱好。通过小组讨论，调查者能获取访问调查无法取得的资料。另外，在彼此交流的环境里，各被调查者之间相互影响、相互启发、相互补充，并在座谈过程中不断修正自己的观点，有利于取得较为广泛深入的想法和意见。座谈会的另一个优点是不会因为问卷过长而遭到拒访。市场调查中常采用这种方法。

6）个别深访。它是一种一次只有一名受访者参加的特殊的定性研究。“深访”这一技术也暗示着要不断深入受访者的思想，努力发掘其行为的真实动机。深访是一种无结构的个人访问，调查人员运用大量的追问技巧，尽可能让受访者自由发挥，表达想法和感受。深访常用于动机研究，如消费者购买某种产品的动机等，以发掘受访者非表面化的深层意见。这一方法最宜于研究较隐秘的问题，如个人隐私问题，或较敏感的问题，如政治性问题。对于观点差异极大的问题，用小组讨论只会把问题搞糟，这时也可采用个别深访法。

座谈会和个别深访属于定性方法，通常围绕一个特定的主题取得有关定性资料。在此类研究中，从挑选的少数受访者中取得有关意见。这种方法和定量方法是有区别的。定量方法是从总体中按随机方式抽取样本取得资料，其研究结果或结论可以进行推论。定性研究着重于对问题的性质和未来趋势的把握，而不是对研究总体数量特征的推断。

座谈会和个别深访主要是用于市场调查和研究。

（2）观察与实验。观察与实验是指调查者通过直接的观察或实验来获得数据。

1）观察法。它是指就调查对象的行动和意识，调查人员边观察边记录以收集信息的方法。观察法是一种可替代直接发问的方法。运用这种方法，训练有素的观察员或调查人员会去重要地点（比如超市、繁华地段的过街天桥等），利用感觉器官或设置一定的仪器，观测和记录人们的行为和举动。观察法由于调查人员不是强行介入，不打扰被调查者，因而常常能够在被调查者不觉察的情况下获得信息资料。我们在某些调查中常常使用观察法。例如，有关交通流规律信息的调查、一些对调查结果准确性要求较高的调查等。

2）实验法。它是一种特殊的调查方法，是在所设定的特殊实验场所、特殊状态下，对调查对象进行实验以取得所需资料的一种调查方法。根据场所的不同，实验法可分为在室内进行的室内实验法和在市场上或外部进行的市场实验法。室内实验法可用于广告认知的实验等，如在同一日的同一种报纸上分别刊登A、B两种广告，其版面大小和位置相同，然后将其散发给各位读者，以测定其反应。市场实验法可用于消费者调查等。比如，在某新产品的市场实验中，企业让消费者免费使用，以得到消费者对该新产品看法的资料。

1.3.3 调查方案设计

在收集数据之前，需要制订一个收集数据的计划，这个计划称为调查方案。调查方案设计的好坏直接影响到调查数据的质量。不同调查的调查方案在内容和形式上会有一定的差别，但其结构大体上应包括调查目的、调查对象和调查单位、调查项目和调查表等内容。

1. 调查目的

调查目的是调查所要达到的具体目标，它所回答的是“为什么调查”，即要解决什么样的问题等。确定调查目的是调查方案设计中应首先解决的问题，只有在目的明确之后，才能确定向谁调查、调查什么以及采用什么方法进行调查。调查目的的叙述应简明扼要。

2. 调查对象和调查单位

调查对象是根据调查目的确定的调查研究的总体或调查范围。调查单位是构成调查对象的每一个单位，它是调查项目和调查内容的承担者或载体，也是我们收集数据、分析数据的基本单位。调查对象和调查单位所解决的是“向谁调查”，即由谁来提供所需数据。例如，我国的人口普查规定：人口普查的对象是具有中华人民共和国国籍并在中华人民共和国境内常住的人（指自然人）。人口普查的调查单位是每一个人。

在实际调查中，调查单位可以是调查对象的全部单位，也可以是部分单位。如果采取全面调查方式（如普查），调查对象中的每一个单位都是调查单位；若采用非全面调查（如抽样调查），调查单位只是调查对象中的一部分单位。

在市场研究和调查中，基本上都是采取抽样调查方式，调查对象是确定抽样框的基本依据，在确定抽样框后，从中选取的每一个样本单位都是调查单位。

3. 调查项目和调查表

调查项目要解决的问题是“调查什么”，也就是调查的具体内容。在大多数统计调查中，调查项目通常以表格的形式来表现，称为调查表；它是用于登记调查数据的一种表格，一般由表头、表体和表外附加三部分组成。表头是调查表的名称，用来说明调查的内容以及被调查单位的名称、性质、隶属关系等；表体是调查表的主要部分，它是调查内容的具体体现；表外附加通常由填表人签名、填报日期、填表说明等内容组成。在市场调查中，调查的内容主要是通过问卷来体现。关于问卷的具体设计将在后面详细讨论。

除上面介绍的几项主要内容外，调查方案中还应明确调查所采用的方式和方法、调查时间以及调查组织和实施的具体细则。

1.3.4 数据质量

收集统计数据是统计研究的第一步，如何保证统计数据的质量是数据收集阶段应重点解决的问题，因为统计数据质量的好坏直接影响到统计分析结论的客观性与真实性。为确保统计数据的质量，我们在数据的收集、整理、分析等各阶段都应尽可能减少误差。统计数据的误差通常是指统计数据与客观现实之间的差距，误差的类型主要有抽样误差和非抽样误差两类。

抽样误差主要是指在用样本数据进行推断时所产生的随机误差，其产生的原因有：抽取样本时没有遵循随机原则；样本结构与总体结构的差异；样本量不足；等等。这类误差通常是无法消除的，但事先可以进行控制或计算。

非抽样误差是调查过程中由于调查者或被调查者的人为因素造成的误差。调查者造成的误差主要有：调查方案中有关的规定或解释不明确导致的填报错误、抄录错误、汇总错误等。被调查者造成的误差主要有：人为因素干扰形成的有意虚报或瞒报调查数据。这种误差在统计调查中应予以特别重视。从理论上讲，非抽样误差是可以消除的。

数据的质量包括多方面的含义，它不仅仅是指数据本身的准确性或误差的大小。就一般的统计数据而言，可将其质量评价标准概括为六个方面：（1）精度，即最低的抽样误差或随机误差；（2）准确性，即最小的非抽样误差或偏差；（3）关联性，即满足用户决策、管理和研究的需要；（4）及时性，即在最短的时间里取得并公布数据；（5）一致性，即保持时间序列的可比性；（6）最低成本，即在满足以上标准的前提下，以最经济的方式取得数据。可见统计数据的质量是多方面要求的综合体现。目前，人们对统计数据的质量提出了越来越高的要求，当为某一需要收集统计数据时，在调查方案的设计、数据的收集、数据的处理与分析等各个环节中，都应注意保证数据的质量，以得出切合实际的结论。

1.4 统计中的几个基本概念

统计中的概念众多，其中有几个概念是我们经常用到的，有必要单独加以介绍。这些概念包括总体和样本、参数和统计量、变量等。

1.4.1 总体和样本

▶ **定义 1.13** 包含所研究的全部个体（元素）的集合，称为总体（population）。

总体通常是由所研究的一些个体组成，如由多个企业构成的集合，多个居民户构成的集合，多个人构成的集合，等等。组成总体的每一个元素称为个体：在由多个企业构成的总体中，每一个企业就是一个个体；在由多个居民户构成的总体中，每一个居民户就是一个个体；在由多个人构成的总体中，每一个人就是一个个体。

总体范围的确定有时比较容易。比如，要检验一批灯泡的使用寿命，这批灯泡构成的集合就是总体，其中的每一个灯泡就是一个个体，该总体的范围很清楚。但在有些场合，总体范围的确定则比较困难。比如，对于新推出的一种饮料，要想知道消费者是否喜欢，首先必须弄清哪些人是消费者，也就是要确定构成该饮料的消费者这一总体。但事实上，我们很难确定哪些消费者消费该饮料，所以该总体范围的确定十分复杂。当总体的范围难以确定时，我们可根据研究的目的来定义总体。

总体根据其所包含的单位数目是否可数可以分为有限总体和无限总体。有限总体是指总体的范围能够明确确定，而且元素的数目是有限可数的。比如，由若干个企业构成的总体就是有限总体，一批待检验的灯泡也是有限总体。无限总体是指总体所包括的元素是无限的、不可数的。例如，在科学实验中，每一个实验数据可以看作一个总体的一个元素，而实验可以无限地进行下去，因此由实验数据构成的总体就是一个无限总体。

▶ **定义 1.14** 从总体中抽取的一部分元素的集合，称为样本（sample）。

▶ **定义 1.15** 构成样本的元素数目，称为样本量（sample size），或称为样本容量。

从总体中抽取一部分元素作为样本，目的是要根据样本提供的有关信息去推断总体的特征。比如，我们从一批灯泡中随机抽取 100 个灯泡，这 100 个灯泡就构成了一个样本，然后根据这 100 个灯泡的平均使用寿命去推断这批灯泡的平均使用寿命。

1.4.2 参数和统计量

▶ **定义 1.16** 用来描述总体特征的概括性数字度量，称为参数（parameter）。

参数是研究者想要了解的总体的某种特征值。我们所关心的参数通常有总体平均数、总体标准差、总体比例等。在统计中，总体参数通常用希腊字母表示。比如，总体平均数用 μ（mu）表示，总体标准差用 σ（sigma）表示，总体比例用 π（pi）表示，等等。

由于总体数据通常是不知道的，所以参数是一个未知的常数。比如，我们不知道某一地区所有人口的平均年龄，不知道一个城市所有家庭的收入差异，不知道一批产品的合格率，等等。正因为如此，才进行抽样，然后根据样本计算出某些值，进而去估计出总体参数。

▶ **定义 1.17** 用来描述样本特征的概括性数字度量，称为统计量（statistic）。

统计量是根据样本数据计算出来的一个量，它是样本的函数。通常来说，我们关心的统计量有样本平均数、样本标准差、样本比例等。样本统计量通常用英文字母来表示。比如，样本平均数用 $\bar{x}$（读作 x-bar）表示，样本标准差用 s 表示，样本比例用 p 表示，等等。

由于样本已经抽出，所以统计量为已知。抽样的目的就是要根据样本统计量去估计总体参数。比如，用样本平均数（$\bar{x}$）去估计总体平均数（μ），用样本标准差（s）去估计总体标准差（σ），用样本比例（p）去估计总体比例（π），等等。

有关总体、样本、参数、统计量，如图 1-2 所示。

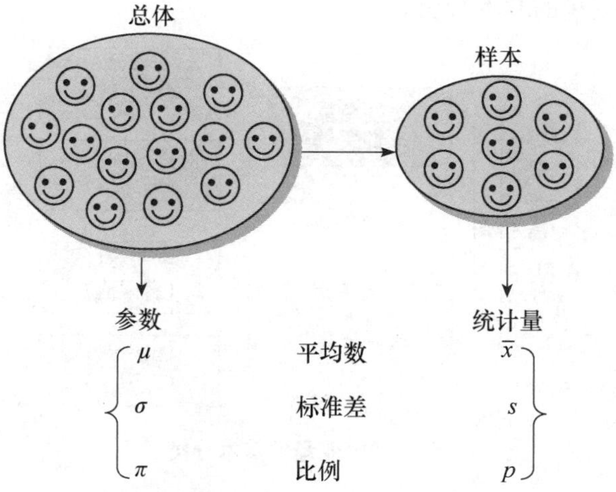

图 1-2 总体和样本、参数和统计量

除了样本平均数、样本比例、样本标准差这类统计量外，还有一些是为统计分析的需要而构造出来的统计量，比如，用于统计检验的 z 统计量、t 统计量、F 统计量等等，它们的含义在后面相关的章节中再做介绍。

1.4.3 变量

▶ **定义 1.18** 说明现象某种特征的概念，称为变量（variable）。

变量的特点是从一次观察到下一次观察会呈现出差别或变化，如“商品销售额”“受教育程度”“产品的质量等级”等都是变量。变量的具体取值称为变量值。比如，商品销售额可以是 20 万元、30 万元、50 万元……这些数字就是变量值。统计数据就是统计变量的观测结果。与数据的分类一致，变量可以分为类别变量和数值变量两个基本类型。

▶ **定义 1.19** 取值为事物属性或类别以及区间值的变量，称为类别变量（categorical

variable)，也称为定性变量（qualitative variable）。

类别变量的取值就是类别数据，比如，观察人的性别、上市公司所属的行业、用户对商品满意度的评价，得到的结果就不是数字，而是事物的属性。这些都是类别变量。类别变量根据取值是否有序通常分为无序类别变量和有序类别变量两种。无序类别变量的取值是不可以排序的。例如“上市公司所属的行业”“商品的产地”等变量取值之间不存在顺序关系。有序类别变量的取值可以排序。例如“对商品满意度的评价”这一变量的取值为很满意、满意、一般、不满意、很不满意，这 5 个值之间是有序的。

▶ **定义 1.20** 取值为数字的变量，称为数值变量（metric variable），也称为定量变量（quantitative variable），它是说明事物数字特征的一个名称。

数值变量的取值就是数值数据，如“产品产量”“商品销售额”“零件尺寸”“年龄”“时间”等都是数值变量，这些变量可以取不同的数值。数值变量根据其取值的不同，又可以分为离散变量和连续变量。只能取有限值的变量称为离散变量（discrete variable）；可以在一个或多个区间中取任何值的变量，称为连续变量（continuous variable）。

图 1 - 3 显示了变量的基本分类。

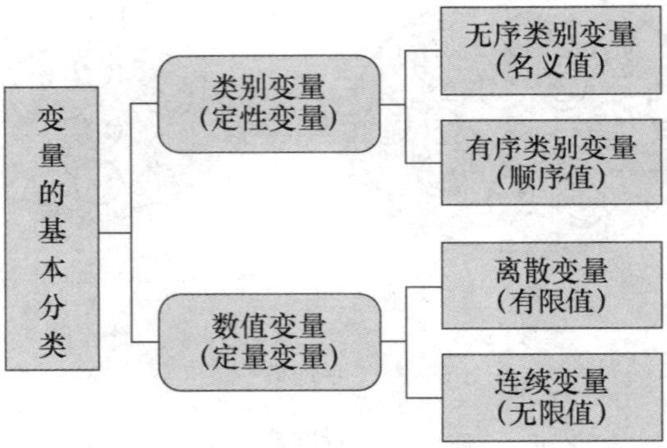

图 1 - 3 变量的基本分类

1.5 Excel【数据分析】工具的安装

Excel 提供了多个统计计算函数，包括各描述性统计量的计算函数、概率分布函数、估计和检验的函数等。此外，还提供了【数据分析】工具，其中包含多种基本统计方法的计算。在使用之前，需要安装【数据分析】工具。Excel 2019 版本的具体安装步骤如文本框 1 - 1 所示（不同版本在安装步骤上略有差异）。

文本框 1 - 1 Excel【数据分析】工具的安装（2019 版）

第 1 步：在 Excel 工作表界面中点击【文件】→【选项】。

第 2 步：在弹出的对话框中选择【加载项】，并在“加载项”下选择【分析工具库】，界面如下图所示。

第 3 步：点击【转到】，出现的界面如下图所示。单击【确定】，即可完成安装。

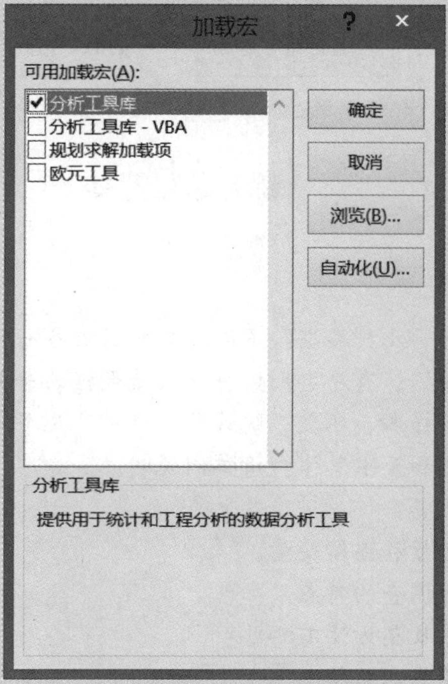

本章小结

下面的框图总结了本书的内容和结构。

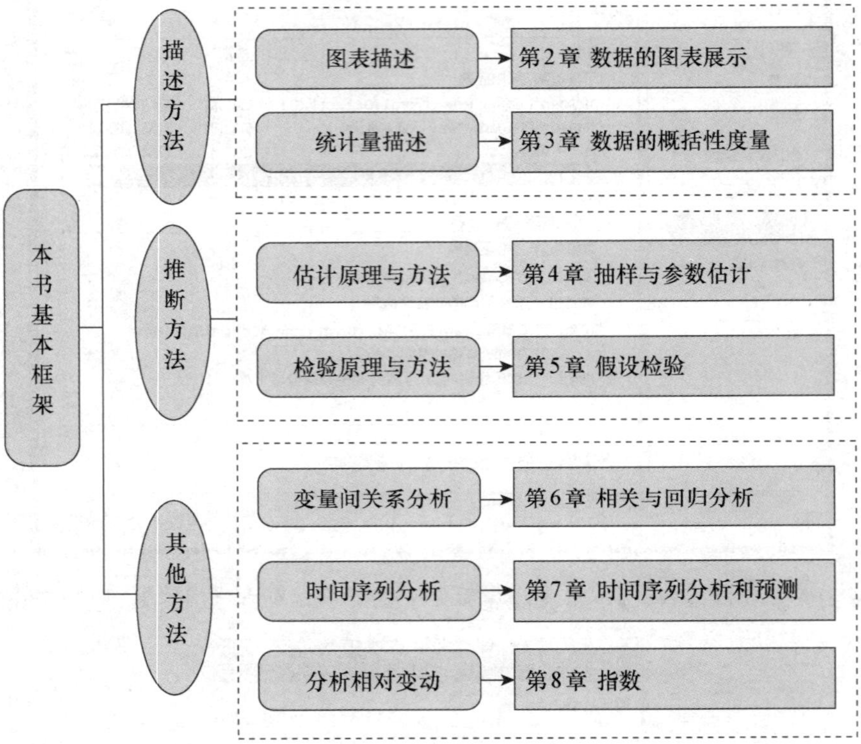

练习题和答案

一、思考题

1.1 统计数据可分为哪几种类型？不同类型的数据各有什么特点？

1.2 简述无序类别数据、有序类别数据和数值数据的含义。

1.3 举例说明总体、样本、参数、统计量、变量这几个概念。

1.4 什么是有限总体和无限总体？请举例说明。

1.5 变量可分为哪几类？

1.6 举例说明离散变量和连续变量。

1.7 简述普查和抽样调查的特点。

1.8 统计数据的具体收集方法有哪些？

1.9 简述调查方案的基本结构。

二、选择题

1. 下面的数据中属于无序类别数据的是（　　）。

A. 5个人的年龄（岁）分别是25，22，34，41，33

B. 考试分数等级：优秀，良好，中等，及格，不及格

C. 上市公司所属的行业：金融，房地产，医药，机械制造

D. 员工对企业某项改革措施的态度：赞成，中立，反对

2. 某研究部门准备在全市200万个家庭中抽取2 000个家庭，推断该城市所有家庭的年人均收入。这项研究的总体是（　　）。

A. 2 000个家庭　　B. 200万个家庭

C. 2 000个家庭的人均收入　　D. 200万个家庭的人均收入

3. 一家研究机构从IT从业者中随机抽取500人作为样本进行调查，其中60%的人回答他们的月收入在5 000元以上，50%的人回答他们的消费支付方式是用信用卡。这里的“消费支付方式”是（　　）。

A. 有序类别变量　　B. 无序类别变量

C. 数值变量　　D. 离散变量

4. 下面的变量中属于有序类别变量的是（　　）。

A. 月收入

B. 年汽车产量

C. 员工对企业某项改革措施的态度（赞成、中立、反对）

D. 企业类型

5. 一项调查表明，在所抽取的1 000个消费者中，他们每月在网上购物的平均花费是200元，他们选择在网上购物的主要原因是“价格便宜”。这里的统计量是（　　）。

A. 1 000个消费者

B. 所有在网上购物的消费者

C. 所有在网上购物的消费者的平均花费额

D. 1 000个消费者的平均花费额

6. 某大学的一位研究人员希望估计该大学本科生平均每月的生活费支出，为此，他调查了200名学生，发现他们每月平均生活费支出是1 500元。该研究人员感兴趣的统计量是（　　）。

A. 该大学的所有学生人数

B. 所有本科生月生活费支出总额

C. 该大学所有本科生的月平均生活费支出

D. 所调查的200名学生的月平均生活费支出

7. 到商场购物停车变得越来越困难，管理人员希望掌握顾客找到停车位的平均时间。为此某管理人员跟踪了50名顾客并记录下他们找到车位的时间。这里管理人员感兴趣的总体是（　　）。

A. 管理人员跟踪过的50名顾客　　B. 上午在商场停车的顾客

C. 在商场停车的所有顾客　　D. 到商场购物的所有顾客

8. 如果一个样本因人故意操纵而出现偏差，这种误差属于（　　）。

A. 抽样误差　　B. 非抽样误差

C. 设计误差　　D. 实验误差

9. 为了估计全国高中学生的平均身高，从20个城市选取了100所中学进行调查。在该项研究中，研究者感兴趣的参数是（　　）。

A. 100所中学　　B. 20个城市

C. 全国高中学生的平均身高　　D. 100所中学的高中学生的平均身高

10. 为了估计全国高中学生的平均身高，从20个城市选取了100所中学进行调查。在该项研究中，研究者使用的统计量是（　　）。

A. 100所中学　　B. 20个城市

C. 全国高中学生的平均身高　　D. 100所中学的高中学生的平均身高

三、计算与分析题

1.1　指出下面的变量类型。

(1) 年龄。

(2) 性别。

(3) 汽车产量。

(4) 员工对企业某项改革措施的态度（赞成、中立、反对）。

(5) 购买商品时的支付方式（现金、信用卡、支票）。

1.2　一家研究机构从IT（信息技术）从业者中随机抽取1 000人作为样本进行调查，其中60%的人回答他们的月收入在5 000元以上，50%的人回答他们的消费支付方式是用信用卡。

(1) 这一研究的总体是什么？样本是什么？样本量是多少？

(2)“月收入”是有序类别变量、无序类别变量还是数值变量？

(3)“消费支付方式”是有序类别变量、无序类别变量还是数值变量？

1.3　一项调查表明，消费者每月在网上购物的平均花费是200元，他们选择在网上购物的主要原因是“价格便宜”。

(1) 这一研究的总体是什么？

(2)“消费者在网上购物的原因”是有序类别变量、无序类别变量还是数值变量？

四、练习题解答

选择题答案

1. C；2. B；3. B；4. C；5. D；6. D；7. C；8. B；9. C；10. D。

计算与分析题答案

1.1　(1) 数值变量。(2) 类别变量。(3) 数值变量。(4) 有序类别变量。(5) 无序类别变量。

1.2 (1) 总体是“所有IT从业者”，样本是“所抽取的1 000名IT从业者”，样本量是1 000。(2) 数值变量。(3) 无序类别变量。

1.3 (1) 总体是“所有的网上购物者”。(2) 无序类别变量。

第2章 数据的图表展示

内容提要

取得统计数据后，接下来的任务就是对这些数据进行处理，使之符合统计分析的需要；与此同时，对数据进行图表展示，以发现数据中的一些基本特征，为进一步分析提供思路。本章主要介绍数据处理和图表展示的一些基本方法，具体内容包括：

1. 数据的排序和筛选。数据排序和筛选是对数据的基本处理，为进一步的分析奠定基础。
2. 数据的频数分布。介绍类别数据和数值数据频数分布表的制作方法。
3. 数据的图表展示。介绍类别数据和数值数据的图表展示方法。
4. 合理使用统计图表。介绍使用图表的一些注意事项。

2.1 数据的预处理

数据的预处理是数据整理和分析的前一步骤，它是在对数据分类或分组之前所做的必要处理，内容包括数据的审核、排序、筛选等。

2.1.1 数据审核

数据审核就是检查数据中是否有错误。从不同渠道取得的数据，在审核的内容和方法上有所不同，不同类型的统计数据在审核内容和方法上也有差异。

对于通过调查取得的原始数据（raw data），主要应从完整性和准确性两个方面审核。完整性审核主要是检查应调查的单位或个体是否有遗漏，所有的调查项目是否填写齐全等。准确性审核主要是检查数据是否有错误，是否存在异常值等。我们对于异常值要进行仔细鉴别：如果异常值属于记录时的错误，就应在分析之前予以纠正；如果异常值是一个正确的值，则应予以保留。

对于通过其他渠道取得的二手数据，应着重审核数据的适用性和时效性。二手数据可以来自多种渠道，有些数据可能是为特定目的通过专门调查而取得的，或者是已经按特定目的的需要做了加工整理。对于使用者来说，首先应弄清楚数据的来源、数据的口径以及有关的背景材料，以便确定这些数据是否符合自己分析研究的需要，不能盲目地生搬硬套。此外，使用者还要对数据的时效性进行审核，对于时效性较强的问题，如果所取得的数据过于滞后，可能就失去了研究的意义。

2.1.2　数据排序

数据排序是按一定顺序排列数据。通过排序不仅可以大概了解数据的特征，还有助于对数据检查纠错，以及为重新归类或分组等提供方便。在某些场合，排序本身就是分析的目的之一。比如，中国互联网企业的三巨头、中国企业 500 强，这些信息有助于了解本企业所处的地位，清楚本企业与其他企业的差距，还可以帮助企业从一定侧面了解竞争对手的状况，从而有效制定本企业的发展规划和战略目标。

对于类别数据，如果是字母型数据，排序有升序降序之分，但习惯上更多使用升序，因为升序与字母的自然排列相同；如果是汉字型数据，排序方式很多，比如按汉字音序排列，这与字母型数据的排序类似，也可按汉字笔画排序，其中也有笔画数的升序和降序之分。交替运用不同方式排序，在汉字型数据的检查纠错过程中十分有用。

数值数据的排序有两种，即升序和降序。设一组数据为x_1，x_2，…，x_n，升序可表示为$x_{(1)}<x_{(2)}<\cdots<x_{(n)}$，降序可表示为$x_{(1)}>x_{(2)}>\cdots>x_{(n)}$。

下面通过一个例子说明用 Excel 排序的步骤。

【例 2-1】　为研究消费者的网上购物情况，随机抽取 50 个消费者，调查得到性别、网购原因、每月的网购金额（元）数据如表 2-1 所示。对网购金额按升序排列。

表 2-1　50 个消费者的调查数据

性别	网购原因	网购金额	性别	网购原因	网购金额
女	价格便宜	270	男	选择性强	310
女	选择性强	280	女	价格便宜	350
男	价格便宜	320	女	选择性强	300
女	价格便宜	280	男	价格便宜	330
女	价格便宜	190	男	方便快捷	320
男	方便快捷	310	男	价格便宜	310
男	方便快捷	300	男	选择性强	290
女	选择性强	300	女	方便快捷	340
女	选择性强	280	女	价格便宜	350
女	价格便宜	330	男	价格便宜	290
男	方便快捷	260	女	价格便宜	260
女	方便快捷	340	男	价格便宜	260
女	方便快捷	310	男	价格便宜	310
女	选择性强	300	男	方便快捷	340
女	选择性强	330	女	选择性强	270
男	选择性强	220	女	方便快捷	330
女	价格便宜	360	男	价格便宜	280
男	选择性强	280	女	价格便宜	290
女	价格便宜	250	男	价格便宜	190
男	价格便宜	270	女	选择性强	250
女	选择性强	340	男	选择性强	260

续表

性别	网购原因	网购金额	性别	网购原因	网购金额
男	选择性强	380	女	方便快捷	410
男	方便快捷	280	男	选择性强	200
男	选择性强	320	女	价格便宜	320
女	选择性强	260	女	价格便宜	360

解： 用 Excel 进行排序的具体步骤如文本框 2－1 所示。

文本框 2－1　用 Excel 进行数据排序

第 1 步：将光标放在数据区域的任意单元格。然后点击【数据】→【排序】，出现的界面如下图所示。

第 2 步：在【主要关键字】框中选择要排序的变量，本例为“网购金额”，然后点击【确定】（如果要按性别排序，点击【选项】，在【方法】下选中“字母排序”或“笔画排序”）。部分结果如下图所示。

	A	B	C	D
1	性别	网购原因	网购金额	
2	女	价格便宜	190	
3	男	价格便宜	190	
4	男	选择性强	200	
5	男	选择性强	220	
6	女	价格便宜	250	
7	女	选择性强	250	
8	男	方便快捷	260	
9	女	选择性强	260	
10	女	价格便宜	260	
11	男	价格便宜	260	

2.1.3　数据筛选

数据筛选（data filter）是根据需要找出符合特定条件的某类数据。比如，找出每股盈利在 2 元以上的上市公司；找出考试成绩在 90 分以上的学生；等等。下面通过一个简单的例子说明用 Excel 进行数据筛选的过程。

【例 2 - 2】 沿用例 2 - 1。筛选出每月网购金额大于 350 元的消费者；筛选出性别为女、网购原因为价格便宜、每月网购金额大于 300 元的消费者。

解： 筛选的具体步骤如文本框 2 - 2 所示。

文本框 2 - 2　用 Excel 进行数据筛选

#筛选出每月网购金额大于 350 元的消费者

第 1 步：将光标放在数据区域的任意单元格。然后点击【数据】→【筛选】。这时会在每个变量名中出现下拉箭头。

第 2 步：点击要筛选的变量的下拉箭头即可对该变量进行筛选。比如，要筛选网购金额大于 350 元的消费者，点击网购金额变量的下拉箭头，出现的界面如下图所示。

第 3 步：点击“大于”，并在后面的框内输入 350，出现的界面如下图所示。

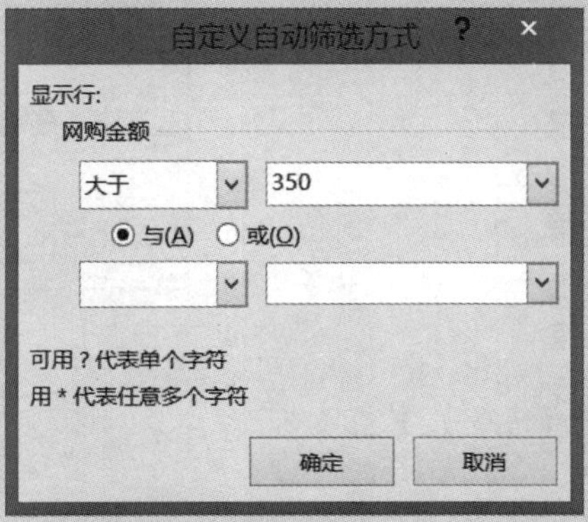

点击【确定】，得到的结果如下图所示。

	A	B	C	D
1	性别	网购原因	网购金额	
48	女	价格便宜	360	
49	女	价格便宜	360	
50	男	选择性强	380	
51	女	方便快捷	410	
52				
53				

#筛选出性别为女、网购原因为价格便宜、每月网购金额大于 300 元的消费者

由于对每个变量都设定了不同的条件，所以需要使用【高级筛选】命令，具体步骤如下：

第 1 步：在工作表的上方插入 3 个空行，将数据表的第一行（变量名）复制到第 1 个空行。在第 2 个空行的每个变量名下依次输入筛选的条件："女""价格便宜""＞300"。

第 2 步：选择【数据】→【高级】。在列表区域输入要筛选的数据区域；在条件区域输入条件区域。出现的界面如下图所示。

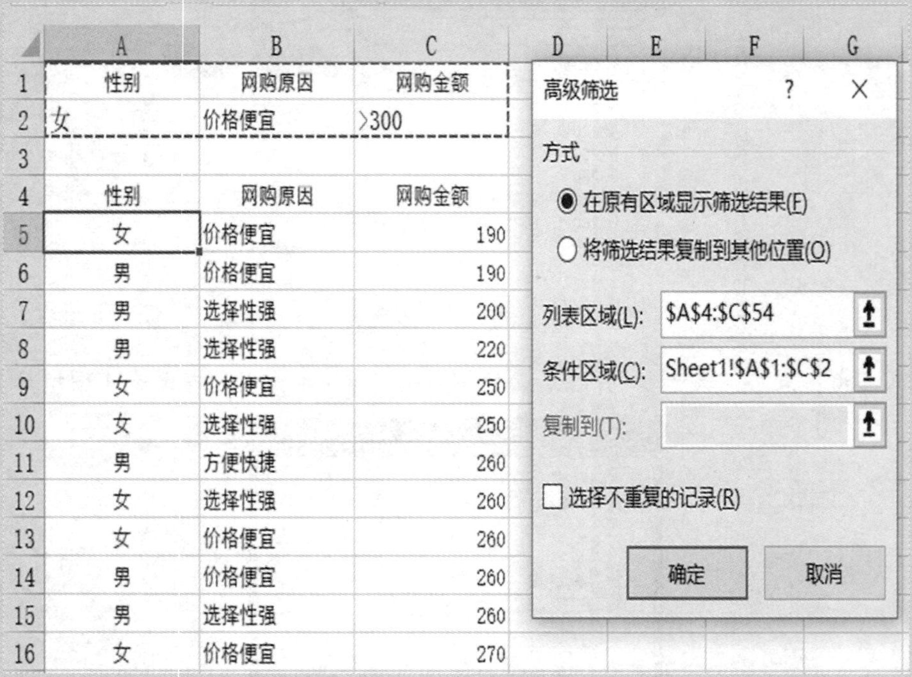

	A	B	C
1	性别	网购原因	网购金额
2	女	价格便宜	>300
3			
4	性别	网购原因	网购金额
5	女	价格便宜	190
6	男	价格便宜	190
7	男	选择性强	200
8	男	选择性强	220
9	女	价格便宜	250
10	女	选择性强	250
11	男	方便快捷	260
12	女	选择性强	260
13	女	价格便宜	260
14	男	价格便宜	260
15	男	选择性强	260
16	女	价格便宜	270

单击【确定】，得到的结果如下图所示。

	A	B	C	D
1	性别	网购原因	网购金额	
2	女	价格便宜	>300	
3				
4	性别	网购原因	网购金额	
40	女	价格便宜	320	
41	女	价格便宜	330	
49	女	价格便宜	350	
50	女	价格便宜	350	
51	女	价格便宜	360	
52	女	价格便宜	360	
55				

2.2　数据的频数分布

除了对数据进行排序和筛选外，频数分布表也是观察数据特征的有效手段之一。对于不同类型的数据，制作频数分布表的方法也不同。本节介绍类别数据和数值数据频数分布表的制作方法。

2.2.1　类别数据的频数分布表

类别数据本身就是对事物的一种分类，因此，只要先把所有的类别都列出来，然后计算出每一类别的频数，即可生成一张频数分布表。根据观察变量的多少，可以生成简单频数表、二维列联表和多维列联表等。

1. 简单频数表

只涉及一个类别变量时，可以生成简单频数表。

▶ **定义 2.1**　由一个类别变量生成的频数表，称为简单频数表（simple frequency table）。

▶ **定义 2.2**　在频数分布表中，数据在各类别（或组）中的分配，称为频数分布（frequency distribution）。其中，落在某一特定类别（或组）中的数据个数，称为频数（frequency）。

生成一个变量的频数分布表时，可以将该变量的各类别放在频数分布表中“行”的位置，也可以放在“列”的位置，将该变量的各类别及其相应的频数列出来就是一个简单的频数表，也称为一维列联表。用频数分布表可以观察不同类型数据的分布特征。比如，通过不同品牌产品销售量的分布可以了解其市场占有率；通过一所大学不同学院消费者人数的分布可以了解该大学的消费者构成；通过社会中不同收入阶层的人数分布可以了解收入的分布状况；等等。下面通过一个例子说明简单频数分布表的生成过程。

【例 2-3】　沿用例 2-1。分别制作消费者的性别和网购原因的简单频数表。

解：这里涉及两个类别变量，即性别和网购原因。对每个变量可以生成一个简单频数分布表，分别观察 50 个消费者的性别和网购原因的分布状况。具体操作步骤如文本框 2 - 3 所示。

文本框 2 - 3　用 Excel 的【数据透视表】命令生成类别数据的频数分布表

第 1 步：选择【插入】→【数据透视表】。

第 2 步：在【表/区域】框内选定数据区域（在操作前将光标放在任意数据单元格内，系统会自动选定数据区域）。选择放置数据透视表的位置。系统默认是新工作表，如果要将透视表放在现有工作表中，选择【现有工作表】，并在【位置】框内点击工作表的任意单元格（不要覆盖数据）。点击【确定】，结果如下图所示。

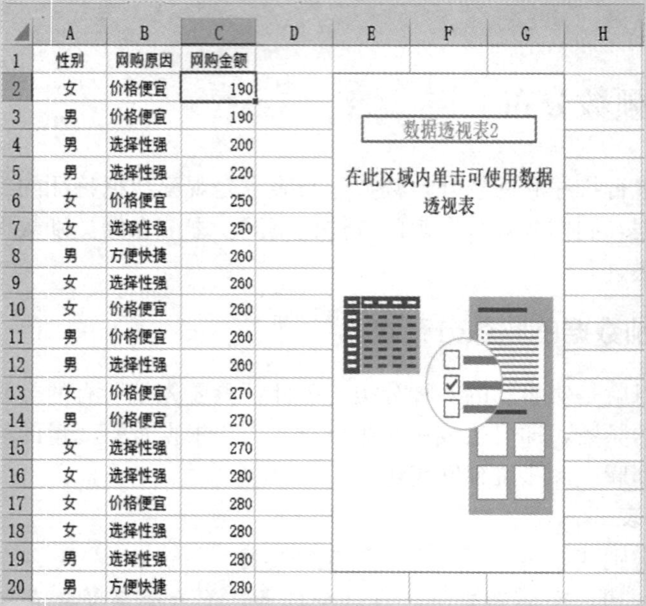

	A	B	C
1	性别	网购原因	网购金额
2	女	价格便宜	190
3	男	价格便宜	190
4	男	选择性强	200
5	男	选择性强	220
6	女	价格便宜	250
7	女	选择性强	250
8	男	方便快捷	260
9	女	选择性强	260
10	女	价格便宜	260
11	男	价格便宜	260
12	男	选择性强	260
13	女	价格便宜	270
14	男	价格便宜	270
15	女	选择性强	270
16	女	选择性强	280
17	女	价格便宜	280
18	女	选择性强	280
19	男	选择性强	280
20	男	方便快捷	280

第 3 步：用鼠标右键单击数据透视表，选择【数据透视表选项】，在弹出的对话框中点击【显示】，并选中【经典数据透视表布局】，然后【确定】。结果如下图所示。

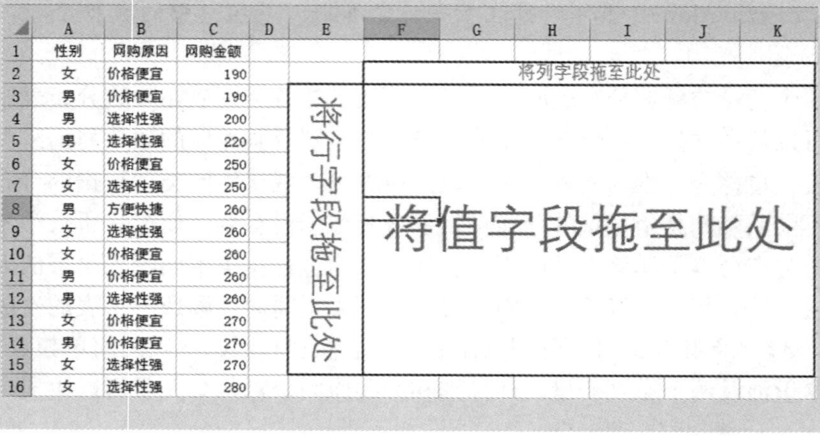

	A	B	C
1	性别	网购原因	网购金额
2	女	价格便宜	190
3	男	价格便宜	190
4	男	选择性强	200
5	男	选择性强	220
6	女	价格便宜	250
7	女	选择性强	250
8	男	方便快捷	260
9	女	选择性强	260
10	女	价格便宜	260
11	男	价格便宜	260
12	男	选择性强	260
13	女	价格便宜	270
14	男	价格便宜	270
15	女	选择性强	270
16	女	选择性强	280

第 4 步：将数据透视的一个字段拖至“行”的位置，将另一个字段拖至“列”的位置（行列可以互换），再将要计数的变量拖至“值字段”的位置，即可生成需要的频数分布表。

按文本框 2-3 的步骤生成的性别和网购原因的简单频数分布表如表 2-2 和表 2-3 所示。

表 2-2 消费者性别的频数分布

计数项：性别	
性别	汇总
男	23
女	27
总计	50

表 2-3 消费者网购原因的频数分布

计数项：网购原因	
网购原因	汇总
方便快捷	11
价格便宜	21
选择性强	18
总计	50

表 2-2 和表 2-3 的结果显示，在所调查的 50 个消费者中，男性为 23 人，女性为 27 人。从网购原因看，认为价格便宜的消费者人数最多，为 21 人，认为选择性强的人数为 18 人，认为方便快捷的人数最少，为 11 人。

2. 二维列联表

如果有两个类别变量，生成频数分布表时，通常将一个变量的各类别放在“行”的位置，另一个变量的各类别放在“列”的位置（行和列可以互换）。

▶ **定义 2.3** 由两个类别变量交叉分类形成的频数分布表，称为二维列联表（two-dimensional contingency table），也称交叉表（cross table）或简称列联表（contingency table）。

【例 2-4】 沿用例 2-1。制作性别和网购原因的二维列联表。

解： 将网购原因放在行的位置，将性别放在列的位置，制作二维列联表如表 2-4 所示。

表 2-4 消费者性别和网购原因的二维列联表

计数项：网购原因	性别		
网购原因	男	女	总计
方便快捷	6	5	11
价格便宜	9	12	21
选择性强	8	10	18
总计	23	27	50

表 2－4 的结果显示，在所调查的 50 个消费者中，男性为 23 人，女性为 27 人。从网购原因看，认为价格便宜的人数最多，为 21 人，认为选择性强的人数为 18 人，认为方便快捷的人数最少，为 11 人。

3. 类别数据的简单分析

如果一个数据集中，除了类别变量外还有数值变量，比如，在表 2－1 中，除了性别和网购原因两个类别变量外，还有网购金额这个数值变量，可以利用 Excel 的数据透视表功能，对数值变量按类别变量的取值做分类汇总。在文本框 2－3 的操作步骤中，只需要将数值变量拖至“值字段”的位置，即可生成分类汇总表，结果如表2－5 所示。

表 2－5 按性别和网购原因分类汇总的消费者网购金额

求和项:网购金额	性别		
网购原因	男	女	总计
方便快捷	1810	1730	3540
价格便宜	2560	3610	6170
选择性强	2260	2910	5170
总计	**6630**	**8250**	**14880**

此外，对于类别数据的频数分布表，还可以使用比例、百分比、比率等统计量进行描述性分析。如果是有序类别数据，还可以计算累积百分比（cumulative percent）进行分析。

▶ **定义 2.4** 一个样本（或总体）中某个类别的频数与全部频数之比，称为比例（proportion）。

比例通常用于反映样本（或总体）的构成或结构。假定所观察的 N 个数据被分成 K 个类别，每一部分的频数分别为 N_1，N_2，…，N_K，则比例可定义为 N_i/N（$i=1$，2，…，K）。显然，各频数的比例之和等于 1，即 $\frac{N_1}{N}+\frac{N_2}{N}+\cdots+\frac{N_K}{N}=1$。

比例是将总体中各个部分的数值都变成同一个基数，也就是都以 1 为基数。这样就可以对不同类别的数值进行比较了。

▶ **定义 2.5** 将比例乘以 100 得到的数值，称为百分比或百分数（percentage），用%表示。

百分比是将对比的基数抽象化为 100 计算出来的，它表示每 100 个分母中拥有多少个分子。百分比是一个更为标准化的数值，很多相对数都用百分比表示。当分子的数值很小而分母的数值很大时，我们也可以用千分数（‰）来表示比例，如人口的出生率、死亡率、自然增长率等都用千分数来表示。

▶ **定义 2.6** 样本（或总体）中各不同类别频数之间的比值，称为比率（ratio）。

由于比率是样本（或总体）中某一类别的频数与另一类别的频数之比，因而比值可能大于 1。为方便起见，比率可以不用 1 作为基数，而用 100 或其他便于理解的数作为基数。比如，人口的性别比就用每 100 名女性人口对应多少男性人口来表示，如性别比为105∶100，表示每100个女性对应105个男性，说明男性人口数量略多于女性人口数量。

在经济和社会问题的研究中经常使用比率。比如，国内生产总值（GDP）中第一产业、第二产业、第三产业产值之比等。比率也可以是同一现象在不同时间或空间上的数量之比。比如，将2016年的GDP与2015年的GDP进行对比，可以计算出GDP增长率；将一个地区的GDP同另一个地区的GDP进行对比，可以反映两个地区的经济发展水平差异；等等。

【例2-5】 沿用例2-1。根据表2-4的二维列联表，计算各类别构成的百分比并进行分析。

解：各类别构成的百分比如表2-6所示。

表2-6 消费者性别和网购原因构成的百分比

网购原因	男		女		总计	
	人数	百分比（%）	人数	百分比（%）	人数	百分比（%）
方便快捷	6	26.09	5	18.52	11	22.00
价格便宜	9	39.13	12	44.44	21	42.00
选择性强	8	34.78	10	37.04	18	36.00
总计	**23**	**100.00**	**27**	**100.00**	**50**	**100.00**

表2-6的结果显示，在所调查的50个消费者中，认为价格便宜的人数占42%，认为选择性强的人数占36%，认为方便快捷的人数占22%。男女消费者不同网购原因的构成百分比分析由读者自己完成。

2.2.2 数值数据的类别化

生成数值数据的频数分布表时，需要先将其类别化，即转化为类别数据，再生成频数分布表。类别化的方法是将原始数据分成不同的组别，比如，将一个班学生的考试分数分成60分以下，60～70分，70～80分，80～90分，90～100分几个区间，通过分组将数值数据转化成有序类别数据。类别化后再统计出各组别的数据频数，即可生成频数分布表。

▶ **定义2.7** 根据分析的需要，将数值数据按照某种标准化分成不同的区间，称为分组（grouped）。分组后的数据称为分组数据（grouped data）。

▶ **定义2.8** 在各组别中，组的最小值称为下限（low limit），组的最大值称为上限（upper limit）。上限值与下限值之差，称为组距（class width）。下限和上限之间的中点值，称为组中值（class midpoint），即组中值=（下限值+上限值）/2。

数据分组后再计算出各组中数据出现的频数，即可生成频数分布表。下面结合具体的例子说明分组和频数分布表的制作过程。

【例2-6】 表2-7是某购物网站2022年120天的销售额数据。对数据进行分组，并制作频数分布表。

表 2-7　某购物网站 2022 年 120 天的销售额　　　　单位：万元

234	159	187	155	172	183	182	177	163	158
143	198	141	167	194	225	177	189	196	203
187	160	214	168	173	178	184	209	176	188
161	152	149	211	196	234	185	189	196	206
150	161	178	168	174	153	186	190	160	171
228	162	223	170	165	179	186	175	197	208
153	163	218	180	175	144	178	191	197	192
166	196	179	171	233	179	187	173	174	210
154	164	215	233	175	188	237	194	198	168
174	226	180	172	190	172	187	189	200	211
156	165	175	210	207	181	205	195	201	172
203	165	196	172	176	182	188	195	202	213

解： 分组和制作频数分布表的具体步骤如下：

第 1 步：确定组数。一组数据需要分多少组，一般与数据本身的特点及数据的多少有关。由于分组的目的之一是观察数据分布的特征，因此组数的多少应适中。如果组数太少，那么数据的分布就会过于集中；如果组数太多，那么数据的分布就会过于分散，都不利于观察数据分布的特征和规律。组数的确定应以能够显示数据的分布特征和规律为目的。一般情况下，一组数据所分的组数 K 不应少于 5 组且不多于 15 组，即 $5\leqslant K\leqslant 15$。具体分多少组，通常要根据数据的多少及分析的需要而定。就本例而言，由于数据较多，可分为 10 组。

第 2 步：确定各组的组距。组距可根据全部数据的最大值和最小值及所分的组数来确定，即组距＝(最大值－最小值)÷组数。例如，对于本例数据，最大值为 237，最小值为 141，组距＝(237－141)÷10＝9.6。为便于计算，组距宜取 5 或 10 的倍数，而且第一组的下限应低于最小变量值，最后一组的上限应高于最大变量值，因此组距可取 10。

第 3 步：统计出各组的频数，即制作频数分布表。在统计各组频数时，恰好等于某一组上限的变量值一般不算在本组内，而是计算在下一组，即一个组的数值 x 满足 $a\leqslant x<b$。

数据分组和频数分布表的制作可以使用 Excel 的【直方图】工具完成。操作步骤如文本框 2-4 所示。

文本框 2-4　用 Excel 的【直方图】命令制作数值数据的频数分布表

用 Excel【数据分析】工具中的【直方图】命令可生成数值数据的频数分布表。但需要注意的是，Excel 在制作频数分布表时，每一组的频数包括一个组的上限值，即 $a<x\leqslant b$。因此，需要输入一列比上限值小的数作为【接收区域】。就例 2-6 而

言，分别输入 149，159，169，179，189，199，209，219，229，239 作为【接收区域】，然后按下列步骤操作。

第 1 步：选择【数据】→【数据分析】→【直方图】，单击【确定】。

第 2 步：在【输入区域】方框内输入原始数据所在的区域；在【接收区域】方框内输入上限值所在的区域；在【输出区域】方框内输入结果输出的位置；选择【图表输出】。结果如下图所示。

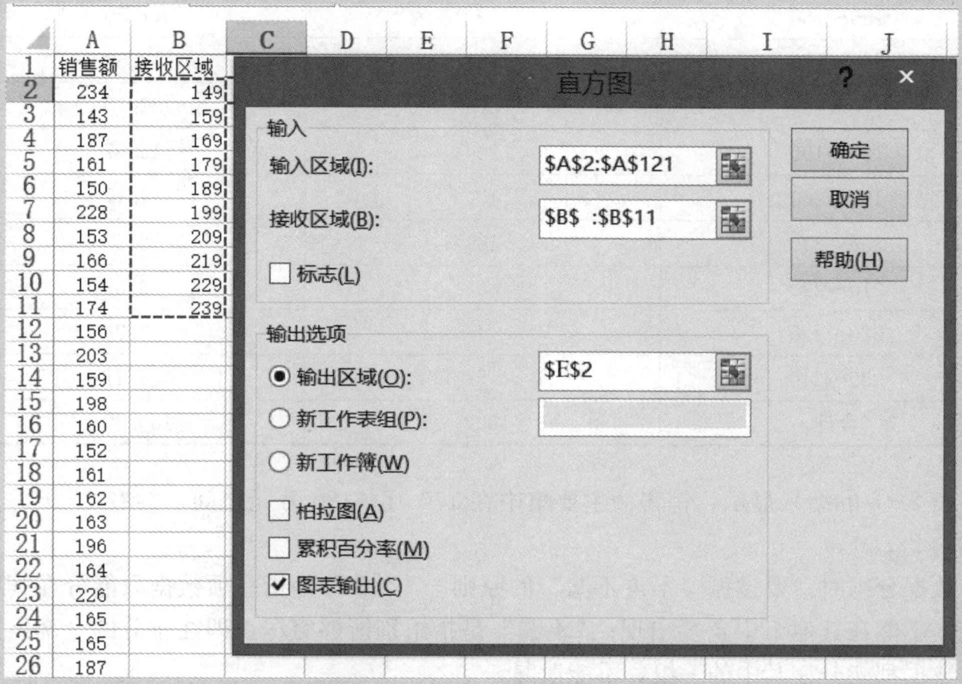

单击【确定】，结果如下图所示。

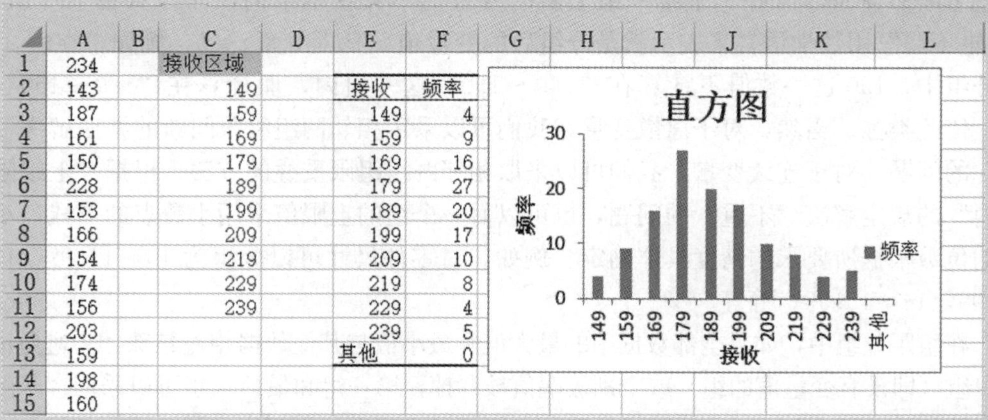

将 Excel 生成的频数分布表进行适当的整理，比如，将“接收”修改为“销售额分组”，将“其他”修改为“合计”，将“频率”修改为“天数”，并计算出频率，同时求出合计数，结果如表 2－8 所示。

表 2－8　某购物网站 120 天销售额的分组表

销售额分组（万元）	天数	频率（%）
140～150	4	3.33
150～160	9	7.50
160～170	16	13.33
170～180	27	22.50
180～190	20	16.67
190～200	17	14.17
200～210	10	8.33
210～220	8	6.67
220～230	4	3.33
230～240	5	4.17
合计	120	100.00

表 2－8 的结果显示，销售额主要集中在 170 万～180 万元之间，共有 27 天，占总天数的 22.50%。

数据分组时，要遵循“不重不漏”的原则。“不重”是指一项数据只能分在其中的一组，不能在其他组中重复出现；“不漏”是指组别能够穷尽，即在所分的全部组别中每项数据都能分在其中的一组，不能遗漏。

为解决“不重”的问题，统计分组时习惯上规定“上组限不在内”，即当相邻两组的上下限重叠时，恰好等于某一组上限的变量值不算在本组内，而计算在下一组内。“不重不漏”用数学语言来表示就是分组后的变量值 x 满足 $a \leqslant x < b$。例如，在表 2－8 的分组中，150 这一数值不计算在“140～150”这一组内，而计算在“150～160”组中，依此类推。当然，对于离散变量，我们可以采用相邻两组组限间断的办法解决“不重”的问题。对于连续变量，我们可以采取相邻两组组限重叠的方法，根据“上组限不在内”的规定解决“不重”的问题，也可以对一个组的上限值采用小数点的形式，小数点的位数根据所要求的精度具体确定。例如，对零件尺寸可以分组为 10～11.99，12～13.99，14～15.99，等等。

在组距分组中，如果全部数据中的最大值和最小值与其他数据相差悬殊，为避免出现空白组（即没有变量值的组）或个别极端值被漏掉，第一组和最后一组可以采取“××以下”及“××以上”这样的开口组。开口组通常以相邻组的组距作为其组距。例如，在上面的 120 个数据中，假定将最小值改为 102，最大值改为 265，采用上面的分组就会出现

"空白组"，这时可采用"开口组"，如表 2-9 所示。

表 2-9 某购物网站 120 天销售额的分组表

销售额分组（万元）	天数	频率（%）
150 以下	4	3.33
150～160	9	7.50
160～170	16	13.33
170～180	27	22.50
180～190	20	16.67
190～200	17	14.17
200～210	10	8.33
210～220	8	6.67
220～230	4	3.33
230 以上	5	4.17
合计	120	100.00

2.3 类别数据的图示

适用于类别数据的图形主要有条形图、饼图等。如果有两个或两个以上样本的分类相同且问题可比时，还可以绘制环形图。

2.3.1 条形图和帕累托图

1. 条形图

条形图（bar chart）是用宽度相同的条形来展示各类别频数的图形，用于观察不同类别频数的多少或分布状况。绘制时，各类别可以放在横轴，也可以放在纵轴，将各类别放在横轴绘制的条形图也称为柱形图（column chart）。根据绘制变量的多少，条形图有简单条形图和复式条形图等不同形式。

（1）简单条形图。

简单条形图是根据一个类别变量绘制的，描述该变量的各类别的频数分布状况。其中的各个类别可以放在横轴，也可以放在纵轴。下面用一个例子说明条形图的绘制及其解读。

【例 2-7】 沿用例 2-1。根据表 2-2 和表 2-3 的简单频数分布表，绘制条形图分析各类别的人数的分布状况。

解： 根据表 2-2 的数据绘制的不同性别人数分布的条形图如图 2-1 所示；根据表 2-3 的数据绘制的不同网购原因人数分布的条形图如图 2-2 所示。

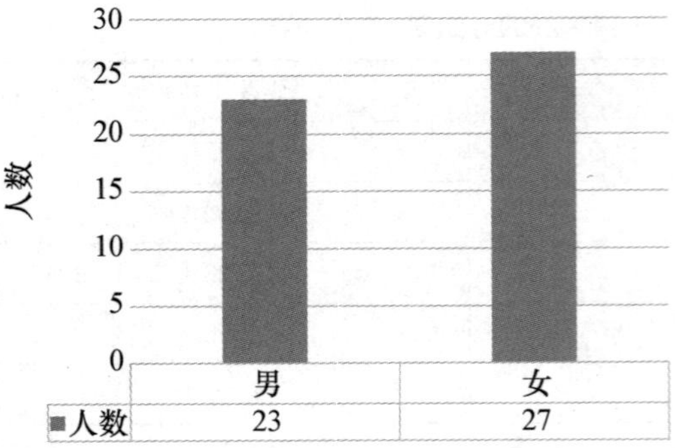

图 2-1 不同性别人数分布的简单条形图

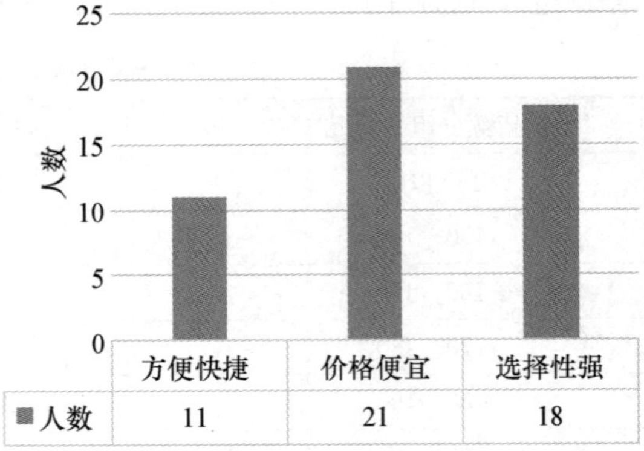

图 2-2 不同网购原因人数分布的简单条形图

(2) 复式条形图。

简单条形图只给出一个变量的信息，不便于比较。如果将多个变量的各类别绘制在一张图里，不仅节省空间，也便于比较。复式条形图是根据两个类别变量的各类别绘制的条形图。由于绘制方式不同，复式条形图有堆积条形图、堆砌条形图、百分比条形图等不同形式。

【例 2-8】 沿用例 2-1。根据表 2-4 的二维列联表，绘制复式条形图分析各类别人数的分布状况。

解：图 2-3、图 2-4 和图 2-5 是根据例 2-1 的数据绘制的几种不同形式的复式条形图。

图 2-3 为堆积条形图，每一个网购原因选项中的不同条表示不同的性别，条的高度表示人数的多少。

图 2-4 为堆砌条形图，每个条的高度表示不同网购原因选项的频数多少，条中所堆砌的矩形与不同类别的人数成比例。

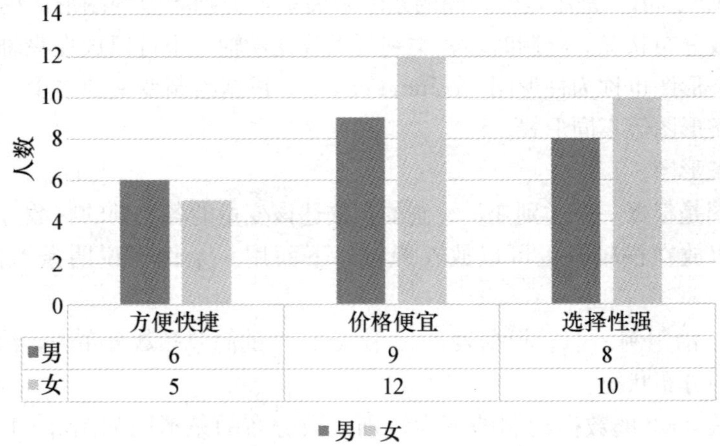

图 2-3 例 2-1 的堆积条形图

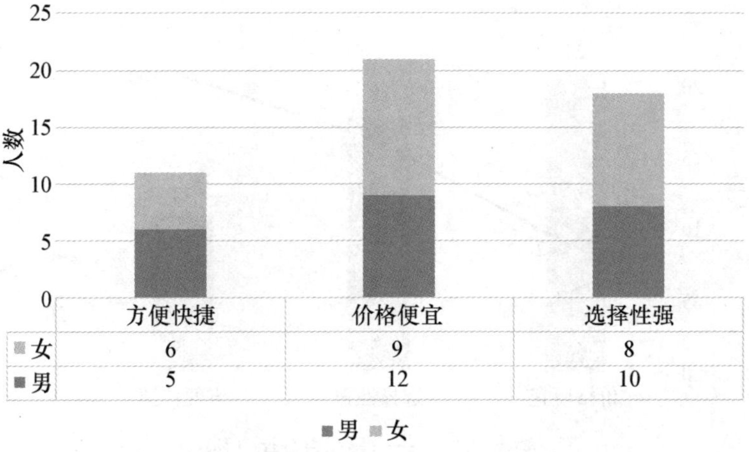

图 2-4　例 2-1 的堆砌条形图

图 2-5 为百分比条形图，每个条的高度均为 100%，条内矩形的大小取决于各类别人数构成的百分比。

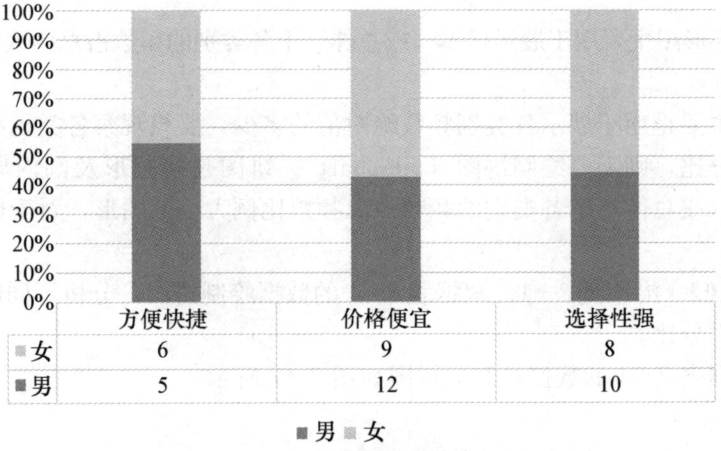

图 2-5　例 2-1 的百分比条形图

2. 帕累托图

帕累托图（Pareto chart）是以意大利经济学家 V. Pareto 的名字命名的。该图是将各类别数据出现的频数按从大到小排序后绘制的条形图。通过对条形的排序，容易看出哪类数据出现得多，哪类数据出现得少。

【例 2-9】 沿用例 2-1。根据表 2-6 的数据绘制帕累托图，分析各类别人数及其累积百分比的分布状况。

解： 首先将各类别的总人数按从大到小排序，再计算出累积百分比。绘制的帕累托图如图 2-6 所示。

图 2-6 显示，认为价格便宜的人最多，其次是认为选择性强的人，认为方便快捷的人最少。

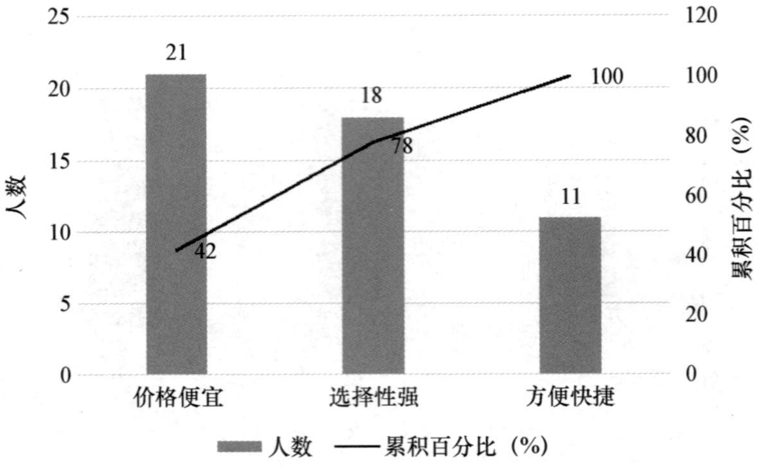

图 2-6　例 2-1 的帕累托图

2.3.2　饼图和环形图

饼图和环形图主要用于展示样本（或总体）中各类别的频数占总频数的百分比。

1. 饼图

条形图主要是用于展示各类别频数绝对值的多少，要想观察各类别频数占所有类别总频数的百分比，则需要绘制饼图（pie chart）。饼图是用圆形及圆内扇形的角度来表示一个样本（或总体）中各类别的频数占总频数比例大小的图形，对于研究结构性问题十分有用。

【例 2-10】　沿用例 2-1。根据表 2-4 的数据绘制饼图，分析不同网购原因的人数占总人数的百分比。

解： 根据表 2-4 的数据绘制的饼图如图 2-7 所示。

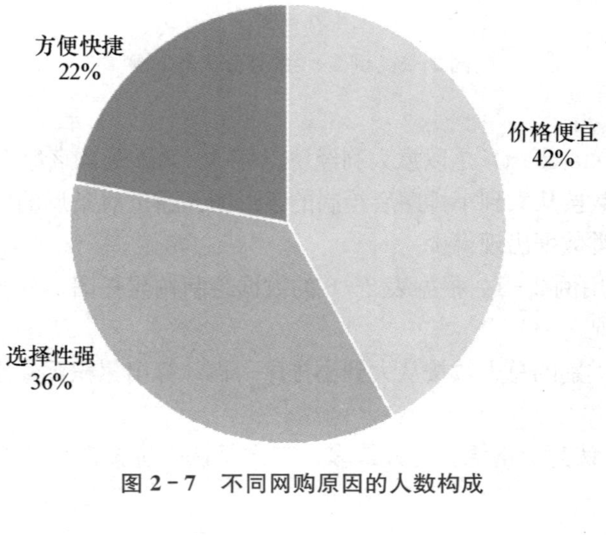

图 2-7　不同网购原因的人数构成

2. 环形图

饼图只能显示一个样本各类别频数所占的比例。比如，把 5 个地区的人口分别按高收入、中等收入和低收入划分成三部分，要比较 5 个地区不同收入的人口构成，则需要绘制 5 个饼图，这种做法既不经济也不便于比较。能否用一个图形比较出 5 个地区不同收入的人口构成呢？把饼图叠在一起，挖去中间的部分就可以了，这就是环形图 (doughnut chart)。

环形图与饼图类似，但又有区别。环形图中间有一个“空洞”，每个样本用一个环来表示，样本中每一类别的频数构成用环中的一段表示。因此，环形图可显示多个样本各类别频数占其相应总频数的比例，从而有利于构成的比较研究。

绘制环形图时，先朝圆心方向画一条直线（圆的半径），然后顺时针方向依次画出各类别所占的百分比。其中样本的顺序依次从内环到外环。

【例 2-11】 沿用例 2-1。根据表 2-6 的数据绘制环形图，分析不同性别和不同网购原因的人数构成。

解： 根据表 2-6 的数据绘制的环形图如图 2-8 所示。

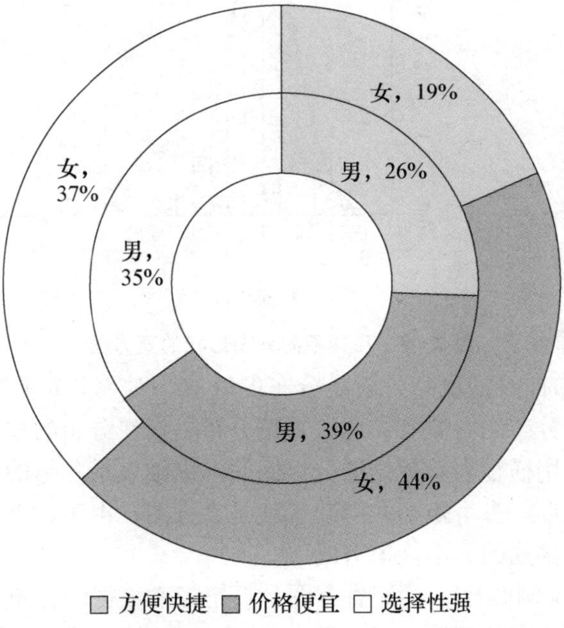

图 2-8 不同性别和不同网购原因人数构成的环形图

图 2-8 显示了不同性别和不同网购原因人数的构成。显然，用一个环形图比绘制两个饼图更易于比较。

2.4 数值数据的图示

展示数值数据的图形有多种。对于只有一个样本或一个变量的数值数据，主要是用直方图展示其分布的特征，比如，分布的形状是否对称、是否存在长尾等；对于多个变量的数据，主要是用散点图观察变量之间的关系；对于多个样本和多个变量数据，主要是用雷达图、轮廓图对各样本分布的特征或相似性进行比较。

2.4.1 直方图和箱形图

展示数据分布的图形主要有直方图（histogram）、茎叶图（stem-and-leaf plot）和箱形图（box plot）等。用这些图形可以观察数据的分布形状是否对称，是否存在长尾或离群点等。由于 Excel 不能直接绘制茎叶图，本节只介绍直方图和箱形图。

1. 直方图

直方图是用于展示数值数据分布的一种常用图形，它是用矩形的宽度和高度（即面积）来表示频数分布。通过直方图可以观察数据分布的大体形状，如分布是否对称。图 2-9 给出了几种不同分布形状的直方图。

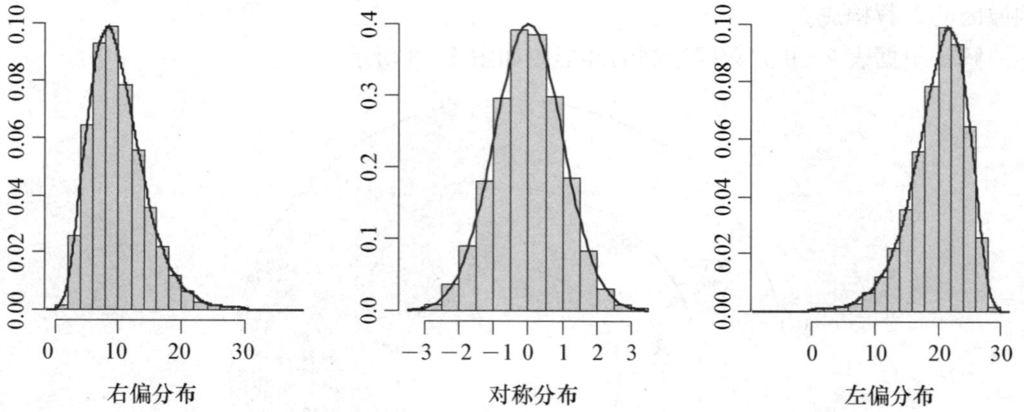

图 2-9 几种不同分布形状的直方图

图 2-9 中，分布曲线的最高处就是分布的峰值。对称分布是以峰值为中心两侧对称；右偏分布是指在分布的右侧有长尾；左偏分布是指在分布的左侧有长尾。

绘制直方图时，用横轴表示数据的分组区间，纵轴表示各组的频数，区间宽度和相应的频数画出一个矩形，多个矩形并列起来就是直方图。由于数据的分组是连续的，所以各矩形之间是连续排列的，不能留有间隔。

【例 2-12】 沿用例 2-6。绘制直方图分析销售额数据的分布特征。

解： 首先将光标放在任意数据单元格，然后点击【插入】→【插入统计图表】，选择【直方图】，即可绘制出直方图。根据需要对直方图做必要的修改，比如，要添加每一组的频数标签，点击任意一个条，然后点击鼠标右键，并点击【添加数据标签】即可。生成的直方图如图 2-10 所示。

图 2-10 中，第一组的［141，156］表示该组含有数值 141 和 156，即包含下限值和上限值；（156，171］表示该组不包含下限值 156，但包含上限值 171；其余以此类推。图 2-10 显示，销售额的分布主要集中在 171 万～186 万元之间，以此为中心两侧依次减少，基本上呈现对称分布，但右边的尾部比左边的尾部稍长一些，表示销售额的

分布有一定程度的右偏。

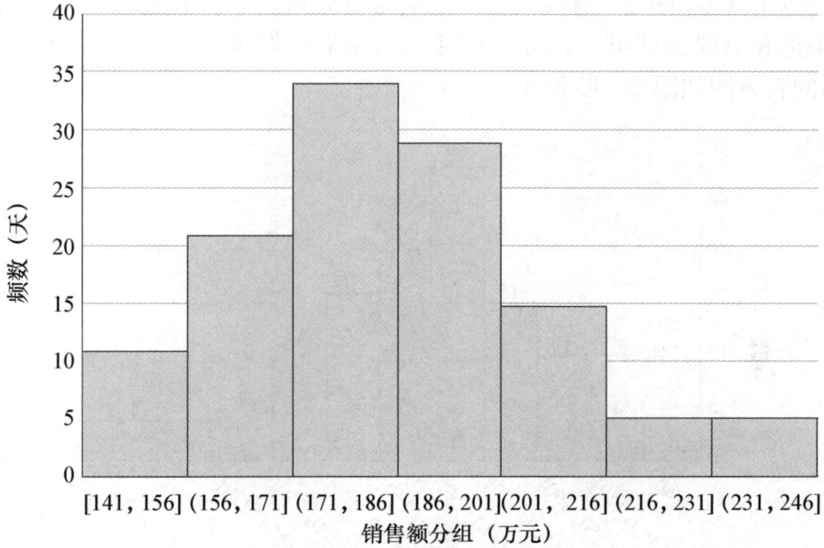

图 2-10 某购物网站销售额分布的直方图（默认）

Excel在绘制本例数据的直方图时，默认将数据分成7组，绘制出7个箱子（条）。可以根据需要对直方图进行修改。比如，如果要将数据分成组距为10的组，再绘制直方图，可以双击分组标签，在右侧弹出的【设置坐标轴格式】下点击【箱宽度】，在后面写入箱宽度（组距）的值10即可。也可以点击【箱数】，在后面写入要分的组数，比如分成20组等。将数据分成组距为10的组绘制的直方图如图2-11所示。

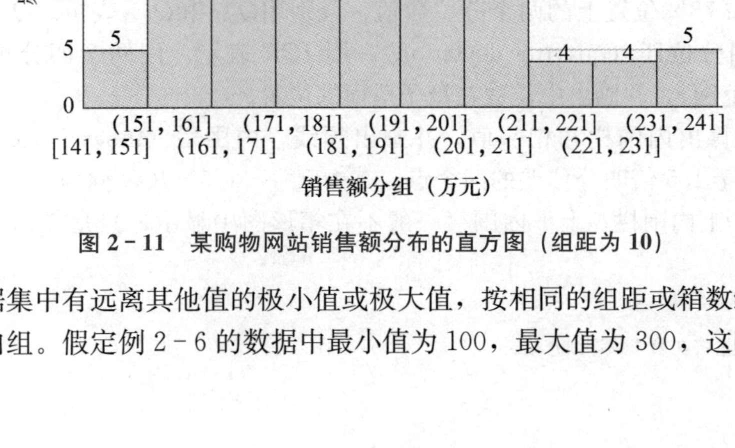

图 2-11 某购物网站销售额分布的直方图（组距为 10）

如果数据集中有远离其他值的极小值或极大值，按相同的组距或箱数绘制的直方图就会出现空白组。假定例2-6的数据中最小值为100，最大值为300，这时再按组距为

10 或箱数为 10 绘制的直方图就会出现空白组。为避免出现空白组，可以在【设置坐标轴格式】下点击【溢出箱】（有极大值时）或【下溢箱】（有极小值时），并写入要截断的组的下限值和上限值即可。比如，在【溢出箱】后写入 240，在【下溢箱】后写入 140，绘制的直方图如图 2－12 所示。

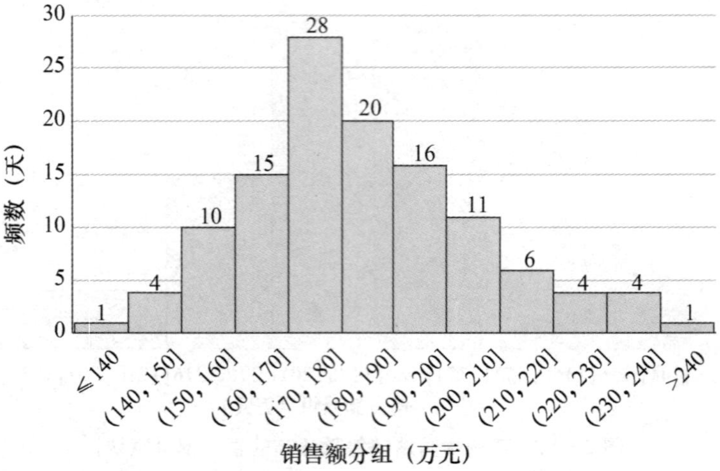

图 2－12　某购物网站销售额分布的直方图
（组距为 10，下溢箱为 140，溢出箱为 240）

注意：直方图与条形图不同。首先，条形图中的每个矩形表示一个类别，其宽度没有意义，而直方图的宽度则表示各组的组距。其次，由于分组数据具有连续性，直方图的各矩形通常是连续排列，而条形图则是分开排列。最后，条形图主要用于展示类别数据，而直方图则主要用于展示类别化的数值数据。

2. 箱形图

箱形图也称箱线图，它不仅可用于反映一组数据分布的特征，比如，分布是否对称，是否存在**离群点**（outlier）等，还可以对多组数据的分布特征进行比较，这也是箱形图的主要用途。绘制箱形图的步骤大致如下：

首先，找出一组数据的**中位数**（median）和两个**四分位数**[①]（quartiles），并画出箱子。中位数是一组数据排序后处在 50%位置上的数值。四分位数是一组数据排序后处在 25%位置和 75%位置上的两个分位数值，分别用$Q_{25\%}$和$Q_{75\%}$表示。$Q_{75\%}-Q_{25\%}$称为**四分位差**或**四分位距**（quartile deviation），用 IQR 表示。用两个四分位数画出箱子（四分位差的范围），并画出中位数在箱子里面的位置。

其次，计算出内围栏和相邻值，并画出须线。**内围栏**（inner fence）是与$Q_{25\%}$和$Q_{75\%}$的距离等于 1.5 倍四分位差的两个点，其中$Q_{25\%}-1.5\times IQR$ 称为下内围栏，$Q_{75\%}+1.5\times IQR$ 称为上内围栏。上下内围栏一般不在箱形图中显示，只是作为确定离群点的

① 这些统计量将在第 4 章详细介绍。

界限。[1] 然后找出上下内围栏之间的最大值和最小值（即非离群点的最大值和最小值），称为**相邻值**（adjacent value），其中$Q_{25\%}-1.5\times IQR$范围内的最小值称为下相邻值，$Q_{75\%}+1.5\times IQR$范围内的最大值称为上相邻值。用直线将上下相邻值分别与箱子连接，称为**须线**（whiskers）。

最后，找出离群点，并在图中单独标出。**离群点**（outlier）是大于上内围栏或小于下内围栏的数值，也称**外部点**（outside value），在图中用“○”单独标出。

箱形图的一般形式如图2-13所示。

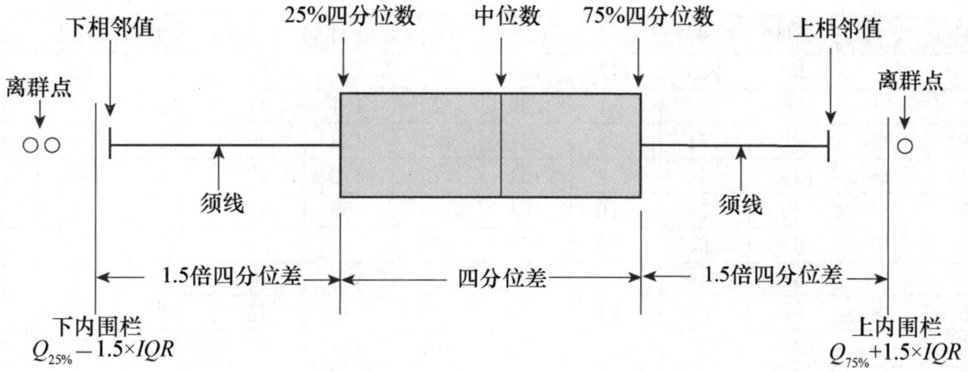

图2-13 箱形图的示意图

通过箱形图的形状可以看出数据分布的特征。图2-14显示了几种不同的箱形图与其所对应的分布形状。

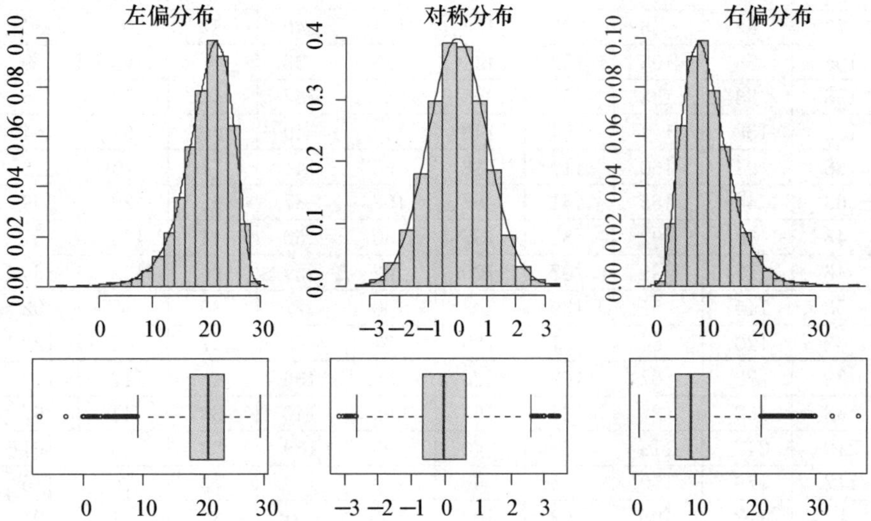

图2-14 不同分布对应的箱形图

[1] 也可以设定3倍的四分位差作为围栏，称为**外围栏**（outer fence），其中$Q_{25\%}-3\times IQR$称为下外围栏，$Q_{75\%}+3\times IQR$称为上外围栏。外围栏也不在箱形图中显示。在外围栏之外的数据称为极值（extreme）。Excel默认根据内围栏确定相邻值。

下面通过一个例子说明用 Excel 绘制箱形图的方法。

【例 2－13】 表 2－10 是 2022 年 1—12 月某城市的空气质量指数（Air Quality Index，AQI）数据。指数的数值越大说明空气污染状况越严重。根据空气质量指数将空气质量共分为六级：优（0～50），良（51～100），轻度污染（101～150），中度污染（151～200），重度污染（201～300），严重污染（300 以上）。绘制箱形图分析不同月份空气质量指数分布的特征。

表 2－10　2022 年 1—12 月某城市的空气质量指数（AQI）

1 月	2 月	3 月	4 月	5 月	6 月	7 月	8 月	9 月	10 月	11 月	12 月
60	67	50	226	117	129	120	167	87	40	83	180
49	37	105	273	51	200	110	151	61	44	152	233
29	35	221	71	58	87	122	133	39	52	211	152
44	44	126	43	112	104	172	172	43	74	102	61
69	37	90	74	116	164	173	83	62	107	47	76
52	70	63	60	120	172	169	53	35	33	50	37
59	51	64	49	104	95	70	88	34	50	65	38
55	73	61	69	91	90	111	42	42	42	93	36
35	79	137	115	120	55	102	111	75	25	54	73
35	43	156	84	146	106	50	151	75	32	50	83
34	66	85	56	108	100	47	87	80	45	72	52
94	53	195	80	185	135	48	75	104	74	132	73
137	80	294	69	119	64	60	85	110	109	230	45
175	41	287	118	178	125	110	39	130	190	270	82
64	73	62	66	90	136	117	49	32	202	80	119
114	105	55	106	152	141	38	93	42	83	39	87
77	108	83	133	59	98	34	152	52	53	75	55
101	152	138	144	94	148	109	49	60	67	64	65
107	188	94	160	110	118	92	41	77	73	83	78
65	63	44	165	61	97	108	87	65	88	69	94
63	48	80	92	83	157	130	60	44	150	51	92
46	46	115	39	102	100	62	59	26	158	64	66
33	53	144	55	139	203	100	77	30	45	92	52
39	62	120	64	151	185	31	63	37	82	122	78
37	82	78	87	162	126	55	136	48	112	119	58
58	163	162	122	125	163	95	140	53	44	267	33
108	219	247	113	89	48	93	139	88	33	161	52
58	117	179	150	76	66	129	103	73	36	115	40
55		112	195	63	103	145	61	32	31	101	33
37		69	69	95	186	141	43	30	49	122	47
62		137		154		163	97		62		70

解： 用 Excel 绘制箱形图时，先将光标放在任意数据单元格，然后点击【插入】→【插入统计图表】，选择【箱形图】，即可绘制出箱形图。根据需要对图形做必要的修改，

比如，选择不同的箱形图式样、更改坐标轴刻度、添加坐标轴标题、添加箱形图的频数标签等，如图 2－15 所示。

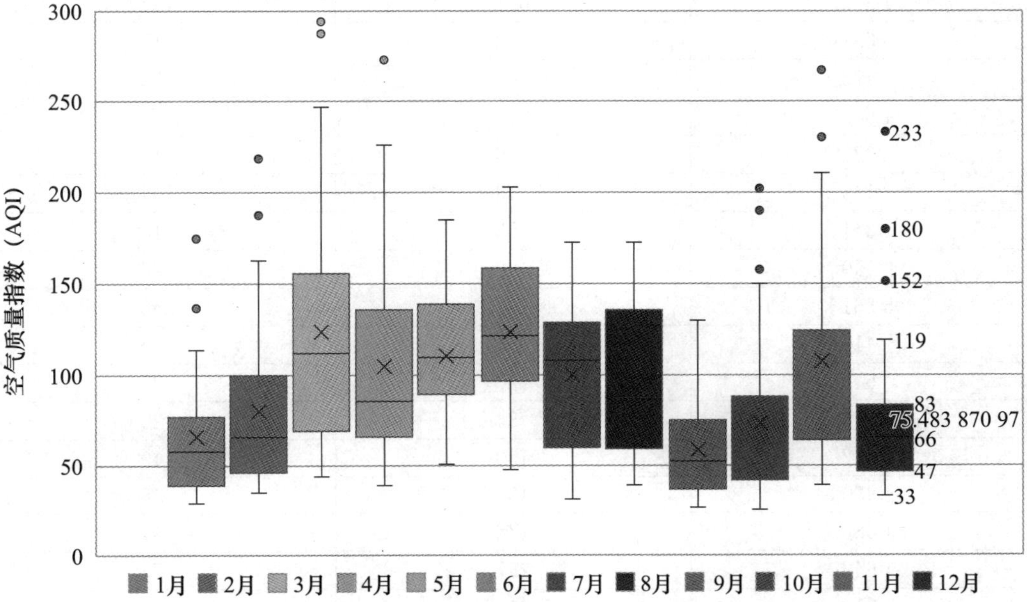

图 2－15　2022 年 1—12 月某城市的空气质量指数（AQI）的箱形图

图 2－15 中，在 12 月的箱形图中添加了数据标签，其中显示了中位数（66）、25%位置上的分位数（47）、75%位置上的分位数（83）、上相邻值（119）、下相邻值（33），在“×”位置上显示的是平均数（75.483 870 97），在“•”的位置标出的是各离群点的值。如果想看所有月份的各数据标签，点击图形添加数据标签即可。

图 2－15 显示，AQI 平均水平较高的是 3 月和 6 月，其次是 4 月、5 月、7 月（它们之间的差异不大），较低的是 1 月和 9 月。从离散程度看，1 月、9 月、10 月和 12 月的离散程度相对较小，其他月份的离散程度则较大。从分布形状看，离群点均出现在右侧，而且须线也较长，表示各月份的 AQI 均呈现明显的右偏分布。

2.4.2　散点图和气泡图

展示变量间关系的图形主要有散点图以及散点图的变种气泡图。

1. 散点图

散点图（scatter diagram）是用二维坐标中两个变量各取值点的分布展示变量之间的关系图形。设坐标横轴代表变量 x，纵轴代表变量 y（两个变量的坐标轴可以互换），每对数据（x_i，y_i）在坐标系中用一个点表示，n 对数据点在坐标系中形成的点图称为散点图。利用散点图可以观察变量之间是否有关系、有什么样的关系以及关系的大致强度等。

【例 2－14】　随机抽取 20 家医药企业，获得其销售收入、广告支出和销售网点数的数据如表 2－11 所示。绘制散点图观察这些变量之间的关系。

表 2-11　20 家医药企业销售收入、广告支出和销售网点数的数据

销售收入（万元）	广告支出（万元）	销售网点数（个）
4 373	651	186
281	42	15
473	65	23
1 909	276	87
321	49	19
2 145	313	104
341	53	18
550	76	26
5 561	817	256
410	64	20
649	90	31
526	84	20
1 072	153	49
950	155	38
1 086	178	44
1 642	237	75
1 913	315	88
2 858	471	144
3 308	571	141
5 021	747	230

解：如果想观察 3 个变量两两之间的关系，可以分别绘制出 3 个散点图。这里只绘制出销售收入与广告支出的散点图，如图 2-16 所示。

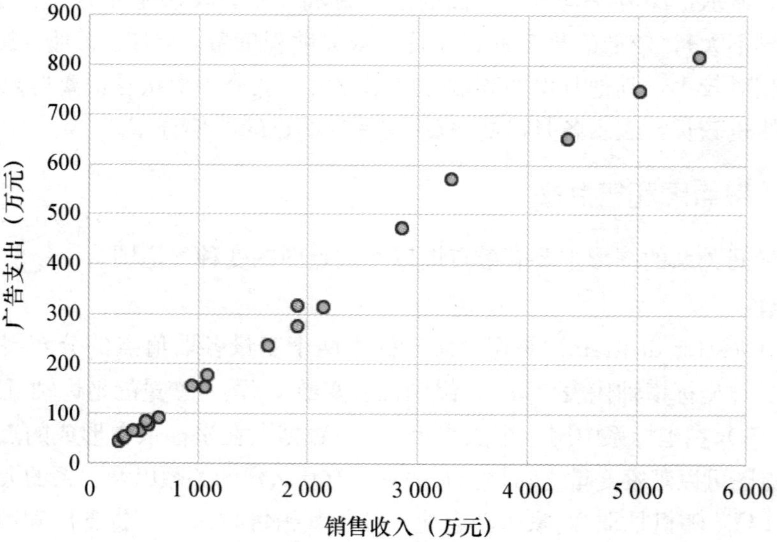

图 2-16　销售收入与广告支出的散点图

图 2－16 显示，随着广告支出的增加，销售收入也随之增加，表明二者之间为线性关系。

2. 气泡图

普通散点图只能展示两个变量间的关系。对于 3 个变量之间的关系，除了可以绘制三维散点图外，也可以绘制气泡图（bubble chart），它可以看作散点图的一个变种。在气泡图中，第 3 个变量数值的大小用圆的大小表示。

【例 2－15】 沿用例 2－14。绘气泡图观察 3 个变量之间的关系。

解：绘制的气泡图如图 2－17 所示。

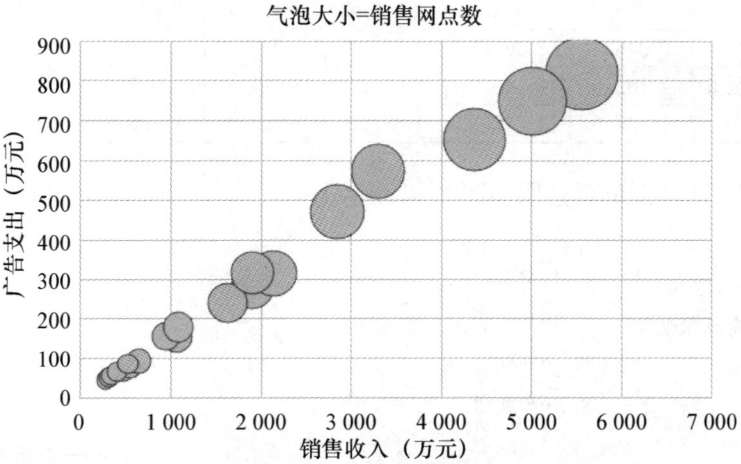

图 2－17 销售收入、广告支出与销售网点数的气泡图

图 2－17 显示，销售收入与广告支出的各对数据点基本上在一条直线周围分布，表明二者之间具有线性关系，气泡的大小表示销售网点数，可以看出，随着销售收入和广告支出的增加，气泡也随之变大，表示销售网点数与销售收入和广告支出之间也为线性关系。

2.4.3 雷达图和轮廓图

假定一个集团公司在 10 个地区有销售分公司，每个公司都有销售人员数、销售额、销售利润、所在地区的人口数、当地的人均收入等数据。如果你想知道 10 家分公司在上述几个变量上的差异或相似程度，该用什么图形进行展示呢？这里涉及 10 个样本的 5 个变量，显然无法用二维坐标进行图示了。利用雷达图和轮廓图则可以做到这一点。

1. 雷达图

雷达图（radar chart）是从一个点出发，用每一条射线代表一个变量，多个变量的数据点连接成线，即围成一个区域，多个样本围成多个区域，就是雷达图，利用它也可以研究多个样本之间的相似程度。

【例 2－16】 表 2－12 是 2022 年某地区按收入等级划分的城镇居民人均消费支出数据。绘制雷达图，比较不同收入等级的城镇居民人均消费支出的特点和相似性。

表 2 - 12　2022 年某地区按收入等级划分的城镇居民人均消费支出　单位：元

支出项目	最低收入户（10%）	低收入户（10%）	中等偏下户（20%）	中等收入户（20%）	中等偏上户（20%）	高收入户（10%）	最高收入户（10%）
食品	4 125.3	4 846.7	5 546.0	6 373.8	7 310.1	8 366.0	10 335.2
衣着	2 113.6	2 404.7	2 676.0	3 008.1	3 386.6	3 836.7	4 948.9
居住	2 256.3	2 375.1	2 610.0	2 860.3	3 104.2	3 610.0	4 814.7
家庭设备用品及服务	1 888.6	2 027.2	2 200.9	2 433.6	2 711.0	3 110.2	4 180.6
医疗保健	2 005.3	2 078.3	2 237.8	2 464.7	2 660.1	2 923.6	3 642.8
交通和通信	2 048.3	2 269.1	2 651.8	3 220.6	3 958.0	5 240.6	8 570.3
教育文化娱乐服务	2 102.6	2 346.7	2 638.0	3 021.3	3 601.5	4 349.7	6 315.2
其他商品和服务	1 732.0	1 812.5	1 888.8	2 027.1	2 208.9	2 443.5	3 353.9

解：由 Excel 绘制的雷达图如图 2 - 18 所示。

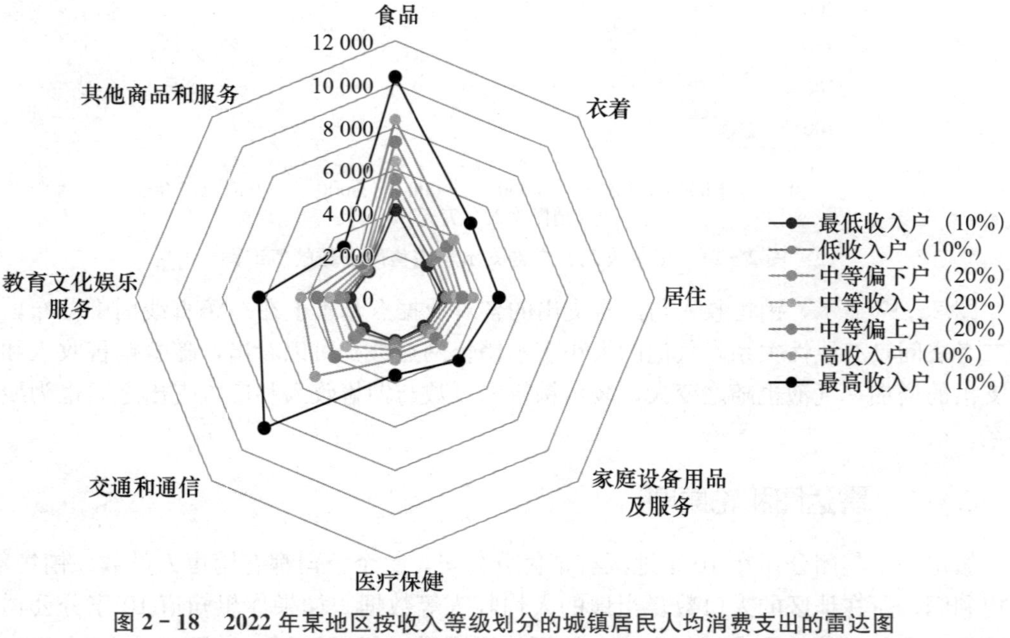

图 2 - 18　2022 年某地区按收入等级划分的城镇居民人均消费支出的雷达图

由图 2 - 18 显示，各消费项目的折线基本上没有交叉，而且其形状也很相近，说明相对高收入群体的人均各项消费性支出普遍高于相对低收入群体的人均各项消费性支出，尤其是收入最高的 10%的家庭各项支出金额明显偏高，但不同收入等级家庭的消费结构却十分相似。

2. 轮廓图

轮廓图（outline chart）也称为平行坐标图或多线图，它是用横轴表示各样本，纵轴表示每个样本的多个变量的取值，将不同样本的同一个变量的取值用折线连接，即为轮廓图。

【例 2-17】 沿用例 2-16。绘制轮廓图，比较不同收入等级的城镇居民人均消费支出的特点和相似性。

解：将各项支出作为横轴的轮廓图如图 2-19 所示。

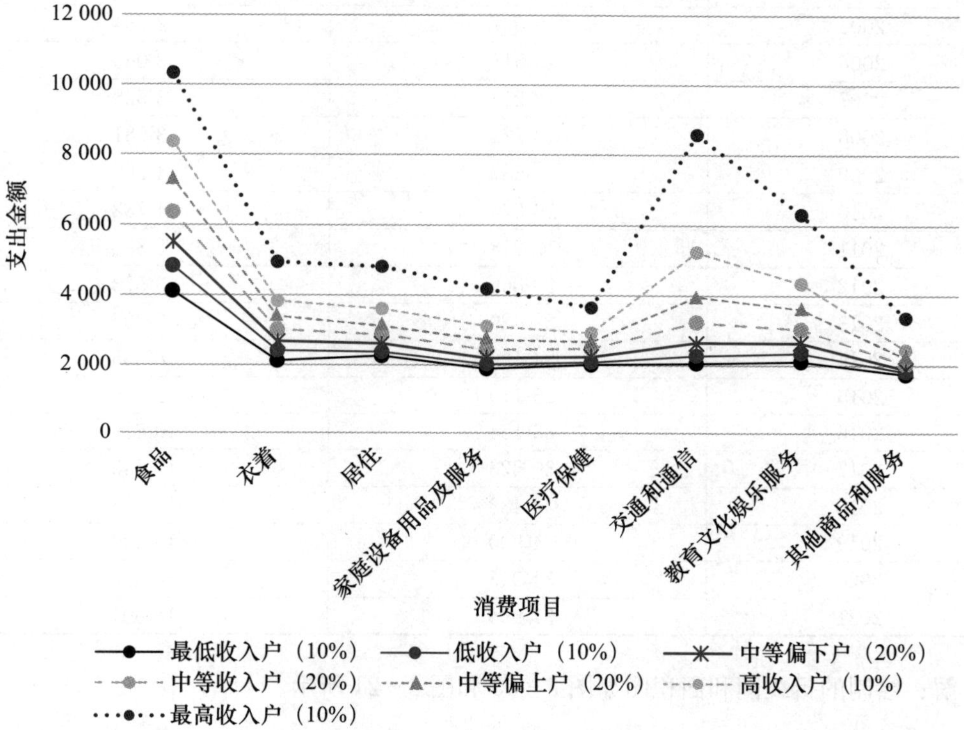

图 2-19　2022 年某地区按收入等级划分的城镇居民人均消费支出的轮廓图

图 2-19 显示，从各项支出金额看，各收入群体的家庭人均消费性支出中，食品支出都是最多的，其他商品和服务支出则是最少的；相对高收入群体的人均各项消费性支出普遍高于相对低收入群体的人均各项消费性支出，尤其是收入最高的 10%的家庭人均各项支出金额明显偏高，而其他收入群体之间的各项支出则相差不大；由于图中的各条折线基本上平行，而且弯曲的形状也极为相近，说明各收入群体的家庭人均消费性支出的结构具有很大的相似性。

2.4.4　时间序列的图示

如果数据是在不同时间上获得的，即为时间序列数据，则可以绘制线图（line chart）或面积图（area graph），来观察数据随时间变化的趋势或特征。线图的横轴为时间，纵轴为观测值。

【例 2-18】 表 2-13 是 2002—2021 年我国城镇居民和农村居民消费水平数据。绘制折线图和面积图，比较城镇居民和农村居民消费水平的变化趋势。

表 2-13　2002—2021 年我国城镇居民和农村居民消费水平　　单位：元

年份	城镇居民消费水平	农村居民消费水平
2002	7 662	2 157
2003	7 977	2 292
2004	8 718	2 521
2005	9 637	2 784
2006	10 516	3 066
2007	12 217	3 538
2008	13 722	3 981
2009	14 687	4 295
2010	16 570	4 782
2011	19 218	5 880
2012	20 869	6 573
2013	22 620	7 397
2014	24 430	8 365
2015	26 119	9 409
2016	28 154	10 609
2017	30 323	12 145
2018	32 483	13 985
2019	34 900	15 382
2020	34 043	16 046
2021	37 994	18 601

解：绘制的折线图和面积图如图 2-20 和图 2-21 所示。

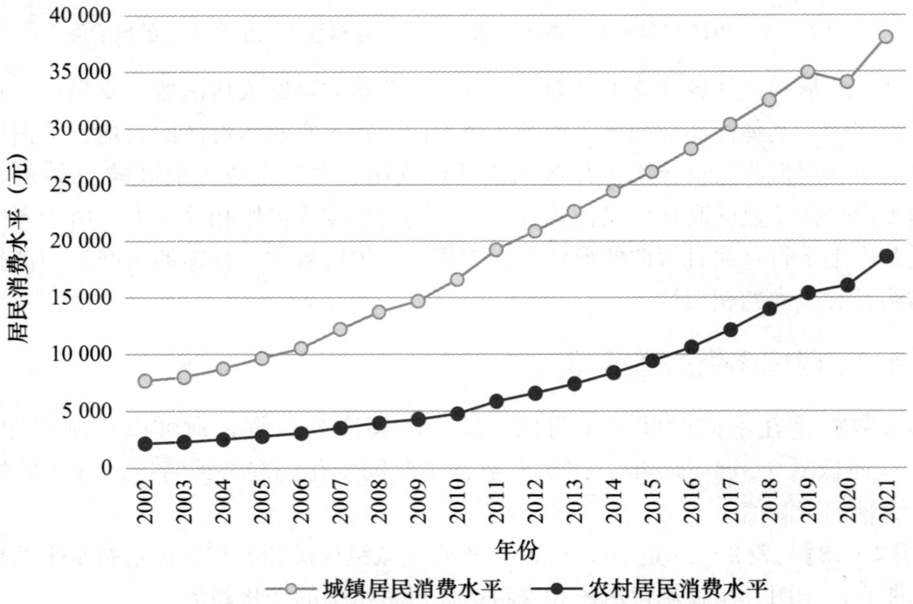

图 2-20　城镇居民和农村居民消费水平的折线图

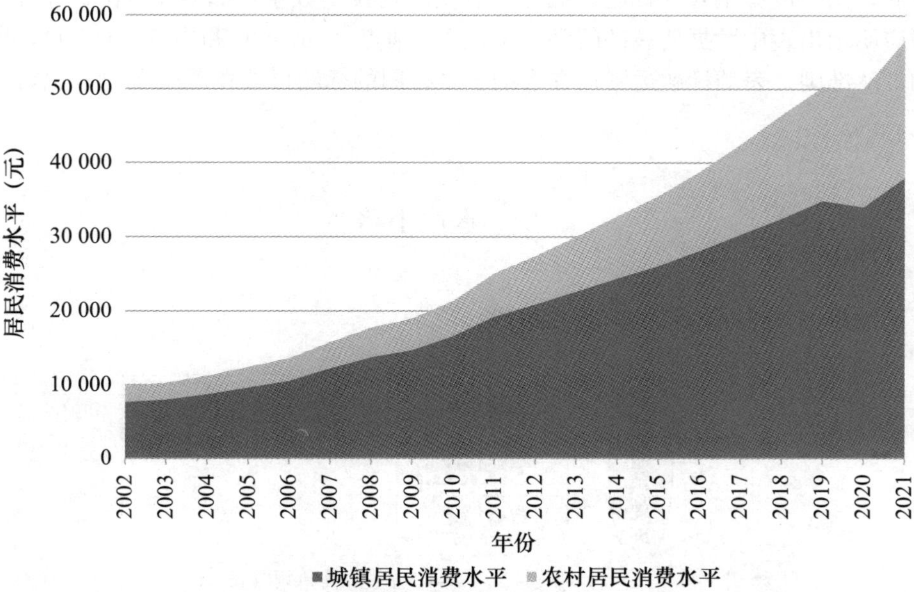

图 2-21　城镇居民和农村居民消费水平的面积图

图 2-20 和图 2-21 显示，无论是农村居民还是城镇居民，消费水平随时间的推移均呈现逐年提高的趋势，但城镇居民的消费水平各年均高于农村居民，而且随时间的推移消费水平的差距有扩大的趋势。

2.5　合理使用图表

统计图表是展示数据的有效方式。在日常生活中，阅读报刊，或者在看电视节目、浏览网页时都能看到大量的统计图表。统计表把杂乱的数据有条理地组织在一张简明的表格内，统计图把数据形象地展示出来。显然，看统计图表要比看那些枯燥的数字更有趣，也更容易理解。合理使用统计图表是做好统计分析的最基本技能。

使用图表的目的是让别人更容易看懂和理解数据。一张精心设计的图表可以有效地把数据呈现出来。使用计算机可以很容易地绘制出漂亮的图表，但需要注意的是，初学者往往会在图形的修饰上花费太多的时间和精力，而不注意对数据的表达。这样做得不偿失，也未必合理，或许还会画蛇添足。

绘制图表时，应使图表尽可能简洁，以能够清晰地显示数据、合理地表达统计目的为依据。合理使用图表要注意以下几点。

首先，在制作图表时，应避免一切不必要的修饰。过于花哨的修饰往往会使人注重图表本身，而掩盖了图表所要表达的信息。

其次，图形的比例应合理。一般而言，一张图形大体上为 4∶3 的一个矩形，过长或过高的图形都有可能歪曲数据，给人留下错误的印象。

最后，图表应有编号和标题。编号一般使用阿拉伯数字，如表 1、表 2 等等。图表的标题应明示出表中数据所属的时间（when）、地点（where）和内容（what），即通常所说的 3W 准则。表的标题通常放在表的上方；图的标题可放在图的上方，也可放在图的下方。

本章小结

下面的框图总结了本章的内容和结构。

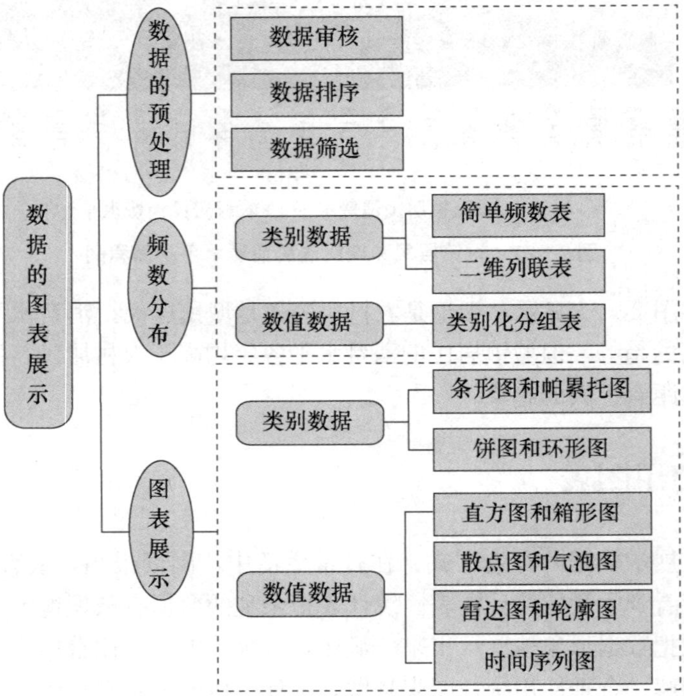

练习题和答案

一、思考题

2.1 数据的预处理包括哪些内容？

2.2 简述数值数据分组的步骤。

2.3 直方图与条形图有何区别？

2.4 饼图和环形图有什么不同？

二、选择题

1. 一个样本或总体中各个部分的数据与全部数据之比称为（　　）。

A. 频数　　B. 频率　　C. 比例　　D. 比率

2. 样本或总体中各不同类别数值之间的比值称为（　　）。

A. 频数　　B. 频率　　C. 比例　　D. 比率

3. 按各类别数据出现的频数多少排序后绘制的条形图称为（　　）。

A. 条形图　　B. 饼图

C. 帕累托图　　D. 复式条形图

4. 下面的图形中最适合用于描述结构性问题的是（　　）。

A. 条形图　　B. 饼图

C. 帕累托图　　D. 雷达图

5. 下面的图形中适用于比较研究两个或多个总体或结构性问题的是（　　）。

A. 环形图　　B. 饼图

C. 帕累托图　　D. 轮廓图

6. 下面的图形中适用于描述一组数据的分布特征的图形是（　　）。

A. 雷达图　　B. 环形图

C. 直方图　　D. 饼图

7. 为描述身高与体重之间是否有某种关系，适合采用的图形是（　　）。

A. 条形图　　B. 环形图

C. 雷达图　　D. 散点图

8. 为了研究多个不同变量在不同样本间的相似性，适合采用的图形是（　　）。

A. 环形图　　B. 条形图

C. 雷达图　　D. 箱形图

9. 将某企业职工的月收入依次分为2 000元以下、2 000～3 000元、3 000～4 000元、4 000～5 000元、5 000元以上几组。最后一组的组中值近似为（　　）。

A. 5 000　　B. 5 500　　C. 7 500　　D. 6 500

10. 直方图与条形图的区别之一是（　　）。

A. 直方图的各矩形通常是连续排列的，而条形图则是分开排列的

B. 条形图的各矩形通常是连续排列的，而直方图则是分开排列的

C. 直方图主要用于描述分类数据，条形图则主要用于描述数值型数据

D. 直方图主要用于描述各类别数据的多少，条形图则主要用于描述数据的分布

三、计算与分析题

2.1　为评价银行业的服务质量，随机抽取了100个消费者构成一个样本。服务质量的等级分别表示为：A. 非常满意；B. 比较满意；C. 一般；D. 比较不满意；E. 不满意。调查得到被调查者性别和服务质量评价等级的数据如下：

性别	评价等级	性别	评价等级	性别	评价等级	性别	评价等级
女	比较满意	男	一般	男	比较不满意	女	一般
女	比较不满意	男	一般	女	比较不满意	男	比较满意
男	非常满意	女	一般	女	非常满意	男	比较不满意
女	比较满意	女	比较满意	男	非常满意	男	比较不满意
男	一般	男	一般	女	比较满意	女	一般
女	比较不满意	男	一般	女	比较不满意	女	非常满意
女	比较满意	女	比较满意	女	比较不满意	女	不满意
男	比较满意	女	一般	女	非常满意	女	一般
女	非常满意	男	比较不满意	男	非常满意	男	比较不满意
男	一般	男	不满意	女	比较满意	男	比较满意
男	不满意	女	比较满意	男	一般	女	不满意
男	非常满意	女	一般	女	不满意	女	非常满意
男	比较不满意	男	比较不满意	女	不满意	女	比较不满意
男	非常满意	男	一般	女	比较满意	男	一般
女	比较满意	女	不满意	男	一般	男	比较满意
女	非常满意	男	非常满意	女	不满意	女	不满意
男	不满意	男	一般	女	一般	女	不满意
女	非常满意	女	一般	男	比较满意	男	比较满意
女	比较不满意	男	不满意	女	不满意	男	一般
女	比较满意	女	比较不满意	女	一般	女	一般
女	一般	女	一般	女	比较满意	女	比较满意
男	一般	男	非常满意	女	一般	男	不满意
男	比较满意	女	不满意	男	比较不满意	男	一般
男	一般	男	一般	女	比较不满意	女	比较满意
男	一般	男	比较不满意	男	一般	女	一般

（1）制作评价等级的简单频数分布表，绘制简单条形图和帕累托图。

（2）制作性别和评价等级的二维列联表，绘制复式条形图和环形图。

2.2　为了确定灯泡的使用寿命（单位：小时），在一批灯泡中随机抽取 100 只进行测试，所得结果如下：

700	716	728	719	685	709	691	684	705	718
706	715	712	722	691	708	690	692	707	701
708	729	694	681	695	685	706	661	735	665
668	710	693	697	674	658	698	666	696	698
706	692	691	747	699	682	698	700	710	722
694	690	736	689	696	651	673	749	708	727
688	689	683	685	702	741	698	713	676	702

续表

701	671	718	707	683	717	733	712	683	692
693	697	664	681	721	720	677	679	695	691
713	699	725	726	704	729	703	696	717	688

(1) 以组距为 10 进行等距分组，整理成频数分布表。

(2) 根据分组数据绘制直方图，说明数据分布的特点。

2.3 一种袋装食品用生产线自动装填，每袋重量大约为 50 克，但由于某些原因，每袋重量不会恰好是 50 克。随机抽取 100 袋食品，测得的重量数据（单位：克）如下：

57	46	49	54	55	58	49	61	51	49
51	60	52	54	51	55	60	56	47	47
53	51	48	53	50	52	40	45	57	53
52	51	46	48	47	53	47	53	44	47
50	52	53	47	45	48	54	52	48	46
49	52	59	53	50	43	53	46	57	49
49	44	57	52	42	49	43	47	46	48
51	59	45	45	46	52	55	47	49	50
54	47	48	44	57	47	53	58	52	48
55	53	57	49	56	56	57	53	41	48

(1) 构建这些数据的频数分布表。

(2) 绘制频数分布的直方图，说明数据分布的特征。

2.4 甲、乙两个班各有 40 名学生，期末统计学考试成绩的分布如下：

考试成绩	人数	
	甲班	乙班
优	3	6
良	6	15
中	18	9
及格	9	8
不及格	4	2

绘制考试成绩的雷达图和轮廓图，比较两个班考试成绩的分布是否相似。

2.5 下面是随机调查的 40 名学生及其父母的身高数据（单位：厘米）。

子女身高	父亲身高	母亲身高	子女身高	父亲身高	母亲身高
171	166	158	155	165	157
174	171	158	161	182	165
177	179	168	166	166	156
178	174	160	170	178	160

续表

子女身高	父亲身高	母亲身高	子女身高	父亲身高	母亲身高
180	173	162	158	173	160
181	170	160	160	170	165
159	168	153	160	171	150
169	168	153	162	167	158
170	170	167	165	175	160
170	170	160	168	172	162
175	172	160	170	168	163
175	175	165	153	163	152
178	174	160	156	168	155
173	170	160	158	174	155
181	178	165	160	170	162
164	175	161	162	170	158
167	163	166	163	173	160
168	168	155	165	172	161
170	170	160	166	181	158
170	172	158	170	180	165

（1）绘制子女身高、父亲身高和母亲身高的箱形图，分析其分布特征。

（2）分别绘制子女身高与父亲身高和母亲身高的散点图，说明他们之间的关系。

（3）以子女身高作为气泡大小，绘制气泡图，分析子女身高与父亲身高和母亲身高的关系。

2.6 下表是2012—2021年我国城镇和农村居民消费价格指数（CPI）数据（上年＝100）。

年份	城镇居民消费价格指数	农村居民消费价格指数
2012	102.7	102.5
2013	102.6	102.8
2014	102.1	101.8
2015	101.5	101.3
2016	102.1	101.9
2017	101.7	101.3
2018	102.1	102.1
2019	102.8	103.2
2020	102.3	103.0
2021	101.0	100.7

绘制折线图和面积图，观察城镇和农村居民消费价格指数的变化特征。

四、练习题解答

选择题答案

1. C；2. D；3. C；4. B；5. A；6. C；7. D；8. C；9. B；10. A。

计算与分析题答案

2.1 (1) 简单频数分布表如下：

评价等级	人数
比较不满意	18
比较满意	21
不满意	15
非常满意	14
一般	32
总计	100

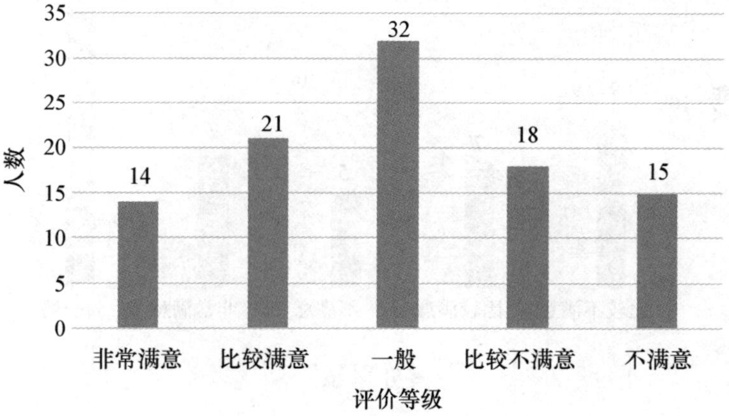

简单条形图

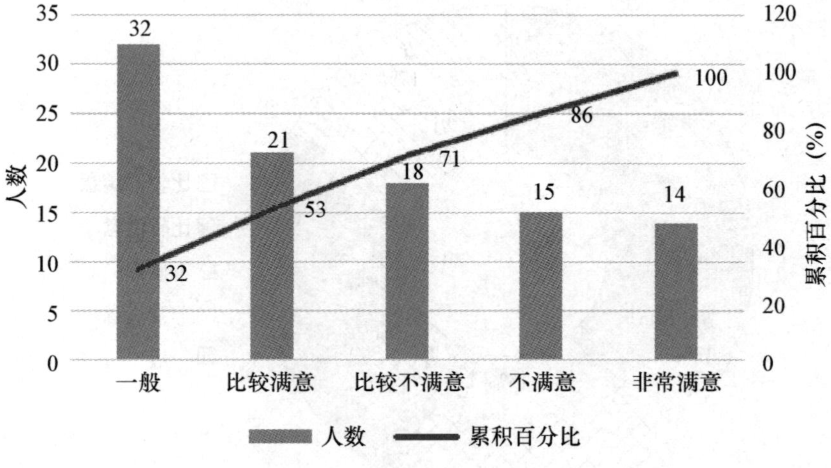

帕累托图

（2）二维列联表如下：

平均等级	男	女	总计
比较不满意	9	9	18
比较满意	7	14	21
不满意	5	10	15
非常满意	7	7	14
一般	18	14	32
总计	**46**	**54**	**100**

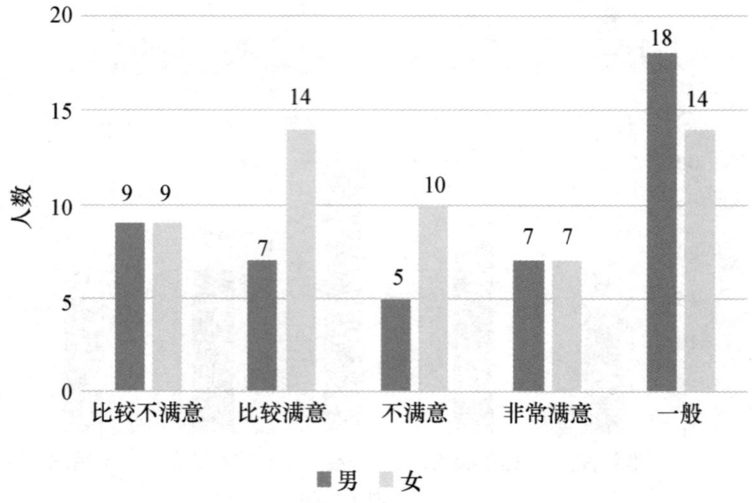

复式条形图

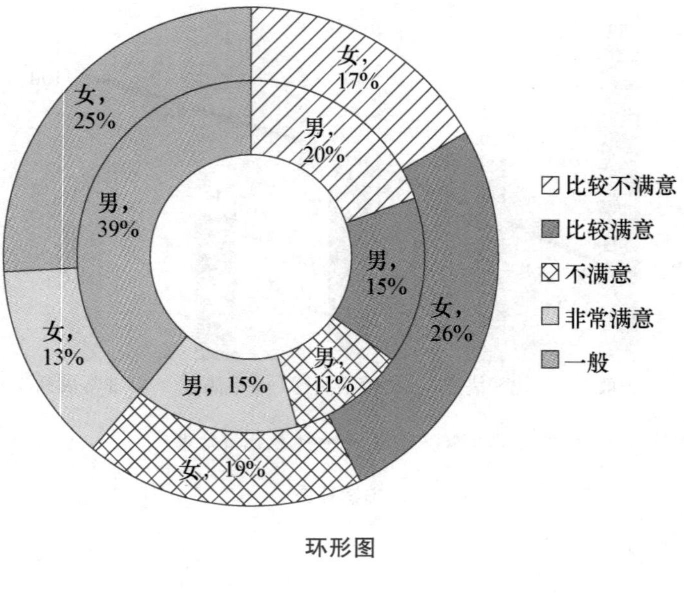

环形图

2.2 （1）频数分布表如下：

按使用寿命分组（小时）	灯泡个数（只）	频率（%）
650~660	2	2
660~670	5	5
670~680	6	6
680~690	14	14
690~700	26	26
700~710	18	18
710~720	13	13
720~730	10	10
730~740	3	3
740~750	3	3
合计	100	100

（2）灯泡使用寿命分布的直方图如下：

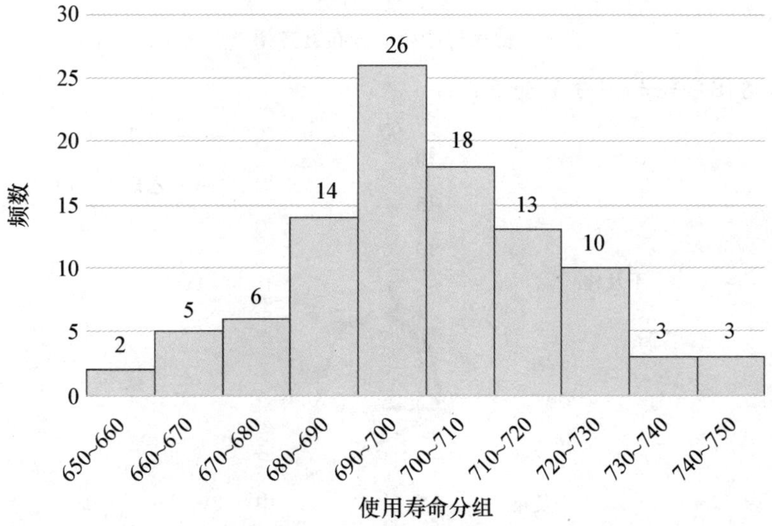

灯泡使用寿命的直方图

从灯泡使用寿命分布的直方图可以看出，灯泡使用寿命基本上是对称分布的。

2.3 （1）食品重量的频数分布表如下：

按重量分组	频率（袋）	频率（%）
40～42	2	2
42～44	3	3
44～46	7	7
46～48	16	16
48～50	17	17
50～52	10	10
52～54	20	20
54～56	8	8
56～58	10	10
58～60	4	4
60～62	3	3
合计	100	100

（2）食品重量的频数分布直方图如下：

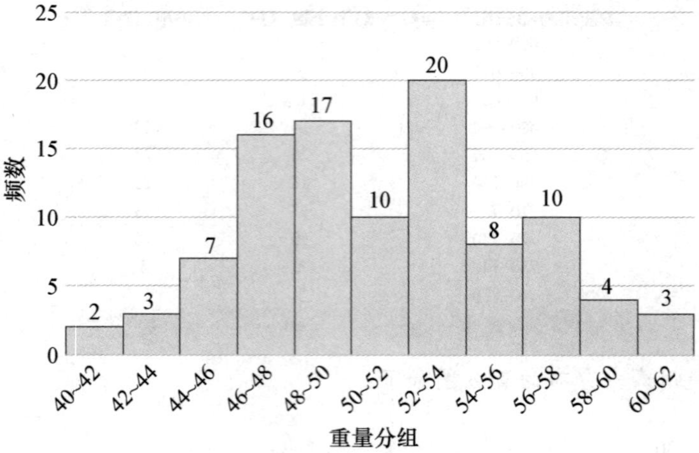

食品重量频数分布直方图

2.4　雷达图和轮廓图分别如下：

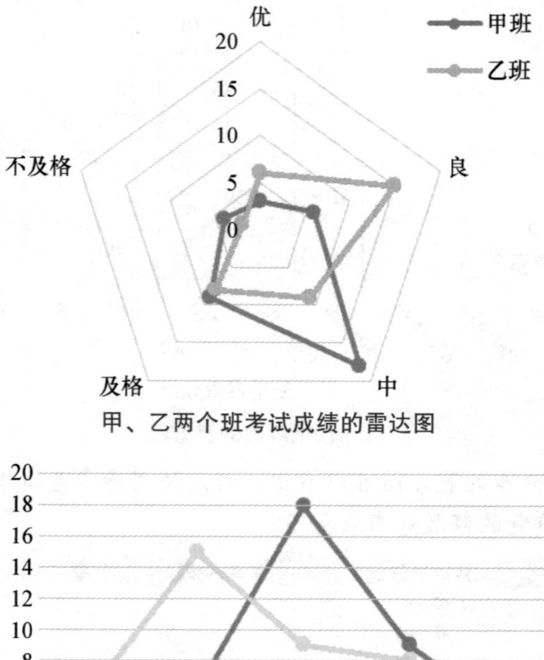

甲、乙两个班考试成绩的雷达图

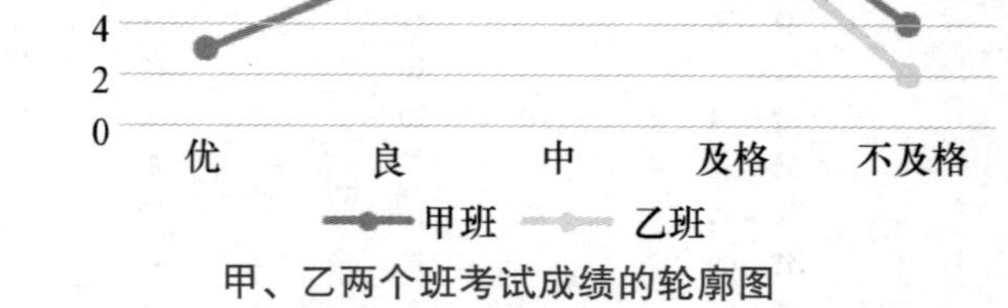

甲、乙两个班考试成绩的轮廓图

分布特征分析略。

从雷达图和轮廓图可以看出，甲班考试成绩为中的最多，而乙班考试成绩为良的最多。从形状来看，两个班的考试成绩没有太大的相似性。

2.5 （1）箱形图如下：

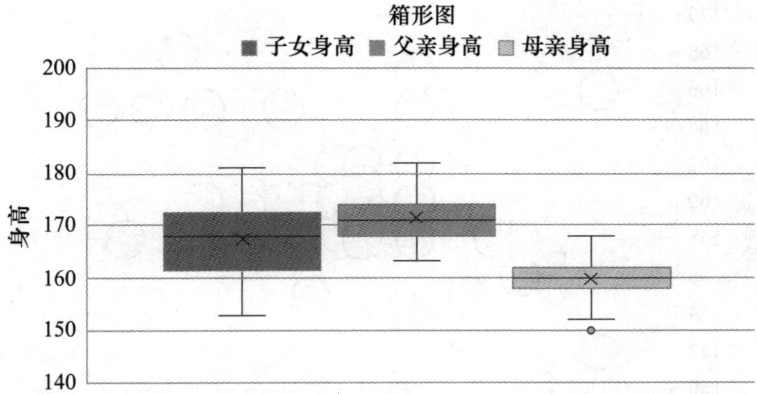

箱形图显示，父亲身高的中位数最高，其次是子女身高，母亲身高的中位数最低。

（2）散点图如下：

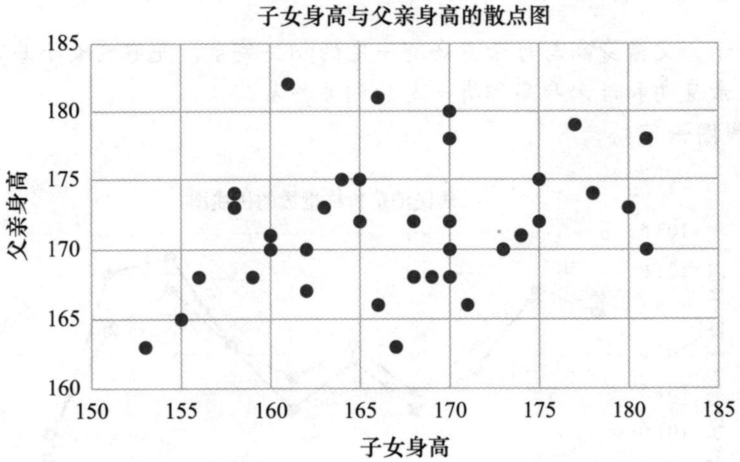

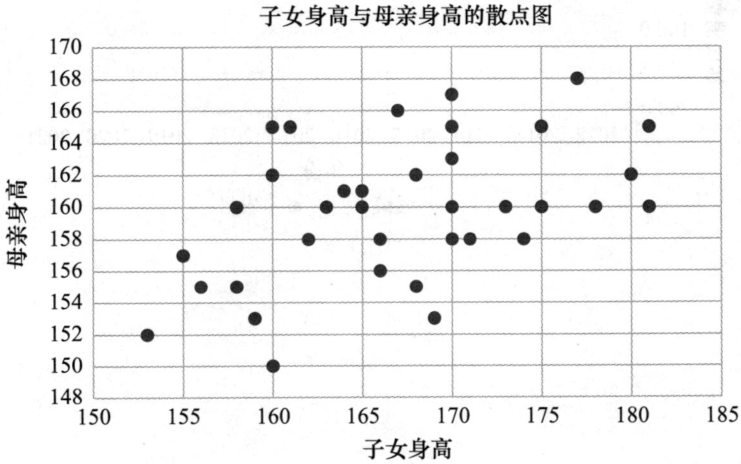

散点图显示，子女身高与父亲身高和母亲身高都有一定的相关关系。

(3) 气泡图如下：

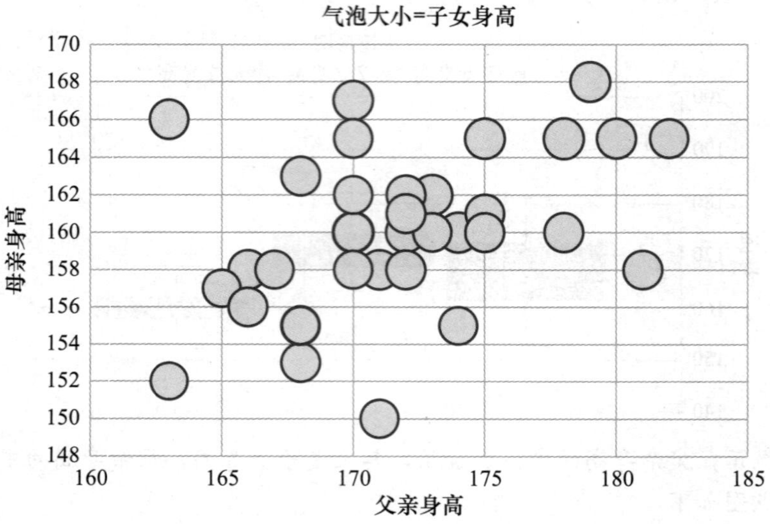

气泡图显示，父亲身高与母亲身高有一定的相关关系，气泡的大小基本相同，表示子女身高与父亲身高和母亲身高都有一定的相关关系。

2.6 折线图如下：

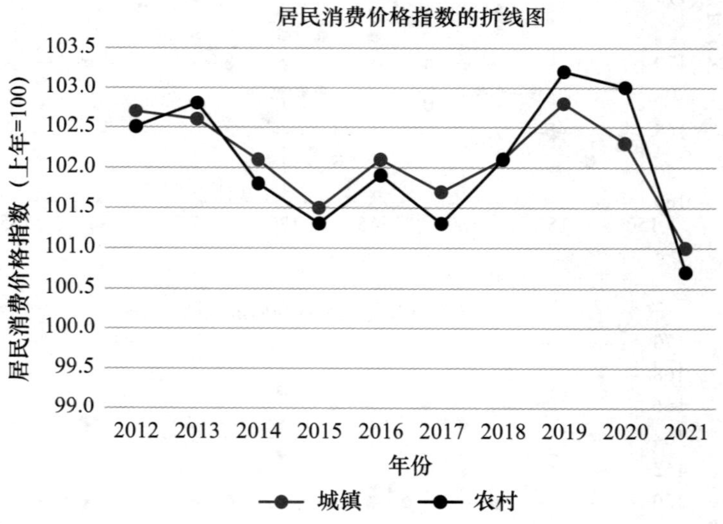

面积图如下：

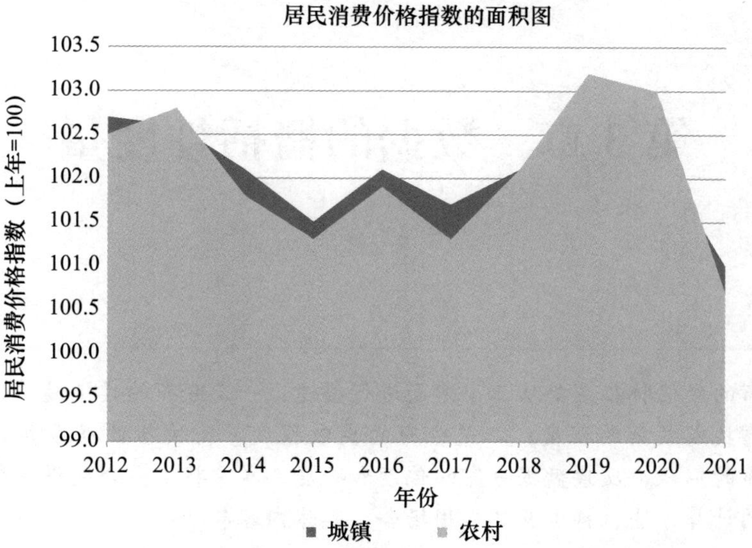

折线图和面积图均显示，居民消费价格指数的走势基本上围绕平均值随机波动，无任何规律；而且城镇和农村居民消费价格指数走势基本上相同。

第 3 章 数据的概括性度量

内容提要

数据分布的数值特征主要从三个方面进行描述：一是分布的集中趋势，反映各数据向其中心值靠拢或聚集的程度；二是分布的离散程度，反映各数据远离其中心值的程度；三是分布的形状，反映数据分布的偏度和峰度。本章将主要介绍描述数据分布特征的各统计量的计算方法、特点及其应用场合，具体内容包括：

1. 集中趋势的度量。介绍描述数据分布集中趋势的各统计量，包括平均数、分位数以及众数的计算方法、特点和应用场合。

2. 离散程度的度量。介绍描述数据离散程度的常用统计量，包括极差、四分位差、方差和标准差以及离散系数等。

3. 偏度与峰度的度量。介绍偏度系数和峰度系数的计算方法。

3.1 集中趋势的度量

集中趋势（central tendency）是指一组数据向某一中心值靠拢的程度。描述数据集中趋势的统计量主要有平均数、分位数以及众数等，它们反映了一组数据中心点的位置所在。

3.1.1 平均数

▶ **定义 3.1** 一组数据相加后除以数据的个数得到的结果，称为平均数，也称为均值（mean）。

平均数是度量数据集中趋势的常用统计量，在参数估计和假设检验中经常用到。

设一组样本数据为x_1，x_2，…，x_n，样本量（样本数据的个数）为 n，则样本平均数用 $\bar{x}$（读作 x-bar）表示，计算公式为[①]：

---

① 如果有总体的全部数据x_1，x_2，…，x_N，总体平均数用μ表示，计算公式为：$\mu=\frac{\sum_{i=1}^{N} x_i}{N}$。实践中，总体平均数往往是不知道的，都是根据样本平均数来推断的。

$$\bar{x}=\frac{x_1+x_2+\cdots+x_n}{n}=\frac{\sum_{i=1}^{n}x_i}{n} \tag{3.1}$$

式（3.1）也称为简单平均数（simple mean）。

【例 3-1】 在某年级中随机抽取 30 名学生，得到每名学生的统计学考试分数如表 3-1 所示。计算 30 名学生考试分数的平均数。

表 3-1　30 名学生的统计学考试分数

56	70	65	85	96	74
66	92	66	68	75	60
99	74	80	87	78	86
89	77	77	88	69	99
91	86	73	65	72	80

解：根据式（3.1）有

$$\bar{x}=\frac{56+66+\cdots+99+80}{30}=\frac{2\ 343}{30}=78.1$$

样本平均数的计算可以由 Excel 的【AVERAGE】函数来完成，操作步骤如文本框 3-1 所示。

文本框 3-1　用 Excel 的【AVERAGE】函数计算样本平均数

第 1 步：将光标放在任意空白单元格。然后点击【公式】，点击插入函数【fx】。

第 2 步：在【选择类别】中选择【统计】，并在【选择函数】中点击【AVERAGE】，单击【确定】。

第 3 步：在【Number1】中选择要计算平均数的数据区域，然后单击【确定】。

如果样本数据被分成 k 组，各组的组中值（一个组的中间值，是组的下限值与上限值的平均数）分别用 m_1，m_2，…，m_k 表示，各组的频数分别用 f_1，f_2，…，f_k 表示，则样本平均数的计算公式为：

$$\bar{x}=\frac{m_1f_1+m_2f_2+\cdots+m_kf_k}{f_1+f_2+\cdots+f_k}=\frac{\sum_{i=1}^{k}m_if_i}{n} \tag{3.2}$$

式（3.2）也称为加权平均数（weighted mean）。①

【例 3-2】 沿用例 3-1。假定将 30 名学生的统计学考试分数分组后如表 3-2 所示。计算考试分数的平均数。

---

① 如果总体数据被分成 k 组，各组的组中值分别用 M_1，M_2，…，M_k 表示，各组数据出现的频数分别用 F_1，F_2，…，F_k 表示，则总体加权平均数的计算公式为：$\mu=\frac{M_1F_1+M_2F_2+\cdots+M_kF_k}{f_1+f_2+\cdots+f_k}=\frac{\sum_{i=1}^{k}M_iF_i}{N}$。

表 3-2　30 名学生统计学考试分数的分组数据

考试分数分组	人数
60 以下	1
60～70	7
70～80	9
80～90	8
90～100	5
合计	30

解：加权平均数的计算过程如表 3-3 所示。

表 3-3　30 名学生统计学考试分数的加权平均数计算表

考试分数分组	组中值（m_i）	人数（f_i）	$m_i f_i$
60 以下	55	1	55
60～70	65	7	455
70～80	75	9	675
80～90	85	8	680
90～100	95	5	475
合计	—	30	2 340

根据式（3.2）得

$$\bar{x}=\frac{\sum_{i=1}^{k} m_i f_i}{n}=\frac{2\,340}{30}=78$$

对于同一组数据，根据原始数据计算的平均数与分组后计算的平均数结果是有差异的。因为分组后是用组中值代表该组数据，实际上假定该组数据在组中值两侧呈对称分布，如果实际情况不是对称分布，根据分组后数据计算的平均数就会有偏差。因此，在有原始数据的情况下，应根据原始数据计算平均数。加权平均数只在所得到的数据本身就是分组数据的情况下使用。

3.1.2　分位数

将一组数据按从小到大排序后，找出排在某个位置上的数值，并用该数值作为集中趋势的度量值。这些位置上的数值就是相应的分位数（quantile），其中有中位数、四分位数、百分位数等。

1. 中位数

▶ **定义 3.2**　一组数据从小到大排序后处在中间位置上的数值，称为中位数（median），用 M_e 表示。

中位数是用一个点将全部数据等分成两部分，每部分包含 50%的数据，一部分数据比中位数大，另一部分比中位数小。中位数是用中间位置上的值代表数据的水平，其特点是不受极端值的影响，在研究收入分配时很有用。

计算中位数时，要先对 n 个数据从小到大排序，然后确定中位数的位置，最后确定中位数的具体数值。如果位置是整数值，中位数就是该位置所对应的数值；如果位置是整数加 0.5 的数值，中位数就是该位置两侧值的平均值。

设一组数据 x_1，x_2，…，x_n 按从小到大排序后为 $x_{(1)}$，$x_{(2)}$，…，$x_{(n)}$，则中位数就是 $(n+1)/2$ 位置上的值。计算公式为：

$$M_e=\begin{cases} x_{\left(\frac{n+1}{2}\right)}, & n\text{ 为奇数} \\ \frac{1}{2}\left[x_{\left(\frac{n}{2}\right)}+x_{\left(\frac{n}{2}+1\right)}\right], & n\text{ 为偶数} \end{cases} \tag{3.3}$$

【例 3-3】 沿用例 3-1。计算 30 名学生统计学考试分数的中位数。

解：首先，将 30 名学生的考试分数排序，结果如表 3-4 所示。

表 3-4　30 名学生的考试分数排序

56	60	65	65	66	66	68	69	70	72
73	74	74	75	77	77	78	80	80	85
86	86	87	88	89	91	92	96	99	99

其次，确定中位数的位置：$(30+1)\div 2=15.5$，中位数是排序后的第 15.5 位置上的数值，即中位数在第 15 个数值（77）和第 16 个数值（77）中间（0.5）的位置上。因此，$M_e=(77+77)/2=77$。

中位数的计算可以由 Excel 的【MEDIAN】函数来完成，操作步骤如文本框 3-2 所示。

文本框 3-2　用 Excel 的【MEDIAN】函数计算中位数

第 1 步：将光标放在任意空白单元格。然后点击【公式】，点击插入函数【fx】。

第 2 步：在【选择类别】中选择【统计】，并在【选择函数】中点击【MEDIAN】，单击【确定】。

第 3 步：在【Number1】中选择要计算中位数的数据区域，然后单击【确定】。

2. 四分位数

与中位数类似的还有四分位数、百分位数等。它们分别是用 3 个点和 99 个点将数据 4 等分和 100 等分后各分位点上的数值。

▶ **定义 3.3**　一组数据从小到大排序后处在 25%和 75%位置上的数值，称为四分位数，也称四分位点（quartile）。

四分位数是用 3 个点将全部数据等分为 4 部分，其中每部分包含 25%的数据。很显然，中间的四分位数就是中位数，因此通常所说的四分位数是指处在 25%位置上和处在 75%位置上的两个数值。

与中位数的计算方法类似，计算四分位数时，首先对数据进行排序，然后确定四分位数所在的位置，该位置上的数值就是四分位数。与中位数不同的是，四分位数位置的确定方法有多种[①]，每种方法得到的结果可能会有一定差异，但差异不会很大（一般相差不会超过一个位次）。由于不同软件使用的计算方法可能不一样，因此，对同一组数据用不同软件得到的四分位数结果也可能会有所差异，但不会影响分析的结论。

设 25%位置上的四分位数为$Q_{25\%}$，75%位置上的四分位数为$Q_{75\%}$，Excel 计算四分位数位置的公式为：

$$Q_{25\%}\text{位置}=\frac{n+3}{4},\ Q_{75\%}\text{位置}=\frac{3n+1}{4} \tag{3.4}$$

如果位置是整数，四分位数就是该位置对应的数值；如果是在整数加 0.5 的位置上，则取该位置两侧数值的平均数；如果是在整数加 0.25 或 0.75 的位置上，则四分位数等于该位置前面的数值加上按比例分摊的位置两侧数值的差值。

【例 3-4】 沿用例 3-1。计算 30 名学生统计学考试分数的四分位数。

解： 先将 30 个数据从小到大排序，然后计算出四分位数的位置。

$$Q_{25\%}\text{位置}=\frac{30+3}{4}=8.25$$

$$Q_{75\%}\text{位置}=\frac{3\times30+1}{4}=22.75$$

$Q_{25\%}$在第 8 个数值（69）和第 9 个数值（70）之间 0.25 的位置上，因此

$$Q_{25\%}=69+0.25\times(70-69)=69.25$$

$Q_{75\%}$在第 22 个数值（86）和第 23 个数值（87）之间 0.75 的位置上，因此

$$Q_{75\%}=86+0.75\times(87-86)=86.75$$

由于在$Q_{25\%}$和$Q_{75\%}$之间大约包含了 50%的数据。就这 30 名学生的考试分数而言，可以说大约有一半学生的考试分数在 69.25～86.75 之间。

四分位数的计算可以由 Excel 的【QUARTILE. INC】函数来完成，该函数可以计算一组数据的四分位数、中位数、最小值和最大值。操作步骤如文本框 3-3 所示。

文本框 3-3 用 Excel 的【QUARTILE. INC】函数计算四分位数

第 1 步：将光标放在任意空白单元格。然后点击【公式】，点击插入函数【fx】。

第 2 步：在【选择类别】中选择【统计】，并在【选择函数】中点击【QUARTILE. INC】，单击【确定】。

第 3 步：在【Array】中选择要计算中位数的数据区域，在【quart】后输入相应的数字以决定函数返回哪一个数值。

quart 等于 0，返回最小值；

quart 等于 1，返回第 1 个四分位数，即 25%位置上的四分位数；

quart 等于 2，返回中位数；

---

① SPSS 软件使用的四分位数位置的计算公式为：$Q_{25\%}=\frac{n+1}{4}$，$Q_{75\%}=\frac{3(n+1)}{4}$。

quart 等于 3，返回第 3 个四分位数，即 75%位置上的四分位数；

quart 等于 4，返回最大值。

然后单击【确定】，即得到相应的分位数值。

注：使用函数【QUARTILE. EXC】也可以计算四分位数，但函数的参数不包含 0 和 1，因此不返回最小值和最大值。

3. 百分位数

百分位数是用 99 个点将数据分成 100 等分，处于各分位点上的数值就是百分位数。百分位数提供了各项数据在最小值和最大值之间分布的信息。

▶ **定义 3.4** 一组数据从小到大排序后处在第 i(i=1，2，…，99)个位置上的数值，称为第 i 个百分位数（percentile）。

与四分位数类似，百分位数也有多种算法，每种算法的结果不尽相同，但差异不会很大。设 $P_{i\%}$ 为第 i 个百分位数，Excel 给出的第 i 个百分位数的位置公式为①：

$$P_{i\%}\text{位置}=\frac{i}{100}\times(n-1) \tag{3.5}$$

如果位置是整数，百分位数就是该位置对应的数值；如果位置不是整数，百分位数等于该位置前面的数值加上按比例分摊的位置两侧数值的差值。显然，中位数就是第 50 个百分位数 $P_{50\%}$，$Q_{25\%}$ 和 $Q_{75\%}$ 则分别是第 25 个百分位数 $P_{25\%}$ 和第 75 个百分位数 $P_{75\%}$。

【例 3-5】 沿用例 3-1。计算 30 名学生考试分数的第 5 个和第 90 个百分位数。

解： 先对 30 个数据从小到大排序，然后计算出百分位数的位置。根据式（3.5），第 5 个百分位数的位置为：

$$P_{5\%}\text{位置}=\frac{5}{100}\times(30-1)=1.45$$

Excel 将排序后的第 1 个数值位置设定为 0，最后一个数值位置设定为 1。因此，第 5 个百分位数在第 2 个值（60）和第 3 个值（65）之间 0.45 的位置上，因此 $P_{5\%}=60+0.45\times(65-60)=62.25$。

第 90 个百分位数的位置为：

$$P_{90\%}\text{位置}=\frac{90}{100}\times(30-1)=26.1$$

因此，第 90 个百分位数在第 27 个值（92）和第 28 个值（96）之间 0.1 的位置上，因此 $P_{5\%}=92+0.1\times(96-92)=92.4$。

使用 Excel 中的【PERCENTILE. INC】函数可以计算任意一个百分位数。该函数的格式为：PERCENTILE. INC(array，K)，其中 array 是计算百分位数的数组或数据区域，K 为第 K 个百分点的值，取值在 0～1 之间，包含 0 和 1。操作步骤如文本框 3-4 所示。

---

① SPSS 给出的第 i 个百分位数的位置公式为：$P_{i\%}\text{位置}=\frac{i}{100}\times(n+1)$。

文本框 3-4　用 Excel 的【PERCENTILE. INC】函数计算百分位数

第 1 步：将光标放在任意空白单元格。然后点击【公式】，点击插入函数【fx】。

第 2 步：在【选择类别】中选择【统计】，并在【选择函数】中点击【PERCENTILE. INC】，单击【确定】。

第 3 步：在【Array】中选择要计算百分位数的数组或数据区域，在【K】后输入相应的数字以决定函数返回哪一个数值。K 为 0～1 之间的百分点值，包含 0 和 1。例如，K=0 返回最小值；K=1 返回最大值；K=0.01 返回第 1 个百分位数；K=0.25 返回第 25%位置上的四分位数（第 1 个四分位数）；K=0.5 返回中位数；K=0.75 返回第 75%位置上的四分位数（第 3 个四分位数）；等等。单击【确定】，即得到相应的分位数值。

3.1.3　众数

除平均数、中位数、四分位数和百分位数外，有时候也会使用众数作为集中趋势的度量值。

▶ **定义 3.5**　一组数据中出现频数最多的数值，称为众数（mode），用M_o表示。

一般情况下，只有在数据量较大时众数才有意义。从分布的角度看，众数是一组数据分布的峰值点所对应的数值。如果数据的分布没有明显的峰值，众数也可能不存在；如果有两个或多个峰值，也可以有两个或多个众数。

【例 3-6】　沿用例 3-1。计算 30 名学生考试分数的众数。

解：利用 Excel 中的【MODE. SNGL】函数可以计算一组数据的众数，操作步骤如文本框 3-5 所示。

文本框 3-5　用 Excel 的【MODE. SNGL】函数计算众数

第 1 步：将光标放在任意空白单元格。然后点击【公式】，点击插入函数【fx】。

第 2 步：在【选择类别】中选择【统计】，并在【选择函数】中点击【MODE. SNGL】，单击【确定】。

第 3 步：在【Number1】中选择要计算中位数的数据区域，然后单击【确定】。

按文本框 3-5 的步骤得到的众数为 66。本例的数据中，出现频数最多的值有 65，66，77，80，86，99，均为 2 个。由于数据较少，对本例数据计算众数实际上没有太大意义。

3.1.4　各度量值的比较

平均数、中位数和众数是描述数据集中趋势的三个主要统计量，要理解它们并不困难，但要合理使用则需要了解它们的不同特点和应用场合。平均数易被多数人理解和接受，实际中用得也较多，但主要缺点是易受极端值的影响，对于严重偏斜分布的数据，平均数的代表性较差。中位数和众数提供的信息不像平均数那样多，但它们也有优点，比如不受极端值的影响，具有统计上的稳健性，当数据为偏度分布，特别是偏斜程度较大时，可以考虑选择中位数或众数，这时它们的代表性要比平均数好。

从分布角度看，平均数是全部数据的算术平均，中位数是处于一组数据中间位置上的值，众数则始终是一组数据分布的最高峰值。因此，对于具有单峰分布的大多数数据而言，如果数据的分布是对称的，平均数（$\bar{x}$）、中位数（M_e）和众数（M_o）必定相等；如果数据是明显的左偏分布，说明数据存在极小值，必然拉动平均数向极小值一方靠，而众数和中位数由于是位置代表值，不受极值的影响，此时有 $\bar{x}<M_e<M_o$；如果数据是明显的右偏分布，说明数据存在极大值，必然拉动平均数向极大值一方靠，则有 $M_o<M_e<\bar{x}$。一般来说，数据分布对称或接近对称时，建议使用平均数；数据分布有明显偏度时，可考虑使用中位数或众数。

3.2　离散程度的度量

集中趋势只是数据分布的一个特征，它所反映的是各变量值向其中心值聚集的程度。而各变量值之间的差异状况如何呢？这就需要考察数据的离散程度。数据的离散程度是数据分布的另一个重要特征，它所反映的是各变量值远离其中心值的程度，因此也称为离中趋势。集中趋势的各测度值是对数据水平的一个概括性度量，它对一组数据的代表程度，取决于该组数据的离散水平。数据的离散程度越大，集中趋势的测度值对该组数据的代表性就越差；离散程度越小，其代表性就越好。而离中趋势的各测度值就是对数据离散程度所做的描述。

描述样本数据离散程度的统计量主要有极差、四分位差、平均差、方差、标准差以及测度相对离散程度的离散系数和标准分数等。

3.2.1　极差和四分位差

1. 极差

▶ **定义 3.6**　一组数据的最大值与最小值之差，称为极差（range），也称全距，用 R 表示。

极差的计算公式为：

$$R=\max(x)-\min(x) \tag{3.6}$$

例如，根据例 3-1 中的数据，计算 30 名学生考试分数的极差为：$R=99-56=43$。由于极差只是利用了一组数据两端的信息，容易受极端值的影响，不能全面反映数据的差异状况。虽然极差在实际中很少单独使用，但它可以作为分析数据离散程度的一个参考值。

2. 四分位差

▶ **定义 3.7**　一组数据的 $Q_{75\%}$ 分位数与 $Q_{25\%}$ 分位数之差，称为四分位差（quartile deviation），也称为内距或四分位距（inter-quartile range），用 IQR 表示。

四分位差的计算公式为：

$$IQR = Q_{75\%} - Q_{25\%} \tag{3.7}$$

四分位差反映了中间 50%数据的离散程度；其数值越小，说明中间的数据越集中，数值越大，说明中间的数据越分散。四分位差不受极值的影响。此外，由于中位数处于数据的中间位置，因此，四分位差的大小在一定程度上也说明了中位数对一组数据的代表程度。

例如，根据例 3-4 计算的 30 名学生考试分数的四分位数，$IQR=86.75-69.25=17.5$。

3.2.2 平均差

如果考虑每个数据 x_i 与其平均数 $\bar{x}$ 之间的差异，以此作为一组数据差异水平的度量，结果就要比极差和四分位差更为全面和准确。这就需要求出每个数据 x_i 与其平均数 $\bar{x}$ 离差的平均数。但（$x_i-\bar{x}$）之和等于 0，需要进行一定的处理。一种方法是将离差取绝对值，求和后再平均，这一结果称为平均差。

▶ **定义 3.8** 各变量值与其平均数离差绝对值的平均数，称为平均差（mean deviation），也称平均绝对离差（mean absolute deviation），用 MAD 表示。

根据未分组数据计算平均差的公式为：

$$MAD = \frac{\sum_{i=1}^{n} |x_i - \bar{x}|}{n} \tag{3.8}$$

根据分组数据计算平均差的公式为：

$$MAD = \frac{\sum_{i=1}^{k} |m_i - \bar{x}| f_i}{n} \tag{3.9}$$

【例 3-7】 沿用例 3-1。计算 30 名学生考试分数的平均差。

解： 由式（3.8）得

$$MAD = \frac{|56-78.1|+|66-78.1|+\cdots+|99-78.1|+|80-78.1|}{30} = 9.51$$

利用 Excel 中的【AVEDEV】函数可以计算一组数据的平均差，操作步骤如文本框 3-6 所示。

文本框 3-6 用 Excel 的【AVEDEV】函数计算平均差

第 1 步：将光标放在任意空白单元格。然后点击【公式】，点击插入函数【fx】。

第 2 步：在【选择类别】中选择【统计】，并在【选择函数】中点击【AVEDEV】，单击【确定】。

第 3 步：在【Number1】中选择要计算平均差的数据区域，然后单击【确定】。

【例 3-8】 沿用例 3-2。根据表 3-2 中的数据，计算 30 名学生考试分数的平均差。

解： 根据例 3-2 的计算结果可知，$\bar{x}=78$，计算过程如表 3-5 所示。

表 3-5　30 名学生统计学考试分数的平均差计算表

考试分数分组	组中值（m_i）	人数（f_i）	$\lvert m_i-\bar{x}\rvert$	$\lvert m_i-\bar{x}\rvert f_i$
60 以下	55	1	23	23
60～70	65	7	13	91
70～80	75	9	3	27
80～90	85	8	7	56
90～100	95	5	17	85
合计	—	30	—	282

由式（3.9）得

$$MAD=\frac{\sum_{i=1}^{n}\lvert m_i-\bar{x}\rvert f_i}{n}=\frac{282}{30}=9.4$$

平均差以平均数为中心，反映了每个数据与平均数的平均差异程度，它能全面准确地反映一组数据的离散状况。平均差越大说明数据的离散程度越大，反之则说明数据的离散程度越小。为了避免离差之和等于 0 而无法计算平均差这一问题，在计算时对离差取了绝对值，以离差的绝对值来表示总离差，这就给计算带来了不便，因而实际中应用较少。但平均差的实际意义比较清楚，容易理解。

3.2.3　方差和标准差

平均差在数学处理上是通过绝对值消去离差的正负号，如果用平方的办法消去离差的正负号，则更便于数学上的处理。这样计算的离差平均数称为方差。方差（或标准差）是实际中应用最广泛的离散程度测度值，它反映了每个数据与其平均数相比平均相差的数值，因此能准确地反映出数据的离散程度。

▶ **定义 3.9**　各变量值与其平均数离差平方的平均数，称为方差（variance）。

设样本方差为 s^2，根据未分组数据计算样本方差的公式为[①]：

$$s^2=\frac{\sum_{i=1}^{n}(x_i-\bar{x})^2}{n-1} \tag{3.10}$$

根据分组数据计算样本方差的公式为：

$$s^2=\frac{\sum_{i=1}^{k}(m_i-\bar{x})^2 f_i}{n-1} \tag{3.11}$$

▶ **定义 3.10**　方差的平方根，称为标准差（standard deviation）。

① 对于总体的 N 个数据，总体方差（population variance）用 σ^2 表示，计算公式为：$\sigma^2=\frac{\sum_{i=1}^{N}(x_i-\mu)^2}{N}$。对于分组数据，总体加权方差的计算公式为：$\sigma^2=\frac{\sum_{i=1}^{K}(M_i-\mu)^2F_i}{N}$。开平方后即得到总体的加权标准差。总体方差通常是不知道的，都是用样本方差 s^2 来推断的。

与方差不同的是，标准差是有量纲的，它与变量值的计量单位相同，其实际意义要比方差清楚。因此，在对实际问题进行分析时多使用标准差。根据未分组数据计算标准差的公式为：

$$s=\sqrt{\frac{\sum_{i=1}^{n}(x_i-\bar{x})^2}{n-1}} \tag{3.12}$$

根据分组数据计算标准差的公式为：

$$s=\sqrt{\frac{\sum_{i=1}^{k}(m_i-\bar{x})^2 f_i}{n-1}} \tag{3.13}$$

【例 3-9】 沿用例 3-1。计算 30 名学生考试分数的方差和标准差。

解：根据式（3.10）得

$$s^2=\frac{(56-78.1)^2+(66-78.1)^2+\cdots+(80-78.1)^2}{30-1}=132.4379$$

$$s=\sqrt{132.4379}=11.5082$$

使用 Excel 的函数【VAR. S】可以计算一组样本数据的方差，使用【STDEV. S】函数可以计算样本标准差。操作步骤如文本框 3-7 所示。

文本框 3-7 用 Excel 的【VAR. S】函数和【STDEV. S】函数计算样本方差和标准差

第 1 步：将光标放在任意空白单元格。然后点击【公式】，点击插入函数【fx】。

第 2 步：在【选择类别】中选择【统计】，并在【选择函数】中点击【VAR. S】，单击【确定】。

第 3 步：在【Number1】中选择要计算方差的数据区域，然后单击【确定】，即可得到样本方差（计算标准差时选择【STDEV. S】函数即可）。

注：计算总体方差的函数为【VAR. P】；计算总体标准差的函数为【STDEV. P】。

【例 3-10】 沿用例 3-2。根据表 3-2 中的数据，计算 30 名学生考试分数的方差和标准差。

解：计算过程见表 3-6。

表 3-6 30 名学生统计学考试分数的方差计算表

考试分数分组	组中值（m_i）	人数（f_i）	$(m_i-\bar{x})^2$	$(m_i-\bar{x})^2 f_i$
60 以下	55	1	529	529
60～70	65	7	169	1 183
70～80	76	9	4	36
80～90	85	8	49	392
90～100	95	5	289	1 445
合计	—	30	—	3 585

根据式（3.11）得

$$s^2=\frac{\sum_{i=1}^{k}(m_i-\bar{x})^2 f_i}{n-1}=\frac{3\,585}{30-1}=123.620\,7$$

根据式（3.13）得

$$s=\sqrt{\frac{\sum_{i=1}^{k}(m_i-\bar{x})^2 f_i}{n-1}}=\sqrt{123.620\,7}=11.118\,5$$

3.2.4 离散系数

标准差是反映数据离散程度的绝对值，其数值的大小受原始数据取值大小的影响，数据的观测值越大，标准差的值通常也越大。此外，标准差与原始数据的计量单位相同，采用不同计量单位计量的数据，其标准差的值也就不同。因此，对于不同组别的数据，如果原始数据的观测值相差较大或计量单位不同时，就不能用标准差直接比较其离散程度，这时需要计算离散系数。

▶ **定义 3.11** 一组数据的标准差与其相应的平均数之比，称为离散系数（coefficient of variation），也称为变异系数。

设离散系数为 CV，其计算公式为：

$$CV=\frac{s}{\bar{x}} \tag{3.14}$$

离散系数主要用于比较不同样本数据的离散程度。离散系数大的说明数据的相对离散程度也大，离散系数小的说明数据的相对离散程度也小。①

【例 3-11】 沿用例 2-13。计算各月份空气质量指数（AQI）的离散系数，比较分析各月份空气质量指数的离散程度。

解： 由于各月份空气质量指数的数值差异较大，所以需要计算离散系数进行比较。各月份空气质量指数的平均数、标准差和离散系数如表 3-7 所示。

表 3-7 某城市各月份空气质量指数的平均数、标准差和离散系数

月份	平均数	标准差	离散系数
1月	66.161 3	33.900 9	0.512 4
2月	80.535 7	47.686 1	0.592 1
3月	124.290 3	67.375 7	0.542 1
4月	104.900 0	56.192 6	0.535 7
5月	110.645 2	35.646 9	0.322 2
6月	123.366 7	42.291 7	0.342 8

① 当平均数接近 0 时，离散系数的值趋于无穷大，此时必须慎重解释。

续表

月份	平均数	标准差	离散系数
7月	100.193 5	42.195 1	0.421 1
8月	93.096 8	41.369 4	0.444 4
9月	58.866 7	26.518 4	0.450 5
10月	73.709 7	46.751 3	0.634 3
11月	107.833 3	63.382 3	0.587 8
12月	75.483 9	44.056 7	0.583 7

表 3-7 中的离散系数显示，5 月份的离散系数最小，为 0.322 2，表明 5 月份的空气质量指数离散程度最小；10 月份的离散系数最大，为 0.634 3，说明 10 月份的空气质量指数离散程度最大。

3.2.5 标准分数

有了平均数和标准差之后，可以计算一组数据中每个数值的标准分数，以测度每个数值在该组数据中的相对位置，并可以用它来判断一组数据是否有离群点。比如，全班的平均考试分数为 80 分，标准差为 10 分，而你的考试分数是 90 分，距离平均分数有多远？显然是 1 个标准差的距离。这里的 1 就是你考试成绩的标准分数。标准分数是指某个数据与平均数相比差多少个标准差。

▶ **定义 3.12** 某个数据与其平均数的离差除以标准差后的值，称为该数据的标准分数（standard score），也称标准化值或 z 分数。

设标准分数为 z，计算公式为：

$$z_i=\frac{x_i-\bar{x}}{s} \tag{3.15}$$

将一组数据化为标准化得分的过程称为数据的标准化。式（3.15）也就是统计上常用的标准化公式，在对多个具有不同量纲的变量进行处理时，常常需要对各变量的数据进行标准化处理，也就是把一组数据转化成具有平均数为 0、标准差为 1 的新的数据。实际上，标准分数只是将原始数据进行了线性变换，它并没有改变某个数值在该组数据中的位置，也没有改变该组数据分布的形状。

【例 3-12】 沿用例 3-1。计算 30 名学生考试分数的标准分数。

解： 根据前面的计算结果，$\bar{x}=78.1$，$s=11.508\,2$。以第 1 个学生的标准分数为例，由式（3.15）得

$$z=\frac{56-78.1}{11.508\,2}=-1.920\,37$$

使用 Excel【STANDARDIZE】函数可计算标准分数，操作步骤如文本框 3-8 所示。

文本框 3-8　用 Excel 的【STANDARDIZE】函数计算标准分数

第 1 步：将光标放在任意空白单元格。然后点击【公式】，点击插入函数【fx】。

第 2 步：在【选择类别】中选择【统计】，并在【选择函数】中点击【STANDARDIZE】，单击【确定】。

第 3 步：在【X】框后输入要计算标准分数的原始数据（最好是点击原始数据所在的单元格，以方便复制得到多个数据的标准分数）；在【Mean】框后输入该组数据的平均数；在【Standard_dev】框后输入该组数据的标准差。单击【确定】，即可得到该数据的标准分数（要得到多个数据的标准分数，向下复制该单元格即可）。界面如下图所示。

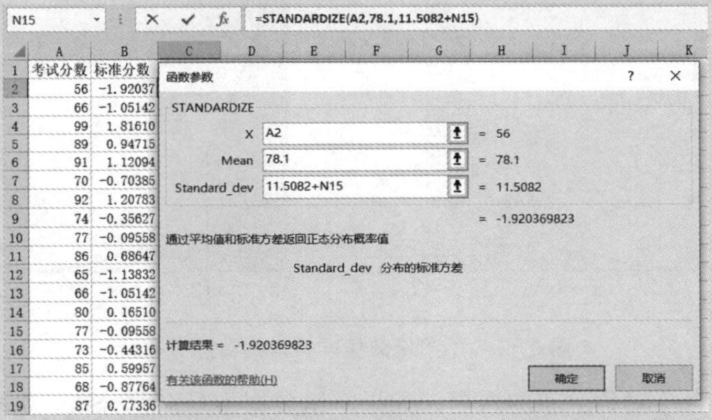

按上述步骤得到的标准分数如表 3-8 所示。

表 3-8　30 名学生考试分数的标准分数

学生编号	考试分数	标准分数	学生编号	考试分数	标准分数	学生编号	考试分数	标准分数
1	56	−1.920 37	11	65	−1.138 32	21	96	1.555 41
2	66	−1.051 42	12	66	−1.051 42	22	75	−0.269 37
3	99	1.816 10	13	80	0.165 10	23	78	−0.008 69
4	89	0.947 15	14	77	−0.095 58	24	69	−0.790 74
5	91	1.120 94	15	73	−0.443 16	25	72	−0.530 06
6	70	−0.703 85	16	85	0.599 57	26	74	−0.356 27
7	92	1.207 83	17	68	−0.877 64	27	60	−1.572 79
8	74	−0.356 27	18	87	0.773 36	28	86	0.686 47
9	77	−0.095 58	19	88	0.860 26	29	99	1.816 10
10	86	0.686 47	20	65	−1.138 32	30	80	0.165 10

表 3-8 的结果显示，第 1 个学生的考试分数与平均分数相比低 1.920 37 个标准差，第 2 个学生的考试分数与平均分数相比低 1.051 42 个标准差，其余的含义类似。

根据标准分数，可以判断一组数据中是否存在离群点（outlier）。经验表明：当一组数据对称分布时，约有 68%的数据在平均数加减 1 个标准差的范围之内；约有 95%的数据在平均数加减 2 个标准差的范围之内；约有 99%的数据在平均数加减 3 个标准差的范围之内。可以想象，一组数据中低于或高于平均数 3 倍标准差的数值是很少的，也就是说，在平均数加减 3 个标准差的范围内几乎包含了全部数据，而在 3 个标准差之外的数据在统计上称为离群点。例如，由表 3－8 可知，30 名学生的考试分数都在平均数加减 3 个标准差的范围内（标准分数的绝对值均小于 3），没有离群点。

不同倍数标准差内的数据分布如图 3－1 所示。

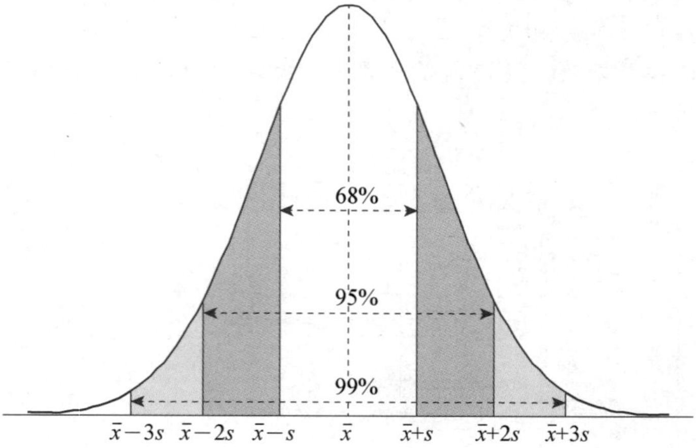

图 3－1　不同倍数标准差内的数据分布

经验法则适合于对称分布的数据。如果一组数据不是对称分布，需要使用切比雪夫不等式（Chebyshev's inequality）来判别。对任何分布形状的数据，根据切比雪夫不等式，至少有（$1-1/k^2$）的数据落在 k 个标准差之内。其中 k 是大于 1 的任意值，但不一定是整数。对于 $k=2$，3，4，该不等式的含义是：至少有 75%的数据落在平均数加减 2 个标准差的范围之内；至少有 89%的数据落在平均数加减 3 个标准差的范围之内；至少有 94%的数据落在平均数加减 4 个标准差的范围之内。

3.3　偏度与峰度的度量

利用直方图可以看出数据的分布是否对称。对于不对称的分布，要想知道不对称程度则需要计算相应的描述统计量。偏度系数和峰度系数就是对分布不对称程度和峰值高低的一种度量。

3.3.1　偏度系数

偏度（skewness）是指数据分布的不对称性，这一概念由统计学家 K. Pearson 于 1895 年首次提出。

▶ **定义 3.13**　*度量数据分布不对称程度的统计量，称为偏度系数*（coefficient of skewness）。

设偏度系数为 SK，根据原始数据计算偏度系数的公式为：

$$SK=\frac{n}{(n-1)(n-2)}\sum\left(\frac{x-\bar{x}}{s}\right)^3 \tag{3.16}$$

当数据对称分布时，偏度系数等于 0。偏度系数越接近 0，偏斜程度越小，数据越接近对称分布。如果偏度系数明显不等于 0，表示分布是非对称的。若偏度系数大于 1 或小于 −1，视为严重偏斜分布；若偏度系数在 0.5～1 或 −1～−0.5 之间，视为是中等偏斜分布；偏度系数小于 0.5 大于 −0.5 时，视为轻微偏斜。其中负值表示左偏分布（在分布的左侧有长尾），正值则表示右偏分布（在分布的右侧有长尾）。

3.3.2　峰度系数

峰度（kurtosis）是指数据分布峰值的高低，这一概念由统计学家 K. Pearson 于 1905 年首次提出。

▶ **定义 3.14**　*度量数据分布峰值高低的统计量，称为峰度系数*（coefficient of kurtosis）。

设峰度系数为 K，根据原始数据计算峰度系数的公式为：

$$K=\frac{n(n+1)}{(n-1)(n-2)(n-3)}\sum\left(\frac{x_i-\bar{x}}{s}\right)^4-\frac{3(n-1)^2}{(n-2)(n-3)} \tag{3.17}$$

峰度通常是与标准正态分布相比较而言的。标准正态分布的峰度系数为 0。当 $K>0$ 时为尖峰分布，数据分布的峰值比标准正态分布高，数据相对集中；当 $K<0$ 时为扁平分布，数据分布的峰值比标准正态分布低，数据相对分散。

【例 3-13】　沿用例 3-1。计算 30 名学生考试分数的偏度系数和峰度系数。

解： 计算偏度系数的 Excel 函数是【SKEW】，计算峰度系数的 Excel 函数是【KURT】，操作步骤如文本框 3-9 所示。

文本框 3-9　用 Excel 的【SKEW】函数和【KURT】函数计算偏度系数和峰度系数

第 1 步：将光标放在任意空白单元格。然后点击【公式】，点击插入函数【fx】。

第 2 步：在【选择类别】中选择【统计】，并在【选择函数】中点击【SKEW】，单击【确定】。

第 3 步：在【Number1】中选择要计算偏度系数的数据区域，然后单击【确定】。即可得到样本数据的偏度系数（计算峰度系数时选择【KURT】函数即可）。

按上述步骤得到偏度系数 $SK=0.133731$，峰度系数 $K=-0.77058$。结果表明，30 名学生考试分数的分布为轻微的右偏分布，可以认为基本上对称，分布的峰值比标准正态分布低。

3.4　Excel【数据分析】工具的应用

上面介绍的各描述统计量除了可以用 Excel 的统计函数计算外，也可以使用【数据分析】工具一次输出多个统计量的计算结果，以便进行综合性描述分析。

【例 3 - 14】 沿用例 3 - 1。计算 30 名学生统计学考试分数的各描述统计量，并进行综合分析。

解： 使用 Excel【数据分析】工具计算描述统计量的步骤如文本框 3 - 10 所示。

文本框 3 - 10　用 Excel 的【数据分析】工具计算描述统计量

第 1 步：将光标放在任意空白单元格。然后点击【数据】→【数据分析】。在分析工具中选择【描述统计】。单击【确定】。

第 2 步：在【输入区域】输入原始数据所在的区域；在【输出选项】中选择结果的输出位置；选择【汇总统计】(其他选项可根据需要选择)，界面如下图所示。

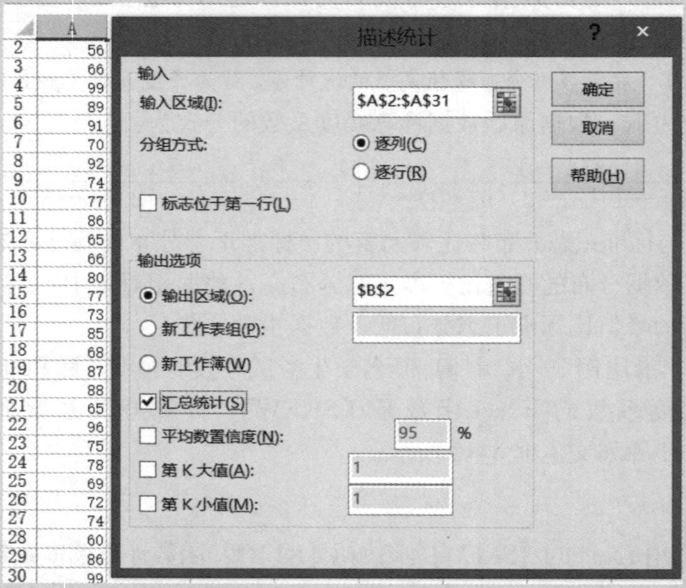

单击【确定】即可得到结果。

按上述步骤得到的结果如表 3 - 9 所示。

表 3 - 9　30 名学生统计学考试分数的描述统计量

统计量名称	统计量数值
平均	78.1
标准误差	2.101 094
中位数	77
众数	66
标准差	11.508 17
方差	132.437 9
峰度	−0.770 58
偏度	0.133 731

续表

统计量名称	统计量数值
区域	43
最小值	56
最大值	99
求和	2 343
观测数	30

表 3-9 中给出了描述数据集中趋势的平均数、中位数和众数，描述数据离散程度的标准差、方差和极差（输出结果显示为“区域”），描述数据分布形状的峰度系数和偏度系数等。从平均数和中位数看，二者差异很小。标准差为 11.508 17 分，与平均数（78.1 分）相比差异还是较大的，表示考试分数的离散程度较大。从偏度系数看，考试分数基本上为对称分布。从峰度系数看，考试分数的峰值低于标准正态分布，即呈现扁平状态。

本章小结

下面的框图总结了本章的内容和结构。

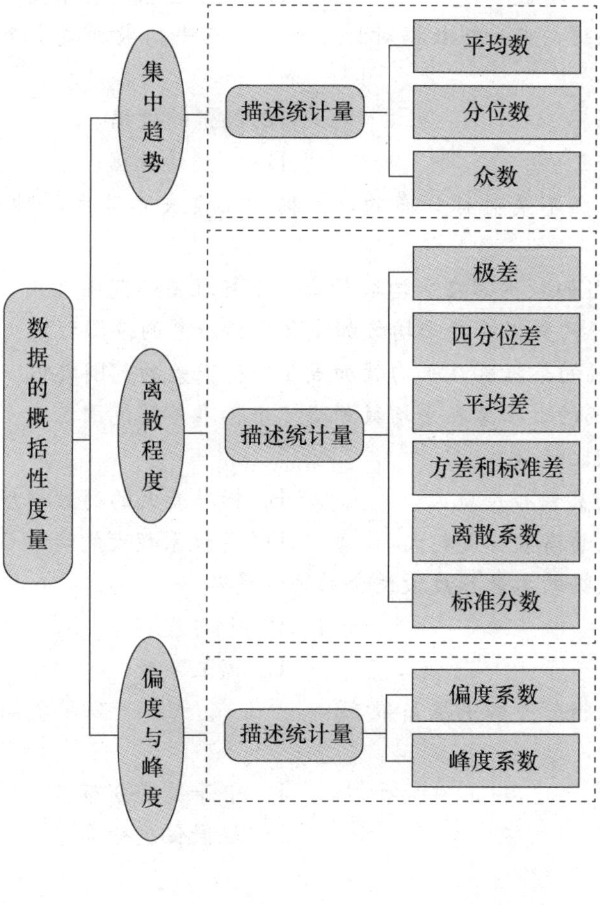

练习题和答案

一、思考题

3.1 一组数据的分布特征可以从哪几个方面进行测度？

3.2 简述平均数、分位数的特点和应用场合。

3.3 简要说明中位数、四分位数、百分位数的计算方法。

3.4 简要说明极差、四分位差、方差或标准差的适用场合。

3.5 标准分数有哪些用途？

3.6 为什么要计算离散系数？

3.7 测度数据分布形状的统计量有哪些？

二、选择题

1. 如果一个数据的标准分数是－2，表明该数据（　　）。

A. 比平均数高出 2 个标准差　　B. 比平均数低 2 个标准差

C. 等于 2 倍的平均数　　D. 等于 2 倍的标准差

2. 经验法则表明，当一组数据对称分布时，在平均数加减 1 个标准差的范围之内大约有（　　）。

A. 68％的数据　　B. 75％的数据

C. 89％的数据　　D. 95％的数据

3. 如果一组数据不是对称分布的，根据切比雪夫不等式，对于 $k=2$，其意义是（　　）。

A. 至少有 75％的数据落在平均数加减 2 个标准差的范围之内

B. 至少有 89％的数据落在平均数加减 2 个标准差的范围之内

C. 至少有 94％的数据落在平均数加减 2 个标准差的范围之内

D. 至少有 99％的数据落在平均数加减 2 个标准差的范围之内

4. 两组数据相比较（　　）。

A. 标准差大的离散程度就大　　B. 标准差大的离散程度就小

C. 离散系数大的离散程度就大　　D. 离散系数大的离散程度就小

5. 比较几组数据的离散程度最适合的统计量是（　　）。

A. 极差　　B. 平均差

C. 标准差　　D. 离散系数

6. 如果一组数据分布的偏度系数在 0.5～1 或－1～－0.5 之间，则表明该组数据属于（　　）。

A. 对称分布　　B. 中等偏度分布

C. 高偏度分布　　D. 轻微偏度分布

7. 在某班随机抽取10名学生，期末统计学课程的考试分数分别为：68，73，66，76，86，74，63，90，65，89，该班考试分数第25%位置和第75%位置上的分位数分别是（ ）。

A. 60.5和76　　B. 66.5和83.5

C. 70.5和86　　D. 75.5和91

8. 假定一个样本由5个数据组成：3，7，8，9，13。该样本的方差为（ ）。

A. 10　　B. 111　　C. 13　　D. 18

9. 某班学生的平均成绩是80分，标准差是10分。如果已知该班学生的考试分数为对称分布，可以判断成绩在70～90分之间的学生大约占（ ）。

A. 95%　　B. 89%　　C. 68%　　D. 99%

10. 对某个高速路段行驶过的120辆汽车的车速进行测量后发现，平均车速是85千米/小时，标准差是4千米/小时，下列车速可以看作离群点的是（ ）。

A. 78千米/小时　　B. 82千米/小时

C. 91千米/小时　　D. 98千米/小时

三、计算与分析题

3.1 一家物流公司6月份每天的货物配送量（单位：万件）数据如下：

18.4	23.3	27.3	25.9	24.1	27.1	23.0	24.0	27.3	30.4
27.5	22.2	24.8	22.9	22.9	22.5	20.1	22.7	22.0	25.0
25.0	31.1	26.2	22.4	23.8	29.3	25.9	29.1	25.2	22.7

计算以下统计量，并进行分析。

(1) 平均数、中位数、四分位数、第15个和第85个百分位数、众数。

(2) 极差、四分位差、平均差、方差和标准差。

(3) 偏度系数和峰度系数。

(4) 标准分数。

3.2 对某地区抽取的120家企业按利润额进行分组，结果如下：

按利润额分组（万元）	企业数（个）
200～300	19
300～400	30
400～500	42
500～600	18
600以上	11
合计	120

计算120家企业利润额的平均数和标准差。

3.3 一条成品生产线平均每天的产量为3 700件，标准差为50件。如果某一天的产量低于或高于平均产量，并落到加减 2 个标准差的范围之外，就认为该生产线“失去控制”。下面是一周各天的产量，该生产线哪几天失去了控制？

	周一	周二	周三	周四	周五	周六	周日
产量（件）	3 850	3 670	3 690	3 720	3 610	3 590	3 700

3.4　对 10 名成年人和 10 名幼儿的身高（单位：厘米）进行抽样调查，结果如下：

成年组	166	169	172	177	180	170	172	174	168	173
幼儿组	68	69	68	70	71	73	72	73	74	75

（1）要比较成年组和幼儿组的身高差异，你会采用什么样的统计量？为什么？

（2）比较分析哪一组的身高差异大。

3.5　一种产品需要人工组装，现有三种可供选择的组装方法。为检验哪种方法更好，随机抽取 15 个工人，让他们分别用三种方法组装。下面是 15 个工人分别用三种方法在相同的时间内组装的产品数量（单位：个）。

方法 A	方法 B	方法 C
164	129	125
167	130	126
168	129	126
165	130	127
170	131	126
165	130	128
164	129	127
168	127	126
164	128	127
162	128	127
163	127	125
166	128	126
167	128	116
166	125	126
165	132	125

（1）你准备采用什么方法来评价组装方法的优劣？

（2）如果让你选择一种方法，你会做出怎样的选择？试说明理由。

四、练习题解答

选择题答案

1. B；2. A；3. A；4. C；5. D；6. B；7. B；8. C；9. C；10. D。

计算与分析题答案

3.1 （1）平均数：$\overline{x}$=24.803 33。中位数：m_e=24.45。$Q_{25\%}$=22.75，$Q_{75\%}$=26.875。$P_{15\%}$=22.435，$P_{85\%}$=27.43。众数：m_o=25。

（2）R=12.7，IQR=4.125，MAD=2.336 9。s^2=8.684 5，s=2.946 9。

（3）SK=0.270 8，K=−0.024 3。

（4）标准分数：

−2.172 9	2.136 7	−0.645 9	0.779 3	0.372 1	−0.951 3
0.915 1	0.847 2	−0.815 5	−0.781 6	−0.272 6	0.134 6
0.066 7	−0.001 1	−0.238 7	1.525 9	−0.713 7	1.899 1
−0.510 1	0.473 9	−0.645 9	−0.611 9	1.458 0	0.066 7
−0.883 4	0.372 1	−0.340 5	−1.596 0	0.847 2	−0.713 7

3.2 平均数：$\overline{x}$=426.67。标准差：s=116.48。

3.3 通过标准分数来判断，各天的标准分数如下：

	周一	周二	周三	周四	周五	周六	周日
标准分数 z	3.0	−0.6	−0.2	0.4	−1.8	−2.2	0.0

周一和周六两天失去了控制。

3.4 （1）应该采用离散系数，因为它消除了不同组数据水平高低的影响。

（2）成年组身高的离散系数 CV=0.024；幼儿组身高的离散系数 CV=0.035。

由于幼儿组身高的离散系数大于成年组身高的离散系数，说明幼儿组身高的离散程度相对较大。

3.5 （1）应该从平均数和标准差两个方面进行评价。在对各种方法的离散程度进行比较时，应该采用离散系数。

（2）下表给出了用 Excel 计算的一些主要描述统计量。

方法 A		方法 B		方法 C	
平均	165.6	平均	128.73	平均	125.53
中位数	165	中位数	129	中位数	126
众数	164	众数	128	众数	126
标准差	2.13	标准差	1.75	标准差	2.77
极差	8	极差	7	极差	12
最小值	162	最小值	125	最小值	116
最大值	170	最大值	132	最大值	128

从三种方法的集中趋势来看，方法 A 的平均产量最高，中位数和众数也都高于其他两种方法。从离散程度来看，三种方法的离散系数分别为：CV_A=0.013，CV_B=0.014，CV_C=0.022。方法 A 的离散程度最小，因此应选择方法 A。

第 4 章　抽样与参数估计

内容提要

参数估计是统计推断的重要内容之一。它是在抽样及抽样分布的基础上，根据样本统计量来推断所关心的总体参数。本章首先介绍抽样与抽样分布的基础知识，然后介绍参数估计的基本方法，最后介绍参数估计中样本量的确定问题，具体内容包括：

1. 抽样与抽样分布。抽样推断主要是以概率抽样为基础。常用的概率抽样方法有简单随机抽样、分层抽样、系统抽样、整群抽样等。抽样分布是统计推断中的一个重要概念，它是进行参数估计的基础。

2. 参数估计的基本原理。介绍点估计和区间估计的基本思想和原理。

3. 总体均值的区间估计。介绍一个总体均值的区间估计方法，包括正态总体方差已知和非正态总体大样本条件下总体均值的区间估计，以及正态总体方差未知及小样本条件下总体均值的区间估计。

4. 总体比例的区间估计。主要介绍大样本情形下总体比例的区间估计。

5. 样本量的确定。介绍估计总体均值时和估计总体比例时样本量的确定方法。

4.1　抽样与抽样分布

在对实际问题进行研究时，如果我们掌握了所研究的总体的全部数据，那么只需要做一些简单的统计描述，就可以得到有关总体的数量特征，比如，总体的均值、方差、比例等。但现实的情形比较复杂，有些现象的范围比较广，不可能对总体中的每个单位都进行测定，或者有些总体的单位数很多，不可能也没有必要进行一一测定。这就需要从总体中抽取一部分单位进行调查，进而利用样本提供的信息来推断总体的数量特征。例如，要检验一批灯泡的使用寿命，由于测试是破坏性的，不可能对每一只灯泡都进行测试，只能抽取一部分灯泡做测试，据此来推断该批灯泡的平均使用寿命；某饮料生产公司推出一种新的饮料，想要了解消费者中喜欢该饮料的人数比例，也不可能对每个消费者逐一进行调查，而只能进行抽样调查。这些例子表明，当总体的范围难以确定时，或者当总体的元素很多时，或者对于破坏性的试验，只能从中抽取一部分元素进行调查，以此来推断所研究的总体的状况。

4.1.1 概率抽样方法

样本是按照一定的抽样规则从总体中抽取的一部分元素的集合。根据抽取的原则不同，抽样方法有概率抽样和非概率抽样两种。概率抽样是根据一个已知的概率来抽取样本单位，也就是说，哪个单位被抽中与否不取决于研究人员的主观意愿，而是取决于客观的机会——概率。因此，哪个单位被抽中与否完全是随机的。非概率抽样则是研究人员有意识地选取样本单位，样本单位的抽取不是随机的。一般的抽样推断都是建立在概率抽样的基础上。因此，本节主要介绍一些常用的概率抽样方法。

1. 简单随机抽样

▶ **定义 4.1** 从含有 N 个元素的总体中，抽取 n 个元素作为样本，使得总体中的每一个元素都有相同的机会（概率）被抽中，这样的抽样方式称为简单随机抽样（simple random sampling），也称纯随机抽样。

根据简单随机抽样抽取的样本称为简单随机样本（simple random sample）。

简单随机抽样有两种抽取元素的具体方法，即重复抽样和不重复抽样。

▶ **定义 4.2** 从总体中抽取一个元素并做调查记录后，再把这个元素放回到总体中抽取第二个元素，直至抽取 n 个元素为止，这样的抽样方法称为重复抽样（sampling with replacement）。

由于一个元素有可能被重复抽中，所以称为重复抽样。

▶ **定义 4.3** 从总体中抽取一个元素并做调查记录后，这个元素不再放回总体中，然后再从所剩下的元素中抽取第二个元素，直至抽取 n 个元素为止，这样的抽样方法称为不重复抽样（sampling without replacement）。

不重复抽样时，每个总体元素不可能被重复抽中，所以称为不重复抽样。

2. 分层抽样

▶ **定义 4.4** 在抽样之前先将总体的元素划分为若干层（类），然后从各个层中随机抽取一定数量的元素组成样本，这样的抽样方式称为分层抽样，也称分类抽样（stratified sampling）。

在分层或分类时，应使层内各元素的差异尽可能小，而使层与层之间的差异尽可能大。各层的划分可根据研究者的判断或研究的需要进行。比如，研究的对象为人时，可按性别、年龄等分层；研究收入的差异时，可按城乡分层；等等。

分层抽样是一种常用的抽样方式。它具有以下优点：第一，分层抽样除了可以对总体进行估计外，还可以对各层的子总体进行估计；第二，分层抽样可以按自然区域或行政区域进行分层，使抽样的组织和实施都比较方便；第三，分层抽样的样本分布在各个层内，从而使样本在总体中的分布比较均匀；第四，分层抽样可以提高估计的精度。

例如，假定某大学的商学院想对今年的毕业生进行一次调查，以了解他们的就业倾向。该学院有 5 个专业：会计、金融、市场营销、营销管理、信息系统。今年共有 1 500 名毕业生，其中会计专业 500 名，金融专业 350 名，市场营销专业 300 名，营销管理专业 150 名，信息系统专业 200 名。假定要选取 180 人作为样本，各专业应抽取的人数分别为：会计专业 45 人，金融专业 40 人，市场营销专业 35 人，营销管理专业 30 人，信息系统专业 30 人。

3. 系统抽样

▶ **定义 4.5** 先将总体各元素按某种顺序排列，并按某种规则确定一个随机起点，然后，每隔一定的间隔抽取一个元素，直至抽取 n 个元素形成一个样本。这样的抽样方式称为系统抽样（systematic sampling），也称等距抽样或机械抽样。

系统抽样具有以下优点：第一，简便易行。当抽样样本量很大时，简单随机抽样时逐个使用随机数字表抽选相当麻烦，而系统抽样有了总体元素的排序，只要确定出抽样的起点和间隔，样本元素也就随之确定，而且可以利用现有的排列顺序，如抽选学生时利用学校的花名册，抽选居民时可利用居委会的人口登记簿等，方便操作。因此，系统抽样常用来代替简单随机抽样。第二，系统抽样的样本在总体中的分布一般比较均匀，由此其抽样误差通常要小于简单随机抽样。如果掌握了总体的有关信息，将总体各元素按有关标志排列，就可以提高估计的精度。

4. 整群抽样

▶ **定义 4.6** 先将总体划分成若干群，然后以群作为抽样单位从中抽取部分群，再对抽中的各个群中所包含的所有元素进行观察，这样的抽样方式称为整群抽样（cluster sampling）。

整群抽样时群的划分可以是按自然的或行政的区域进行，也可以是人为地组成群。比如，在抽选地区时，可以将一个地区作为一个群，在抽取居民户时，可以将一个居民户作为一个群。

整群抽样的优点是：不需要有总体元素的具体名单而只要有群的名单就可以进行抽样，而群的名单比较容易得到。此外，整群抽样时群内各元素比较集中，对样本进行调查比较方便，节约费用。当群内的各元素存在差异时，整群抽样可以提供较好的结果，理想的情形是每一个群都是整个总体的一个缩影。在这种情形下，抽取很少的群就可以提供有关总体特征的信息。如果实际情形不是这样，整群抽样的误差会很大，效果也就很差。

5. 用 Excel 抽取简单随机样本

在实际应用中，抽取一个简单随机样本的过程可以由 Excel 来完成。下面通过一个例子说明用 Excel 的【数据分析】工具抽取随机样本的过程。

【例 4-1】 表 4-1 是 30 个学生的姓名与统计学考试分数的数据，随机抽取 5 个学生组成一个样本。

表 4-1　30 个学生的姓名与统计学考试分数数据

编号	姓名	分数	编号	姓名	分数
1	安迪	68	3	田思雨	74
2	王宇翔	85	4	徐丽娜	88

续表

编号	姓名	分数	编号	姓名	分数
5	张志杰	63	18	周永祥	85
6	赵颖颖	78	19	刘晓军	79
7	王智强	90	20	李国胜	92
8	宋丽媛	80	21	蒋亚迪	65
9	袁方	58	22	崔志勇	73
10	张建国	63	23	黄向春	76
11	李佳佳	59	24	姜海洋	75
12	马凤良	67	25	丁丽佳	82
13	陈风	74	26	王浩波	96
14	杨小波	77	27	于文静	80
15	孙学伟	86	28	李爱华	70
16	谭英键	66	29	高凤云	75
17	吴凯迪	77	30	金梦迪	78

解：首先将 30 个学生的姓名录入 Excel 工作表中的一列，相应的考试分数录入另一列，并对每个学生进行编号，如 1，2，…，30，然后用 Excel【分析工具】中的【抽样】命令抽取随机样本。操作步骤如文本框 4-1 所示。

文本框 4-1　用 Excel 抽取随机样本

第 1 步：在工作表中点击【数据】→【数据分析】。

第 2 步：在弹出的对话框中选择【抽样】，界面如下图所示。

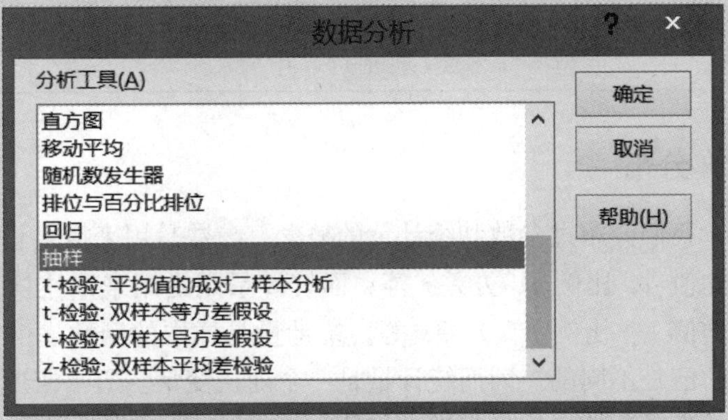

第 3 步：单击【确定】。在出现的对话框【输入区域】中输入代码区域（数值数据直接输入数据区域）；在【抽样方法】中单击【随机】；在【样本数】中输入需要抽样的样本量；在【输出区域】中选择抽样结果放置的区域。出现的界面如下图所示。

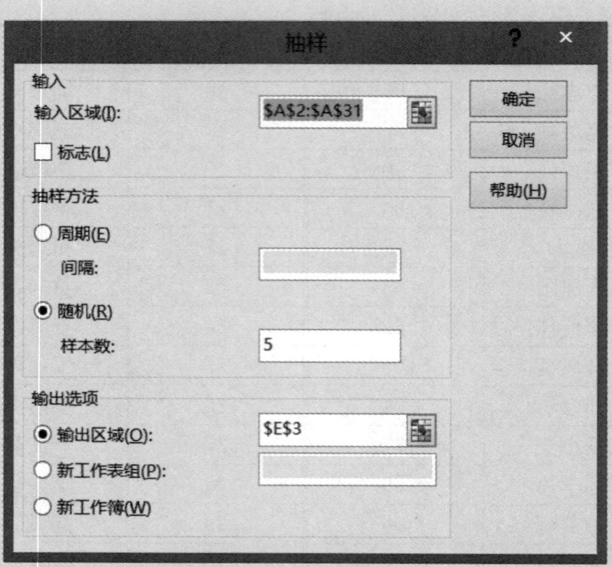

单击【确定】，即得到一个随机样本。

注：由于是随机抽样，每次运行会得到不同的样本。

按上述步骤得到的随机样本如表 4－2 所示。

表 4－2　用【数据分析】工具抽取的例 4－1 中的一个随机样本

抽中的编号	姓名	分数
20	李国胜	92
4	徐丽娜	88
13	陈风	74
7	王智强	90
9	袁方	58

4.1.2　抽样分布

在第 1 章中，我们介绍过参数和统计量的概念。参数是用来描述总体特征的概括性度量，比如总体均值 μ、比例 π、方差 σ^2 等。而统计量则是用来描述样本特征的概括性度量，比如样本均值 $\bar{x}$、比例 p、方差 s^2 等。统计量是样本的函数，由于不同的样本计算出来的统计量的值是不同的，因而统计量是一个随机变量。通常情形下，总体的参数是根据样本统计量来推断的，比如用样本均值 $\bar{x}$、比例 p、方差 s^2 来推断总体的均值 μ、比例 π、方差 σ^2 等，而进行这种推断的理论依据就是样本统计量的抽样分布。

▶ **定义 4.7**　某个样本统计量的抽样分布，从理论上说就是在重复选取样本量为 n 的样本时，由该统计量的所有可能取值形成的相对频数分布。

从一般意义上说，抽样分布（sampling distribution），是指样本统计量的概率分布，比如，样本均值的分布、样本比例的分布、样本方差的分布等都称为抽样分布。由于现实中我们不可能将所有的样本都抽出来，因此，统计量的抽样分布实际上是一种理论分布。本节将以样本均值为例说明样本统计量的抽样分布。

1. 样本均值的抽样分布

样本均值的抽样分布是所有的样本均值形成的分布，即 $\bar{x}$ 的概率分布。

▶ **定义 4.8** 在重复选取样本量为 n 的样本时，由样本均值的所有可能取值形成的相对频数分布，称为样本均值的抽样分布。

【例 4-2】 设一个总体含有 4 个元素（个体），即总体元素个数 $N=4$，4 个元素的取值分别为：$x_1=1$，$x_2=2$，$x_3=3$，$x_4=4$。从总体中采取重复抽样方法抽取样本量为 $n=2$ 的随机样本，写出样本均值 $\bar{x}$ 的抽样分布。

解：首先计算出总体的均值和方差。

$$总体均值：\mu=\frac{\sum_{i=1}^{4}x_i}{N}=\frac{10}{4}=2.5$$

$$总体方差：\sigma^2=\frac{\sum_{i=1}^{4}(x_i-\mu)^2}{N}=\frac{5}{4}=1.25$$

从总体中采取重复抽样方法抽取样本量为 $n=2$ 的随机样本，共有 $4^2=16$ 个可能的样本。然后计算出每一个样本的均值 $\bar{x}_i$，结果如表 4-3 所示。

表 4-3 16 个可能的样本及其均值 $\bar{x}$

样本	样本中的元素	样本均值 $\bar{x}$
1	1，1	1.0
2	1，2	1.5
3	1，3	2.0
4	1，4	2.5
5	2，1	1.5
6	2，2	2.0
7	2，3	2.5
8	2，4	3.0
9	3，1	2.0
10	3，2	2.5
11	3，3	3.0
12	3，4	3.5
13	4，1	2.5
14	4，2	3.0
15	4，3	3.5
16	4，4	4.0

每个样本被抽中的概率相同，均为 1/16。样本均值经整理后如表 4-4 所示。

表 4-4　样本均值 $\bar{x}$ 的分布

$\bar{x}$ 的取值	$\bar{x}$ 的个数	$\bar{x}$ 取值的概率 $P(\bar{x})$
1.0	1	1/16
1.5	2	2/16
2.0	3	3/16
2.5	4	4/16
3.0	3	3/16
3.5	2	2/16
4.0	1	1/16

我们把总体的分布与 $\bar{x}$ 的分布绘成图 4-1。通过比较不难看出，尽管总体为均匀分布，但样本均值的抽样分布在形状上却是对称的。

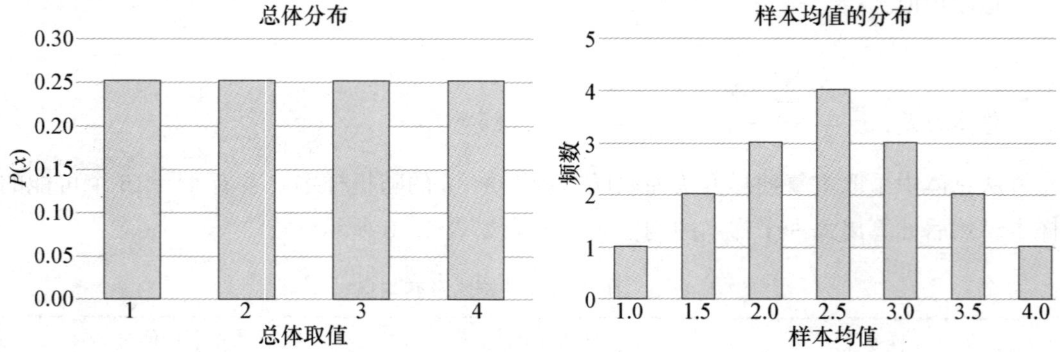

图 4-1　总体分布与样本均值的抽样分布

我们不仅关心样本均值 $\bar{x}$ 的抽样分布，还需要知道 $\bar{x}$ 抽样分布的性质，包括 $\bar{x}$ 的均值、标准差、$\bar{x}$ 抽样分布的形式等。

$\bar{x}$ 抽样分布的形式与原有总体的分布和样本量 n 的大小有关，如图 4-2 所示。

图 4-2 显示，如果原有总体服从正态分布，那么，无论样本量大或小，样本均值的抽样分布都服从正态分布。如果原有总体的分布服从非正态分布，就要看样本量的大小了。当 n 为小样本时（通常 $n<30$），样本均值的分布不服从正态分布。但随着样本量 n 的增大（通常要求 $n\geqslant 30$），样本均值的抽样分布则将趋于正态分布，其分布的数学期望为总体均值 μ，方差为总体方差的 $1/n$。这就是统计上著名的**中心极限定理**(central limit theorem)。这一定理可以表述为：从均值为 μ、方差为 σ^2 的总体中，抽取样本量为 n 的随机样本，当 n 充分大时（通常要求 $n\geqslant 30$），样本均值 $\bar{x}$ 的抽样分布近似均值为 μ、方差为 σ^2/n 的正态分布。

为直观地理解中心极限定理，从 0～100 均匀分布的总体和指数分布的总体中分别抽取样本量为 2、10 和 30 的各 5 000 个样本，样本均值的分布如图 4-3 所示。图中的 U 表示均匀分布，E 表示指数分布。

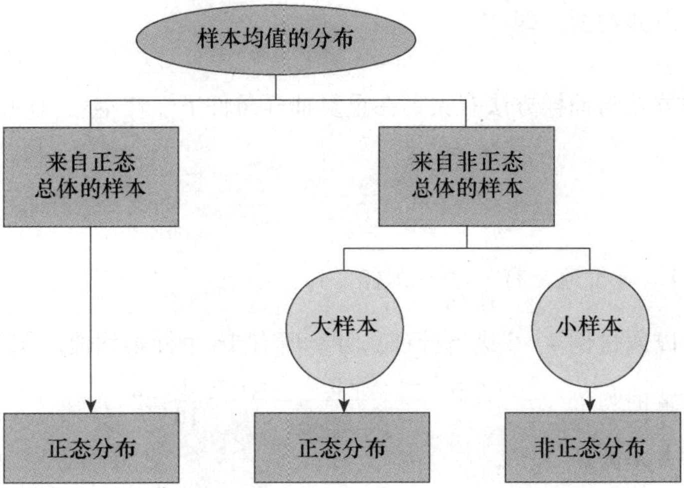

图 4-2 抽样均值的分布与总体分布及样本量的关系

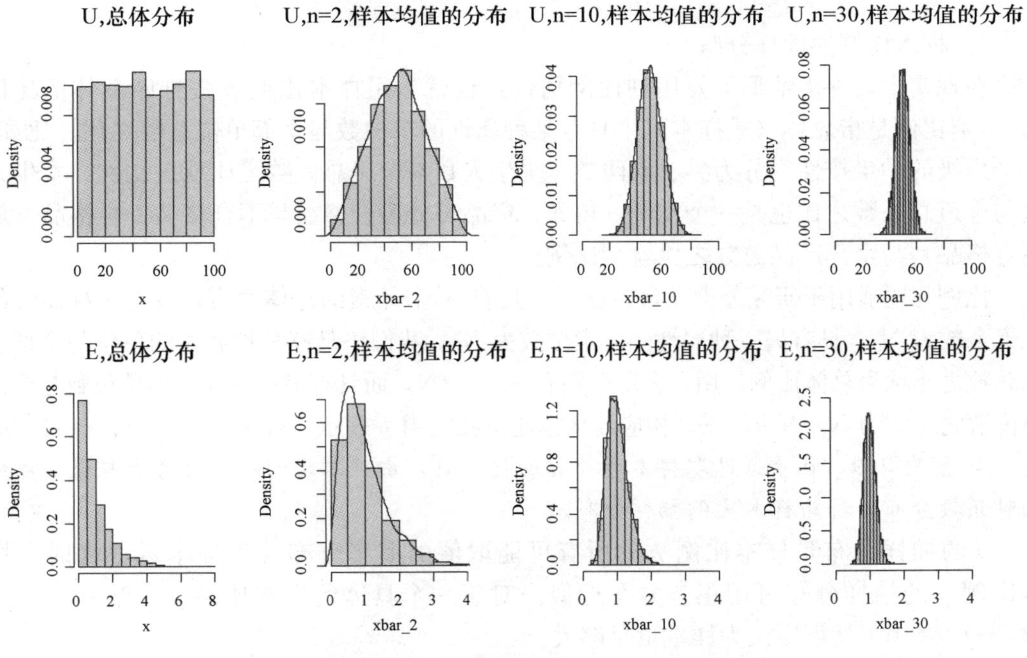

图 4-3 中心极限定理的模拟：随着样本量的增大，样本均值的分布趋于正态分布

图 4-3 显示，随着样本量的增大，样本均值的分布逐渐趋于正态分布，而且分布越来越集中。

从抽样推断的角度看，除了关心 $\bar{x}$ 分布的形式外，还需要知道 $\bar{x}$ 分布的特征，也就是 $\bar{x}$ 分布的数学期望和方差。

设总体共有 N 个元素，其均值为 μ，方差为 σ^2，从中抽取样本量为 n 的样本，样本均值的数学期望（即样本均值的均值）记为 $E(\bar{x})$，样本均值的方差记为 $\sigma_{\bar{x}}^2$。样本均值

的数学期望等于总体均值，即

$$E(\bar{x})=\mu \tag{4.1}$$

样本均值的方差与抽样方法有关。在重复抽样条件下，样本均值的方差为总体方差的 $1/n$：

$$\sigma_{\bar{x}}^2=\frac{\sigma^2}{n} \tag{4.2}$$

即 $\bar{x}\sim N\left(\mu, \frac{\sigma^2}{n}\right)$。等价地，有$\frac{\bar{x}-\mu}{\sigma/\sqrt{n}}\sim N(0, 1)$。

这些结论可以通过例 4－2 进行验证。计算所有 16 个样本均值的均值得

$$\text{样本均值的均值}=\frac{1.0+1.5+\cdots+3.5+4.0}{16}=\frac{40}{16}=2.5=\mu$$

样本均值的方差为：

$$\sigma_{\bar{x}}^2=\frac{\sum_{i=1}^{16}(\bar{x}_i-\mu)^2}{16}=\frac{10}{16}=0.625=\frac{1.25}{2}=\frac{\sigma^2}{n}$$

2. 样本比例的抽样分布

在现实中，许多情形下要用到比例估计，也就是用样本比例 p 去推断总体的比例 π。所谓比例是指总体（或样本）中具有某种属性的单位数与全部单位总数之比。比如，一个班级的学生按性别分为男、女两类，男生人数与全班总人数之比就是比例，女生人数与全班总人数之比也是一个比例。再如，产品可分为合格品与不合格品，合格品（或不合格品）与全部产品总数之比就是比例。

比例问题适用于研究分类变量。就一个具有 N 个元素的总体而言，具有某种属性的元素个数为 N_0，具有另一种属性的元素个数为 N_1，我们将具有某种属性的单位与全部单位总数之比称为总体比例，用 π 表示，则有 $\pi=N_0/N$，而具有另一种属性的单位数与全部单位数之比则为 $N_1/N=1-\pi$。相应的样本比例我们用 p 表示，有 $p=n_0/n$，$n_1/n=1-p$。

▶ **定义 4.9** 在重复选取样本量为 n 的样本时，由样本比例的所有可能取值形成的相对频数分布，称为样本比例抽样分布。

p 的抽样分布是样本比例 p 的所有可能取值的概率分布。当样本量很大时，样本比例 p 的抽样分布可用正态分布近似。对于一个具体的样本比例 p，若 $np\geqslant 10$ 和 $n(1-p)\geqslant 10$，就可以认为样本量足够大。

同样，对于 p 的分布，我们也需要知道 p 的数学期望（p 的所有可能值的均值）和方差。可以证明，p 的数学期望 $E(p)$ 等于总体的比例 π，即

$$E(p)=\pi \tag{4.3}$$

而 p 的方差则与抽样方法有关。设 p 的抽样方差为 σ_p^2，在重复抽样条件下，有

$$\sigma_p^2=\frac{\pi(1-\pi)}{n} \tag{4.4}$$

即 $p\sim N\left(\pi, \frac{\pi(1-\pi)}{n}\right)$。等价地，有$\frac{p-\pi}{\sqrt{\pi(1-\pi)/n}}\sim N(0, 1)$。

3. 统计量的标准误

▶ **定义 4.10** 样本统计量的抽样分布的标准差，称为统计量的标准误（standard error），有时也称为标准误差。

标准误衡量的是统计量的离散程度，它测度了用样本统计量估计总体参数的精确程度。

▶ **定义 4.11** 当计算标准误时涉及的总体参数未知，用样本统计量代替计算的标准误，称为估计的标准误，也称估计标准误差（standard error of estimation）。

以样本均值的抽样分布为例，在重复抽样条件下，样本均值的标准误为：

$$\sigma_{\bar{x}}=\frac{\sigma}{\sqrt{n}} \tag{4.5}$$

当总体标准差 σ 未知时，可用样本标准差 s 代替计算，这时计算的标准误也称为估计标准误差。由于实际应用中，总体 σ 通常是未知的，所计算的标准误实际上都是估计的标准误，因此估计的标准误就简称为标准误（统计软件中得到的都是估计的标准误）。

相应地，样本比例的标准误可表示为：

$$\sigma_p=\sqrt{\frac{\pi(1-\pi)}{n}} \tag{4.6}$$

当总体比例的方差 $\pi(1-\pi)$ 未知时，可用样本比例的方差 $p(1-p)$ 代替。

标准误与第 3 章介绍的标准差是两个不同的概念。标准差是根据原始观测值计算的，反映一组原始数据的离散程度。而标准误是根据样本统计量计算的，反映统计量的离散程度。

4.2 参数估计的基本原理

参数估计就是根据样本数据提供的信息来推断总体的参数，比如，用样本均值 $\bar{x}$ 估计总体均值 μ，用样本方差 s^2 估计总体方差 σ^2，用样本比例 p 估计总体比例 π，等等。本章主要介绍一个总体均值和总体比例的参数估计问题。

4.2.1 估计量与估计值

如果将总体参数笼统地用一个符号 θ 来表示，而用于估计总体参数的统计量用 $\hat{\theta}$ 表示，参数估计也就是如何用 $\hat{\theta}$ 来估计 θ。

▶ **定义 4.12** 用来估计总体参数的统计量的名称，称为估计量（estimator），用符号 $\hat{\theta}$ 表示。

样本均值、样本比例、样本方差等都可以是一个估计量。

▶ **定义 4.13** 用来估计总体参数时计算出来的估计量的具体数值，称为估计值（estimate）。

比如，要估计一个班学生考试的平均分数，从中抽取一个随机样本，全班的平均分数是不知道的，称为参数，用 θ 表示，根据样本计算的平均分数 $\bar{x}$ 就是一个估计量，用 $\hat{\theta}$ 表示，假定计算出来的样本平均分数为 80 分，这个 80 分就是估计量的具体数值，称为估计值。

4.2.2 点估计与区间估计

参数估计的方法有点估计和区间估计两种。

1. 点估计

▶ **定义 4.14** 用样本统计量 $\hat{\theta}$ 的某个取值直接作为总体参数 θ 的估计值，称为参数的点估计（point estimate）。

比如，用样本均值 $\bar{x}$ 直接作为总体均值 μ 的估计值，用样本比例 p 直接作为总体比例 π 的估计值，用样本方差 s^2 直接作为总体方差 σ^2 的估计值，等等。假定要估计一个班学生考试成绩的平均分数，根据一个抽出的随机样本计算的平均分数为 80 分，用 80 分作为全班平均考试分数的一个估计值，这就是点估计。再比如，要估计一批产品的合格率，根据抽样结果合格率为 96%，将 96%直接作为这批产品合格率的估计值，这也是一个点估计。

虽然在重复抽样条件下，点估计的均值可望等于总体真值（比如，$E(\bar{x})=\mu$），但由于样本是随机的，抽出一个具体的样本得到的估计值很可能不同于总体真值。在用点估计值代表总体参数值的同时，还必须给出点估计值的可靠性，也就是说，必须能说出点估计值与总体参数的真实值接近的程度。但一个点估计量的可靠性是由它的抽样标准误差来衡量的，这表明一个具体的点估计值无法给出估计的可靠性的度量，因此就不能完全依赖于一个点估计值，而是围绕点估计值构造总体参数的一个区间，这就是区间估计。

2. 区间估计

▶ **定义 4.15** 在点估计的基础上，给出总体参数估计的一个范围，称为参数的区间估计（interval estimate）。

总体参数的估计区间通常是由样本统计量加减抽样误差得到的。与点估计不同，进行区间估计时，根据样本统计量的抽样分布可以对样本统计量与总体参数的接近程度给出一个概率度量。下面将以总体均值的区间估计为例来说明区间估计的基本原理。

由样本均值的抽样分布可知，在重复抽样或无限总体抽样的情形下，样本均值的数学期望等于总体均值，即 $E(\bar{x})=\mu$，样本均值的标准误差为 $\sigma_{\bar{x}}=\sigma/\sqrt{n}$，由此可知样本均值 $\bar{x}$ 落在总体均值 μ 的两侧各为 1 个抽样标准差范围内的概率为 0.687 3，落在 2 个抽样标准差范围内的概率为 0.954 5，落在 3 个抽样标准差范围内的概率为 0.997 3，等等。

实际上，可以求出样本均值 $\bar{x}$ 落在总体均值 μ 的两侧任何 1 个抽样标准差范围内的概率。但实际估计时，情形恰好相反。$\bar{x}$ 是已知的，而 μ 是未知的，也正是需要估计的。由于 $\bar{x}$ 与 μ 的距离是对称的，如果某个样本的平均值落在 μ 的 2 个标准差范围之内，相应地，μ 也被包括在以 $\bar{x}$ 为中心左右 2 个标准差的范围之内。因此约有 95％的样本均值会落在 μ 的 2 个标准差的范围之内。也就是说，约有 95％的样本均值所构造的两个标准差的区间会包括 μ。通俗地说，如果抽取 100 个样本来估计总体的均值，由 100 个样本所构造的 100 个区间中，约有 95 个区间包含总体均值，而另外 5 个区间则不包含总体均值。图 4－4 给出了区间估计的示意图。

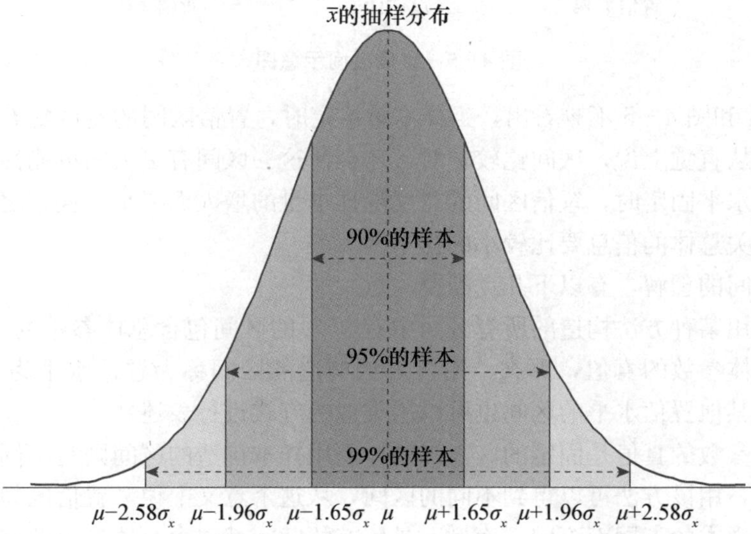

图 4－4 区间估计示意图

▶ **定义 4.16** 根据样本统计量所构造的总体参数的估计区间，称为置信区间（confidence interval，CI），其中区间的最小值称为置信下限，最大值称为置信上限。

由于统计学家在某种程度上确信这个区间会包含真正的总体参数，所以给它取名为置信区间。原因是，如果抽取多个样本量相同的样本，比如说抽取 100 个样本，根据每一个样本构造一个置信区间，这样，由 100 个样本构造的总体参数的 100 个置信区间中，有 95％的区间包含了总体参数的真值，而 5％没包含，则 95％这个值称为置信水平。

▶ **定义 4.17** 如果将构造置信区间的步骤重复多次，置信区间中包含总体参数真值的次数所占的比率，称为置信水平（confidence level），或称为置信系数（confidence coefficient）。

在构造置信区间时，可以用所希望的任意值作为置信水平。比较常用的置信水平及正态分布曲线下右侧面积为 $\alpha/2$ 时的 z 值（$z_{\alpha/2}$）如表 4－5 所示。

表 4－5 常用置信水平的 $z_{\alpha/2}$ 值

置信水平	α	$\alpha/2$	$z_{\alpha/2}$
90％	0.10	0.05	1.645
95％	0.05	0.025	1.96
99％	0.01	0.005	2.58

有关置信区间的概念可用图4-5来表示。

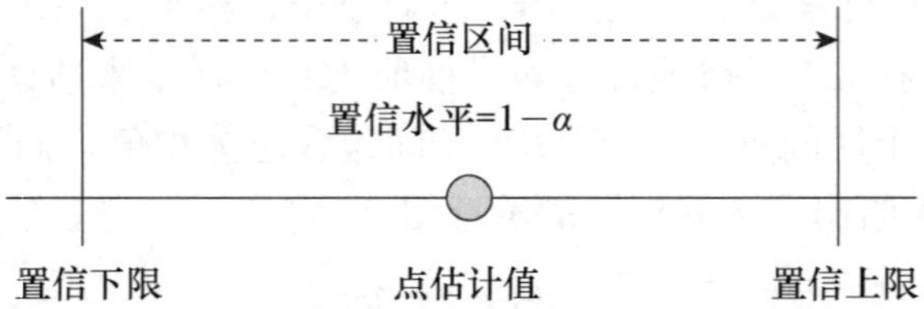

图4-5　置信区间示意图

从图4-4和图4-5不难看出，当样本量给定时，置信区间的宽度随着置信系数的增大而增大。从直觉上说，区间比较宽时，才会使这一区间有更大的可能性包含参数的真值；当置信水平固定时，置信区间的宽度随样本量的增大而减小，换言之，较大的样本所提供的有关总体的信息要比较小的样本多。

对置信区间的理解，有以下几点需要注意。

（1）如果用某种方法构造的所有区间中有95%的区间包含总体参数的真值，5%的区间不包含总体参数的真值，那么，用该方法构造的区间称为置信水平为95%的置信区间。同样，其他置信水平的区间也可以用类似的方式进行表述。

（2）总体参数的真值是固定的、未知的，而用样本构造的区间则是不固定的。若抽取不同的样本，用该方法可以得到不同的区间，从这个意义上说，置信区间是一个随机区间，它会因样本的不同而不同，而且不是所有的区间都包含总体参数的真值。一个置信区间就像是为捕获未知参数而撒出去的网，不是所有撒网的地点都能捕获到参数。

（3）在实际问题中，进行估计时往往只抽取一个样本，此时所构造的是与该样本相联系的一定置信水平（比如95%）下的置信区间。由于用该样本所构造的区间是一个特定的区间，而不再是随机区间，故无法知道这个样本所产生的区间是否包含总体参数的真值。所以，只能希望这个区间是大量包含总体参数真值的区间中的一个，但它也可能是少数几个不包含参数真值的区间中的一个。比如，从一个均值（μ）为50、标准差为5的正态总体中，抽取4组$n=10$的100个随机样本，得到μ的100个95%的置信区间，如图4-6所示。

图中每个区间中间的点表示μ的点估计，即样本均值$\bar{x}$，虚线表示未包含μ的置信区间。可以看出，第1组100个区间中有95个区间包含总体均值，有5个区间没有包含总体均值；第2组100个区间中有97个区间包含总体均值，有3个区间没有包含总体均值；第3组100个区间中有96个区间包含总体均值，有4个区间没有包含总体均值；第4组100个区间中有94个区间包含总体均值，有6个区间没有包含总体均值。这些区间均为置信水平为95%的置信区间。因此，95%的置信区间不是指任意一次抽取的100个样本就恰好有95个区间包含总体均值，而是指反复抽取的多个样本中包含总体参数区间的比例。这100个置信区间也可能都包含总体均值，也可能有更多的区间未包含总体均值。由于实际估计时只抽取一个样本，由该样本所构造的区间是一个常数区间，因此我们无法知道这个区间是否包含总体参数的真值，它可能是包含总体均值的

95 个区间中的一个，也可能是未包含总体均值的 5 个区间中的一个。因此，一个特定的区间总是“绝对包含”或“绝对不包含”参数的真值，不存在“以多大的概率包含总体参数”的问题。置信水平只是告诉我们在多次估计得到的区间中大概有多少个区间包含了参数的真值，而不是针对所抽取的这个样本所构建的区间而言的。

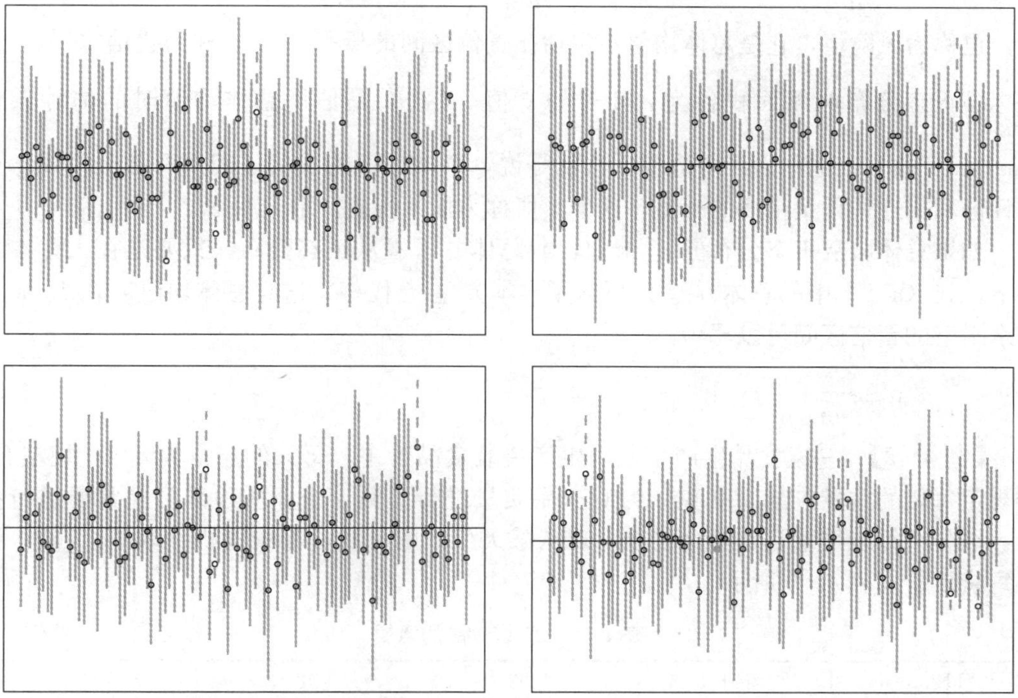

图 4-6 重复构造的 4 组 $n=100$ 的 μ 的 95%的置信区间

4.3 总体均值的区间估计

研究一个总体时，所关心的参数主要有总体均值 μ、总体比例 π 和总体方差 σ^2 等。本章主要介绍一个总体均值和总体比例的区间估计。在对总体均值进行区间估计时，需要考虑总体是否为正态分布、总体方差是否已知、用于构造估计量的样本是大样本还是小样本等几种情形。

4.3.1 正态总体、方差已知，或非正态总体、大样本

当总体服从正态分布且σ^2已知时，或者总体不是正态分布但为大样本时，样本均值 $\bar{x}$ 的抽样分布近似期望值为 μ、方差为σ^2/n 的正态分布，而样本均值经过标准化以后的随机变量则服从标准正态分布，即

$$z=\frac{\bar{x}-\mu}{\sigma/\sqrt{n}}\sim N(0,1) \tag{4.7}$$

根据式（4.7）和正态分布的性质可以得出总体均值 μ 在 $1-\alpha$ 置信水平下的区间为：

$$\bar{x}\pm z_{\alpha/2}\frac{\sigma}{\sqrt{n}} \tag{4.8}$$

式中，$\bar{x}-z_{\alpha/2}\frac{\sigma}{\sqrt{n}}$称为置信下限；$\bar{x}+z_{\alpha/2}\frac{\sigma}{\sqrt{n}}$称为置信上限；$\alpha$ 是事先所确定的一个概率值，也称为风险值，它是总体均值不包括在置信区间的概率；$1-\alpha$ 称为置信水平；$z_{\alpha/2}$ 是标准正态分布两侧面积各为 $\alpha/2$ 时的 z 值；$z_{\alpha/2}\frac{\sigma}{\sqrt{n}}$是估计总体均值时的估计误差（margin error），也称为误差范围。这就是说，总体均值的置信区间由两部分组成：点估计值和描述估计量精度的±值，这个±值称为估计误差，用 E 表示。

如果总体服从正态分布但 σ^2 未知，或总体并不服从正态分布，只要是在大样本条件下，式（4.8）中的总体方差 σ^2 可以用样本方差 s^2 代替，这时总体均值 μ 在 $1-\alpha$ 置信水平下的置信区间可以写为：

$$\bar{x}\pm z_{\alpha/2}\frac{s}{\sqrt{n}} \tag{4.9}$$

【例 4-3】 一家食品生产企业以生产袋装食品为主，每天的产量为 8 000 袋左右。按规定每袋的重量应为 100 克。为对产品质量进行监测，企业质检部门经常要进行抽检，以分析每袋重量是否符合要求。现从某天生产的一批食品中随机抽取了 25 袋，测得每袋重量如表 4-6 所示。

表 4-6　25 袋食品的重量　　单位：克

112.5	101.0	103.0	102.0	100.5
102.6	107.5	95.0	108.8	115.6
100.0	123.5	102.0	101.6	102.2
116.6	95.4	97.8	108.6	105.0
136.8	102.8	101.5	98.4	93.3

已知食品重量的分布服从正态分布，且总体标准差为 10 克。试估计该批食品平均重量的置信区间，置信水平为 95%。

解： 已知 $\sigma=10$，$n=25$，置信水平为 $1-\alpha=95\%$，由 Excel 的【NORM. S. INV】函数得 $z_{\alpha/2}=1.96$。

根据样本数据计算的样本均值为：

$$\bar{x}=\frac{\sum_{i=1}^{n}x_i}{n}=\frac{2\,634}{25}=105.36$$

根据式（4.8）得

$$\bar{x}\pm z_{\alpha/2}\frac{\sigma}{\sqrt{n}}=105.36\pm1.96\times\frac{10}{\sqrt{25}}$$

即 $105.36\pm3.92=(101.44,\ 109.28)$，该食品平均重量 95%的置信区间为 101.44～

109.28 克。（该天生产的食品的平均重量是否在 101.44～109.28 克之间？请读者自己思考。）

利用 Excel 的【NORM. S. INV】求标准正态分布的分位数的步骤如文本框 4-2 所示。

文本框 4-2　用 Excel 的【NORM. S. INV】函数求标准正态分布的分位数

第 1 步：将光标放在任意空白单元格。然后点击【公式】，点击插入函数【fx】。

第 2 步：在【选择类别】中选择【统计】，并在【选择函数】中点击【NORM. S. INV】，单击【确定】。

第 3 步：在【Probability】后输入给定的概率值，本例为 0.025。单击【确定】。得－1.959 96。

在正态总体标准差已知或大样本情形下，估计误差 E 可以由 Excel 的【CONFIDENCE. NORM】函数求得，语法为：CONFIDENCE. NORM(alpha，standard_dev，size)。其中：alpha 为显著性水平，(1－alpha) 为置信水平，standard_dev 为已知的总体标准差（未知时用样本标准差代替），size 为样本量。操作步骤如文本框 4-3 所示。

文本框 4-3　用 Excel 的【CONFIDENCE. NORM】函数求估计误差

第 1 步：将光标放在任意空白单元格。然后点击【公式】，点击插入函数【fx】。

第 2 步：在【选择类别】中选择【统计】，并在【选择函数】中点击【CONFIDENCE. NORM】，单击【确定】。

第 3 步：在【Alpha】后输入给定的 1－置信水平的值，本例为：1－0.95＝0.05。在【Standard_dev】后输入已知的总体标准差（未知时用样本标准差代替）。在【Size】后输入样本量，本例为 25。出现的界面如下图所示。

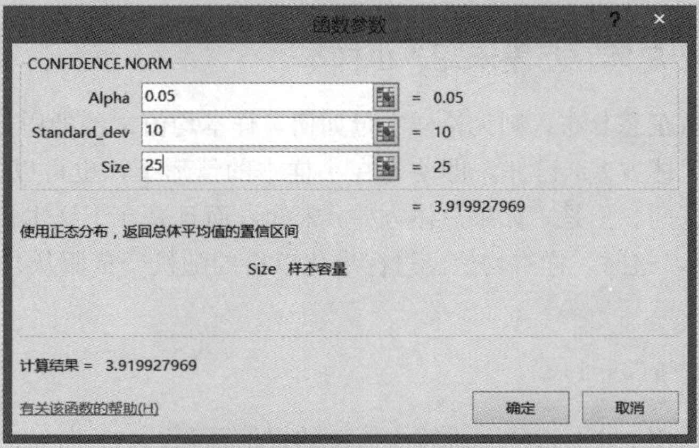

单击【确定】。得 3.919 927 969（手工计算结果因四舍五入会产生一定的误差）。

【例 4-4】 一家保险公司收集到由 36 位投保人组成的随机样本，得到每位投保人的年龄（单位：岁）数据如表 4-7 所示。

表 4-7 36 位投保人的年龄数据

23	35	39	27	36	44
36	42	46	43	31	33
42	53	45	54	47	24
34	28	39	36	44	40
39	49	38	34	48	50
34	39	45	48	45	32

试建立投保人年龄的 90%的置信区间。

解：已知 $n=36$，$1-\alpha=90\%$，$z_{\alpha/2}=1.645$。由于总体方差未知，但为大样本，可用样本方差来代替总体方差。

根据样本数据计算的样本均值和标准差如下：

$$\bar{x}=\frac{\sum_{i=1}^{n}x_i}{n}=39.5,\ s=\sqrt{\frac{\sum_{i=1}^{n}(x_i-\bar{x})^2}{n-1}}=7.77$$

根据式（4.9）得

$$\bar{x}\pm z_{\alpha/2}\frac{s}{\sqrt{n}}=39.5\pm1.645\times\frac{7.77}{\sqrt{36}}$$

即 $39.5\pm2.13=(37.37,\ 41.63)$，投保人平均年龄 90%的置信区间为 37.37～41.63 岁。

按文本框 4-3 的步骤，由 Excel 的【CONFIDENCE. NORM】函数求得的估计误差$E=$CONFIDENCE. NORM(0.1，7.77，36)$=2.130\ 085\ 447$。与手工计算结果相同。

4.3.2 正态总体、方差未知、小样本

如果总体服从正态分布，则无论样本量如何，样本均值 $\bar{x}$ 的抽样分布都服从正态分布。这时，只要总体方差σ^2已知，即使是在小样本的情形下，也可以按式（4.8）建立总体均值的置信区间。但是，如果总体方差σ^2未知，而且是在小样本情形下，则需要用样本方差s^2代替σ^2，这时，样本均值经过标准化以后的随机变量服从自由度为 $n-1$ 的 t 分布，即

$$t=\frac{\bar{x}-\mu}{s/\sqrt{n}}\sim t(n-1) \tag{4.10}$$

因此，需要采用 t 分布来建立总体均值 μ 的置信区间。

t 分布是类似正态分布的一种对称分布，它通常要比正态分布平坦和分散。一个特定的 t 分布依赖于称之为自由度的参数。随着自由度的增大，t 分布也逐渐趋于正态分

布，如图 4－7 所示。

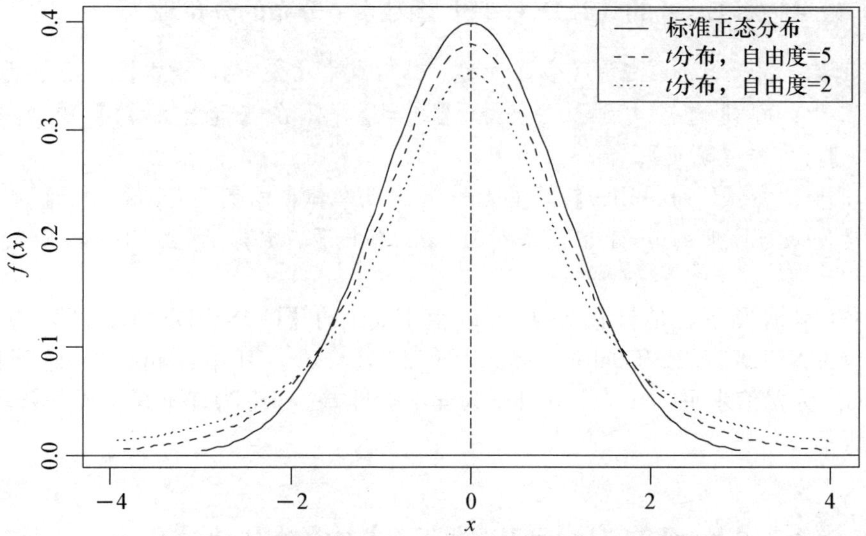

图 4－7　不同自由度的 t 分布与标准正态分布的比较

根据 t 分布建立的总体均值 μ 在 $1-\alpha$ 置信水平下的置信区间为：

$$\bar{x} \pm t_{\alpha/2}\frac{s}{\sqrt{n}} \tag{4.11}$$

式中，$t_{\alpha/2}$ 是自由度为 $n-1$ 时，t 分布中右侧面积为 $\alpha/2$ 时的 t 值，该值可利用 Excel 的【T. INV. 2T】函数得到。

【例 4－5】 已知某种灯泡的寿命服从正态分布，现从一批灯泡中随机抽取 16 只，测得其使用寿命如表 4－8 所示。

表 4－8　16 只灯泡的使用寿命　　单位：小时

1 510	1 450	1 480	1 460	1 520	1 480	1 490	1 460
1 480	1 510	1 530	1 470	1 500	1 520	1 510	1 470

建立该批灯泡平均使用寿命 95%的置信区间。

解： 根据抽样结果计算得

$$\bar{x}=\frac{\sum_{i=1}^{n}x_i}{n}=\frac{23\,840}{16}=1\,490,\ s=\sqrt{\frac{\sum_{i=1}^{n}(x_i-\bar{x})^2}{n-1}}=\sqrt{\frac{9\,200}{16-1}}=24.77$$

由 Excel 函数【T. INV. 2T】得 T. INV. 2T(0.05，15)＝2.131。

$$\bar{x}\pm t_{\alpha/2}\frac{s}{\sqrt{n}}=1\,490\pm 2.131\times\frac{24.77}{\sqrt{16}}$$

即 1 490±13.2＝(1 476.8，1 503.2)，该种灯泡平均使用寿命 95%的置信区间为 1 476.8 ～1 503.2 小时。

由 Excel 的【T. INV. 2T】函数求 t 分布的分位数的步骤如文本框 4－4 所示。

文本框 4-4　用 Excel 的【T. INV. 2T】函数求 t 分布的分位数

第1步：将光标放在任意空白单元格。然后点击【公式】，点击插入函数【fx】。

第2步：在【选择类别】中选择【统计】，并在【选择函数】中点击【T. INV. 2T】，单击【确定】。

第3步：在【Probability】后输入给定的概率值，本例为0.05。在【Deg_freedom】后输入自由度的 $n-1$ 值，本例为15。单击【确定】。得2.131 449 546。

在小样本情形下，估计误差 E 可以由 Excel 的【CONFIDENCE. T】函数求得，语法为：CONFIDENCE. T(alpha, standard_dev, size)。其中：alpha为显著性水平，(1−alpha) 为置信水平，standard_dev为样本标准差，size为样本量。操作步骤如文本框4-5所示。

文本框 4-5　用 Excel 的【CONFIDENCE. T】函数求估计误差

第1步：将光标放在任意空白单元格。然后点击【公式】，点击插入函数【fx】。

第2步：在【选择类别】中选择【统计】，并在【选择函数】中点击【CONFIDENCE. T】，单击【确定】。

第3步：在【Alpha】后输入给定的1−置信水平的值，本例为：1−0.95=0.05。在【Standard_dev】后输入样本标准差。在【Size】后输入样本量，本例为16。出现的界面如下图所示。

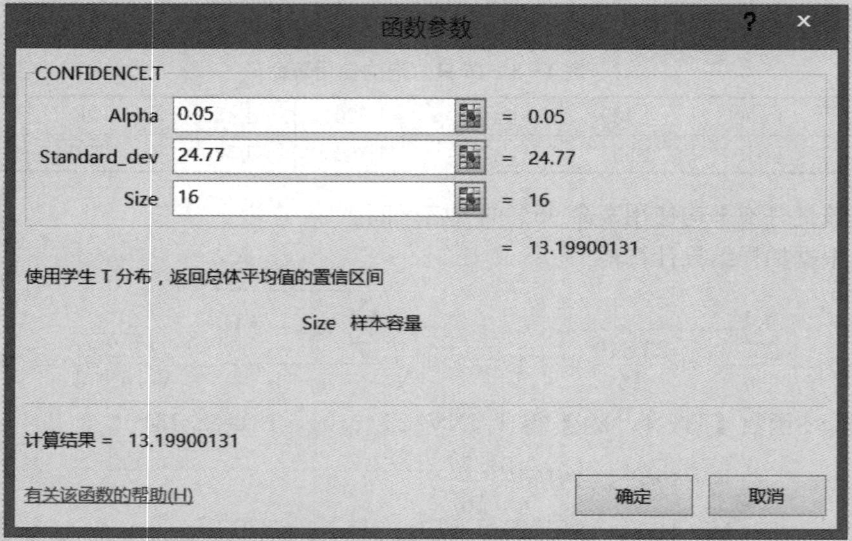

单击【确定】。得13.199 001 31（手工计算结果因四舍五入会产生一定的误差）。

4.4 总体比例的区间估计

这里只讨论大样本情形下总体比例的估计问题。当样本量足够大时，比例 p 的抽样分布可用正态分布近似。p 的数学期望等于总体的比例 π，即 $E(p)=\pi$；p 的方差为 $\sigma_p^2=\frac{\pi(1-\pi)}{n}$。而样本比例经标准化后的随机变量则服从标准正态分布，即

$$z=\frac{p-\pi}{\sqrt{\pi(1-\pi)/n}}\sim N(0,1) \tag{4.12}$$

与总体均值的区间估计类似，在样本比例 p 的基础上加减估计误差 $z_{\alpha/2}\sigma_p$，即得总体比例 p 在 $1-\alpha$ 置信水平下的置信区间：

$$p\pm z_{\alpha/2}\sqrt{\frac{p(1-p)}{n}} \tag{4.13}$$

式中，$1-\alpha$ 称为置信水平；$z_{\alpha/2}$ 是标准正态分布上侧面积为 $\alpha/2$ 时的 z 值；$z_{\alpha/2}\sqrt{\frac{p(1-p)}{n}}$ 是估计总体比例时的估计误差。这就是说，总体比例的置信区间由两部分组成：点估计值和描述估计量精度的±值，这个±值称为估计误差，用 E 表示。

【例 4-6】 某城市交通管理部门想要估计赞成机动车限行的人数比例，随机抽取了 100 个机动车车主，其中 65 人表示赞成。试以 95%的置信水平估计该城市赞成机动车限行的人数比例的置信区间。

解： 已知 $n=100$，$z_{\alpha/2}=1.96$。根据样本结果计算的样本比例为 $p=\frac{65}{100}=65\%$。

根据式（4.13）得

$$p\pm z_{\alpha/2}\sqrt{\frac{p(1-p)}{n}}=65\%\pm1.96\times\sqrt{\frac{65\%\times(1-65\%)}{100}}$$

即 65%±9.35%=(55.65%，74.35%)，该城市赞成机动车限行的人数比例 95%的置信区间为 55.65%～74.35%。

表 4-9 总结了一个总体参数区间估计的方法。

表 4-9 一个总体参数的区间估计

参数	点估计量	标准误差	$(1-\alpha)$的置信区间	假定条件
μ 总体均值	$\bar{x}$	$\frac{\sigma}{\sqrt{n}}$	$\bar{x}\pm z_{\alpha/2}\frac{\sigma}{\sqrt{n}}$	(1) σ 已知 (2) 大样本 ($n\geqslant30$)
			$\bar{x}\pm z_{\alpha/2}\frac{s}{\sqrt{n}}$	(1) σ 未知 (2) 大样本 ($n\geqslant30$)
	$\bar{x}$	$\frac{\sigma}{\sqrt{n}}$	$\bar{x}\pm t_{\alpha/2}\frac{s}{\sqrt{n}}$	(1) 正态总体 (2) σ 未知 (3) 小样本 ($n<30$)
π 总体比例	p	$\sqrt{\frac{\pi(1-\pi)}{n}}$	$p\pm z_{\alpha/2}\sqrt{\frac{p(1-p)}{n}}$	(1) 二项总体 (2) 大样本 ($n\geqslant30$)

4.5 样本量的确定

在进行参数估计之前，首先应该确定一个适当的样本量，也就是应该抽取一个多大的样本来估计总体参数。在进行估计时，总是希望提高估计的可靠程度。但在一定的样本量下，要提高估计的可靠程度（置信水平），就应扩大置信区间，而过宽的置信区间在实际估计中往往是没有意义的。比如，我们要说出某一天会下雨，置信区间并不宽，但可靠性相对较低，如果说第三季度会下一场雨，尽管很可靠，但准确性又太差，也就是置信区间太宽了，这样的估计是没有意义的。如果想要缩小置信区间，又不降低置信程度，就需要增加样本量。但样本量的增加也会受到许多限制。比如会增加调查的费用和工作量。通常，样本量的确定与可以容忍的置信区间的宽度以及对此区间设置的置信水平有一定关系。因此，如何确定一个适当的样本量，也是抽样估计中需要考虑的问题。

4.5.1 估计总体均值时样本量的确定

上面已经讲到，总体均值的置信区间由样本均值 $\bar{x}$ 和估计误差两部分组成。在重复抽样或无限总体抽样条件下，估计误差为 $z_{\alpha/2}\frac{\sigma}{\sqrt{n}}$。$z_{\alpha/2}$ 的值和样本量 n 共同确定了估计误差的大小。一旦确定了置信水平 $1-\alpha$，$z_{\alpha/2}$ 的值就确定了。给定 $z_{\alpha/2}$ 的值和总体标准差 σ，就可以确定任一希望的估计误差所需要的样本量。令 E 代表所希望达到的估计误差，即

$$E=z_{\alpha/2}\frac{\sigma}{\sqrt{n}} \tag{4.14}$$

由此可以推导出确定样本量的公式如下：

$$n=\frac{(z_{\alpha/2})^2\sigma^2}{E^2} \tag{4.15}$$

式中，E 值是使用者在给定的置信水平下可以接受的估计误差；$z_{\alpha/2}$ 的值可直接由区间估计中所用到的置信水平确定。如果能求出 σ 的具体值，就可以用上面的公式计算所需的样本量。在实际应用中，如果 σ 的值不知道，可以用以前相同或类似的样本的标准差来代替；也可以用实验调查的办法，选择一个初始样本，以该样本的样本标准差作为 σ 的估计值。

从式（4.15）可以看出，样本量与置信水平成正比，在其他条件不变的情形下，置信水平越大，所需的样本量就越大；样本量与总体方差成正比，总体的差异越大，所要求的样本量也越大；样本量与估计误差的平方成反比，即可以接受的估计误差的平方越大，所需的样本量就越小。

需要说明的是，根据式（4.15）计算出的样本量不一定是整数，通常是将样本量取成较大的整数，也就是将小数点后面的数值一律进位成整数，如 24.68 取 25，24.32 也取 25，等等。这就是样本量的圆整法则。

【例 4－7】 拥有工商管理学士学位的大学毕业生年薪的标准差大约为 2 000 元，假定想要估计年薪 95％的置信区间，希望估计误差为 400 元，应抽取多大的样本量？

解： 已知 $\sigma=2\,000$，$E=400$，$z_{\alpha/2}=1.96$。

根据式（4.15）得

$$n=\frac{(z_{\alpha/2})^2\sigma^2}{E^2}=\frac{(1.96)^2\times 2\,000^2}{400^2}=96.04\approx 97$$

即应抽取 97 人作为样本。

4.5.2　估计总体比例时样本量的确定

与估计总体均值时样本量的确定方法类似，在重复抽样或无限总体抽样条件下，估计总体比例置信区间的估计误差为 $z_{\alpha/2}\sqrt{\frac{\pi(1-\pi)}{n}}$，$z_{\alpha/2}$的值、总体比例 π 和样本量 n 共同确定了估计误差的大小。一旦确定了置信水平 $1-\alpha$，$z_{\alpha/2}$的值就确定了。由于总体比例的值是固定的，所以估计误差由样本量来确定，样本量越大，估计误差就越小，估计的精度就越高。因此，给定 $z_{\alpha/2}$的值，就可以确定任一希望的估计误差所需要的样本量。令 E 代表所希望达到的估计误差，即

$$E=z_{\alpha/2}\sqrt{\frac{\pi(1-\pi)}{n}} \tag{4.16}$$

由此可以推导出重复抽样或无限总体抽样条件下确定样本量的公式：

$$n=\frac{(z_{\alpha/2})^2\cdot\pi(1-\pi)}{E^2} \tag{4.17}$$

式中，估计误差 E 必须是使用者事先确定的，大多数情形下取 E 的值小于 0.1。$z_{\alpha/2}$的值可直接由区间估计中所用到的置信水平确定。如果能够求出 π 的具体值，就可以用上面的公式计算所需的样本量。在实际应用中，如果 π 的值不知道，可以用类似的样本比例来代替；也可以用实验调查的办法，选择一个初始样本，以该样本的比例作为 π 的估计值。如果 π 的值无法知道，通常取使 $\pi(1-\pi)$ 最大值的 0.5。

【例 4－8】 根据以往的生产统计，某种产品的合格率约为 90％，现要求估计误差为 5％，在求 95％的置信区间时，应抽取多少个产品作为样本？

解： 已知 $\pi=90\%$，$E=5\%$，$z_{\alpha/2}=1.96$。

根据式（4.17）得

$$n=\frac{(z_{\alpha/2})^2\cdot\pi(1-\pi)}{E^2}=\frac{1.96^2\times 0.9\times(1-0.9)}{0.05^2}=138.3\approx 139$$

即应抽取 139 个产品作为样本。

本章小结

下面的框图总结了本章介绍的参数估计所使用的分布。

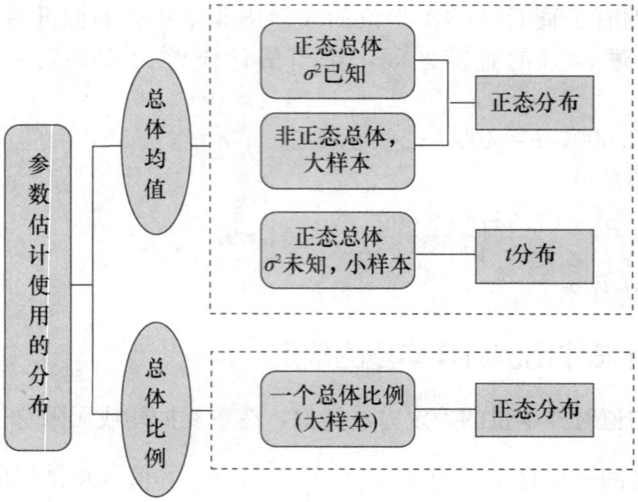

练习题和答案

一、思考题

4.1　解释抽样分布的含义。

4.2　解释中心极限定理的含义。

4.3　样本统计量的分布与总体分布及样本量的关系是什么？

4.4　解释点估计量和区间估计。

4.5　解释置信水平的含义。

4.6　怎样理解置信区间？

4.7　解释95%的置信区间的含义。

4.8　$z_{\alpha/2}\dfrac{\sigma}{\sqrt{n}}$的含义是什么？

二、选择题

1. 一个元素被抽中后不再放回总体，然后再从剩下的元素中抽取第二个元素，直到抽取n个元素为止，这样的抽样方式称为（　　）。

A. 重复抽样　　B. 不重复抽样

C. 分层抽样　　D. 整群抽样

2. 为了调查某校学生的购书费用支出，从男生中抽取60名学生调查，从女生中抽取40名学生调查，这种调查方法是（　　）。

A. 简单随机抽样　　B. 整群抽样

C. 系统抽样　　D. 分层抽样

3. 某大学的一家快餐店记录了过去5年每天的营业额，每天营业额的均值为

25 000 元，标准差为 400 元。由于在某些节日营业额偏高，所以每日营业额的分布是右偏的。假设从这 5 年中随机抽取 100 天，并计算这 100 天的平均营业额，则样本均值的抽样分布是（　　）。

A. 正态分布，均值为 2 500 元，标准差为 40 元

B. 正态分布，均值为 25 000 元，标准差为 400 元

C. 右偏，均值为 25 000 元，标准差为 400 元

D. 正态分布，均值为 25 000 元，标准差为 40 元

4. 根据一个具体的样本求出的总体均值 95%的置信区间（　　）。

A. 以 95%的概率包含总体均值

B. 有 5%的可能性包含总体均值

C. 一定包含总体均值

D. 一定包含总体均值或一定不包含总体均值

5. 根据某班学生考试成绩的一个样本，用 95%的置信水平构造的该班学生平均考试分数的置信区间为 75～85 分。全班学生的平均分数（　　）。

A. 肯定在这一区间内

B. 有 95%的可能性在这一区间内

C. 有 5%的可能性在这一区间内

D. 可能在这一区间内，也可能不在这一区间内

6. 95%的置信水平是指（　　）。

A. 总体参数落在一个特定的样本所构造的区间内的概率为 95%

B. 在用同样方法构造的总体参数的多个区间中，包含总体参数的区间比例为 95%

C. 总体参数落在一个特定的样本所构造的区间内的概率为 5%

D. 在用同样方法构造的总体参数的多个区间中，包含总体参数的区间比例为 5%

7. 下面的说法中正确的是（　　）。

A. 当正态总体方差未知时，只能用 t 分布对总体均值进行估计

B. 当正态总体方差已知时，只有在大样本情形下用正态分布对总体均值进行估计

C. 当正态总体方差已知时，在小样本情形下也可用正态分布对总体均值进行估计

D. 对于正态总体，都需要用正态分布和 t 分布对总体均值进行估计

8. 将构造置信区间的步骤重复多次，其中包含总体参数真值的次数所占的比例称为（　　）。

A. 显著性水平　　　　B. 置信区间

C. 置信水平　　　　D. 临界值

9. 抽取一个容量为 100 的随机样本，其均值为 $\bar{x}=81$，标准差 $s=12$。总体均值 μ 的 95%的置信区间为（　　）。

A. 81 ± 3.52　　　　B. 81 ± 2.35

C. 81 ± 3.10　　　　D. 81 ± 1.97

10. 在某个电视节目的收视率调查中，随机抽取由 165 个家庭构成的样本，其中观

看该节目的家庭有 101 个。用 90%的置信水平构造的估计观看该节目的家庭比例的置信区间为（　　）。

A. 11%±3%　　B. 11%±4%

C. 11%±5%　　D. 11%±6%

11. 在对某住宅小区居民的调查中，随机抽取由 48 个家庭构成的样本，其中有 36 个家庭对小区的物业管理服务表示不满意。该小区所有家庭对物业服务不满意的比例的 95%的置信区间为（　　）。

A. 0.75±0.122 5　　B. 0.75±0.132 5

C. 0.75±0.142 5　　D. 0.75±0.152 5

12. 某大型企业要提出一项改革措施，为估计职工中赞成该项改革的人数的比例，要求估计误差不超过 0.03，置信水平为 90%，应抽取的样本量为（　　）。

A. 552　　B. 652　　C. 752　　D. 852

13. 在一项对学生资助贷款的研究中，随机抽取 480 名学生作为样本，得到毕业前的平均欠款余额为 12 168 元，标准差为 2 200 元。则贷款学生总体中平均欠款额的 95%的置信区间为（　　）。

A. (11 971，12 365)　　B. (11 971，13 365)

C. (11 971，14 365)　　D. (11 971，15 365)

14. 某地区的写字楼月租金的标准差为 80 元，要估计总体均值的 95%的置信区间，希望的估计误差为 25 元，应抽取的样本量为（　　）。

A. 20　　B. 30　　C. 40　　D. 50

15. 随机抽取 400 人的一个样本，发现有 26%的上网者为女性。女性上网者比例的 95%的置信区间为（　　）。

A. (0.217，0.303)　　B. (0.117，0.403)

C. (0.217，0.403)　　D. (0.117，0.503)

三、计算与分析题

4.1 某快餐店想要估计每位顾客午餐的平均花费金额，在为期 3 周的时间里选取 49 名顾客组成了一个简单随机样本。

(1) 假定总体标准差为 15 元，求样本均值的抽样标准误差。

(2) 在 95%的置信水平下，求估计误差。

(3) 如果样本均值为 120 元，求总体均值 μ 的 95%的置信区间。

4.2 利用下面的信息，构建总体均值 μ 的置信区间。

(1) 总体服从正态分布，且已知 $\sigma=500$，$n=15$，$\bar{x}=8\,900$，置信水平为 95%。

(2) 总体不服从正态分布，且已知 $\sigma=500$，$n=35$，$\bar{x}=8\,900$，置信水平为 95%。

(3) 总体不服从正态分布，σ 未知，$n=35$，$\bar{x}=8\,900$，$s=500$，置信水平为 90%。

(4) 总体不服从正态分布，σ 未知，$n=35$，$\bar{x}=8\,900$，$s=500$，置信水平为 99%。

4.3 某大学为了解学生每天上网的时间，在全校 7 500 名学生中采取重复抽样方法随机抽取36人，调查他们每天上网的时间（单位：小时），得到下面的数据。

3.3	3.1	6.2	5.8	2.3	4.1	5.4	4.5	3.2
4.4	2.0	5.4	2.6	6.4	1.8	3.5	5.7	2.3
2.1	1.9	1.2	5.1	4.3	4.2	3.6	0.8	1.5
4.7	1.4	1.2	2.9	3.5	2.4	0.5	3.6	2.5

求该校大学生平均上网时间的置信区间，置信水平分别为90%，95%和99%。

4.4 从一个正态总体中随机抽取样本量为8的样本，各样本值分别为：10，8，12，15，6，13，5，11。求总体均值μ的95%的置信区间。

4.5 从一批零件中随机抽取36个，测得其平均长度为149.5cm，标准差为1.93cm。

(1) 试确定该种零件平均长度的95%的置信区间。

(2) 在上面的估计中，你使用了统计中的哪一个重要定理？请简要解释这一定理。

4.6 某企业生产的袋装食品采用自动打包机包装，每袋标准重量为100克。现从某天生产的一批产品中按重复抽样随机抽取50包进行检查，测得每包重量如下：

每包重量（克）	包数
96～98	2
98～100	3
100～102	34
102～104	7
104～106	4
合计	50

已知食品每包重量服从正态分布，要求：

(1) 确定该种食品平均重量的95%的置信区间。

(2) 如果规定食品重量低于100克属于不合格，确定该批食品合格率的95%的置信区间。

4.7 一家研究机构想估计在网络公司工作的员工每周加班的平均时间，为此随机抽取了18名员工，得到他们每周加班的时间（单位：小时）数据如下：

6	21	17	20	7	0	8	16	29
3	8	12	11	9	21	25	15	16

假定员工每周加班的时间服从正态分布，估计网络公司员工平均每周加班时间的90%的置信区间。

4.8 在一项家电市场调查中，随机抽取了200个居民户，调查他们是否拥有某一品牌的电视机。其中拥有该品牌电视机的家庭占23%。求总体比例的置信区间，置信水平分别为90%和95%。

4.9 一位银行管理人员想估计每位顾客在该银行的月平均存款额。他假设所有顾客月存款额的标准差为1 000元，要求的估计误差在200元以内，置信水平为99%。应选取多大的样本？

4.10 某居民小区共有居民500户，小区管理者准备采取一项新的供水设施，想了解居民是否赞成。采取重复抽样方法随机抽取了50户，其中有32户赞成，18户反对。

（1）求总体中赞成该项改革的户数比例的置信区间，置信水平为95%。

（2）如果小区管理者预计赞成的比例能达到80%，估计误差不超过10%。应抽取多少户进行调查？

四、练习题解答

选择题答案

1. B；2. D；3. B；4. D；5. D；6. B；7. C；8. C；9. B；10. D；11. A；12. C；13. A；14. C；15. A。

计算与分析题答案

4.1 （1）$\sigma_{\bar{x}}=2.14$。（2）估计误差$E=4.20$。（3）总体均值的95%的置信区间：120 ± 4.20。

4.2 （1）总体均值的95%的置信区间为：(8 646.97，9 153.03)。

（2）总体均值的95%的置信区间为：(8 734.35，9 065.65)。

（3）总体均值的90%的置信区间为：(8 760.97，9 039.03)。

（4）总体均值的99%的置信区间为：(8 681.95，9 118.05)。

4.3 90%的置信区间：(2.88，3.76)。95%的置信区间：(2.79，3.85)。99%的置信区间：(2.63，4.01)。

4.4 95%的置信区间：(7.11，12.89)。

4.5 （1）95%的置信区间：(148.87，150.13)。

（2）在上面的估计中，使用了统计中的中心极限定理。该定理表明：从均值为μ、方差为σ^2的总体中，抽取容量为n的随机样本，当n充分大时（通常要求$n\geqslant30$），样本均值$\bar{x}$的抽样分布近似服从均值为μ、方差为σ^2/n的正态分布。

4.6 （1）平均重量的95%的置信区间：(100.87，101.77)。（2）合格率的95%的置信区间：(0.82，0.98)。

4.7 平均每周加班时间的90%的置信区间：(10.36，16.76)。

4.8 90%的置信区间：(0.18，0.28)。95%的置信区间：(0.17，0.29)。

4.9 $n=167$。

4.10 （1）总体比例的95%的置信区间：(0.51，0.77)。

（2）$n=62$。

第 5 章 假设检验

内容提要

假设检验是推断统计的另一项重要内容，它与参数估计类似，但角度不同。参数估计是利用样本信息推断未知的总体参数，而假设检验则是先对总体参数提出一个假设值，然后利用样本信息判断这一假设是否成立。本章首先介绍有关假设检验的基本原理，然后介绍一个总体参数的检验方法，具体内容包括：

1. 假设检验的基本原理。介绍假设检验的有关概念和假设检验中的一些基本问题，包括如何陈述假设、假设检验中的两类错误和显著性水平、检验统计量和拒绝域以及利用 P 值进行检验等。

2. 总体均值检验。介绍在大样本和小样本情形下总体均值的假设检验方法。

3. 总体比例检验。介绍大样本情形下总体比例的检验方法。

5.1 假设检验的基本原理

5.1.1 假设的陈述

现实生活中，人们经常要对某个“假设”做出判断，确定它是真还是假。在研究领域，研究者在检验一种新的理论时，首先要提出一种自己认为正确的看法，即假设，在参数检验中，假设就是对总体参数的具体数值所做的陈述。

▶ **定义 5.1** 对总体参数的具体数值所做的陈述，称为假设（hypothesis），或称统计假设。

一个假设的提出总是以一定的理由为基础的，但这些理由通常是不完全充分的，因而产生了“检验”的需求，也就是要进行判断。比如，在某种新药的开发研究中，研究人员需要判断新药是否比原有药物更有效；在对某一品牌洗衣粉的抽检中，抽检人员需要判断其净含量是否达到了说明书中所声称的重量；公司在收到一批货物时，质检人员需要判断该批货物的属性是否与合同中规定的一致；等等。假设检验也就是利用样本信息判断假设是否成立的过程。

▶ **定义 5.2** 先对总体参数提出某种假设，然后利用样本信息判断假设是否成立的统计方法，称为假设检验（hypothesis test）。

在假设检验中，首先需要提出两种假设，即原假设和备择假设。

▶ **定义 5.3** *研究者想收集证据予以推翻的假设称为原假设（null hypothesis），或称零假设，用 H_0 表示。*

原假设所表达的含义总是指参数没有变化或变量之间没有关系。

▶ **定义 5.4** *研究者想收集证据予以支持的假设称为备择假设（alternative hypothesis），或称研究假设，用 H_1 或 H_a 表示。*

备择假设所表达的含义是总体参数发生了变化或变量之间有某种关系。备择假设通常是用于支持你自己的看法。比如你正在做一项研究，并想使用假设检验来支持你的说法，就应该把你认为正确的看法作为备择假设。假如你开发了一种新药以提高疗效，如果你想要提供这种药物有显著提高疗效的证据（自然这是你想要支持的），就应该把你想要支持的说法作为备择假设。

确定原假设和备择假设在假设检验中十分重要，它直接关系到检验的结论。下面通过几个例子来说明原假设和备择假设的建立方法。

【例 5-1】 一种零件的生产标准是直径应为 10cm，为对生产过程进行控制，质量监测人员定期对一台加工机床进行检查，确定这台机床生产的零件是否符合标准要求。如果零件的平均直径大于或小于 10cm，则表明生产过程不正常，必须进行调整。试陈述用来检验生产过程是否正常的原假设和备择假设。

解：设这台机床生产的所有零件平均直径的真值为 μ。如果 $\mu=10$ 表明生产过程正常，如果 $\mu>10$ 或 $\mu<10$，则表明机床的生产过程不正常，研究者要检测这两种可能情形中的任何一种。根据原假设和备择假设的定义，研究者想收集证据予以证明的假设应该是“生产过程不正常”，因为如果研究者事先认为生产过程正常，他也就没有必要去进行检验了。所以建立的原假设和备择假设应为：

$H_0:\mu=10$（生产过程正常）

$H_1:\mu\neq10$（生产过程不正常）

【例 5-2】 某品牌洗涤剂的产品说明书中声称：平均净含量不少于 500 克。从消费者的利益出发，有关研究人员要通过抽检其中的一批产品来验证该产品制造商的说明是否属实。试陈述用于检验的原假设与备择假设。

解：设该品牌洗涤剂平均净含量的真值为 μ。如果抽检的结果发现 $\mu<500$，则表明该产品说明书中关于其净含量的内容是不真实的，有关部门应对其采取相应的措施。一般来说，研究者抽检的意图是倾向于证实这种洗涤剂的平均净含量并不符合说明书中的陈述，因为这会损害消费者的利益，如果研究者对产品说明丝毫没有质疑，也就没有抽检的必要了。所以 $\mu<500$ 是研究者想要收集证据支持的观点。建立的原假设与备择假设应为：

$H_0:\mu\geqslant500$（净含量符合说明书）

$H_1:\mu<500$（净含量不符合说明书）

【例 5-3】 一家研究机构估计，某城市中家庭拥有汽车的比例超过 30%。为验证这一估计是否正确，该研究机构随机抽取了一个样本进行检验。试陈述用于检验的原假设与备择假设。

解：设该城市中家庭拥有汽车的比例真值为 π。显然，研究者想收集证据予以支持的假设是"该城市中家庭拥有汽车的比例超过 30%"。因此建立的原假设与备择假设应为：

H_0：$\pi \leqslant 30\%$（家庭拥有汽车的比例不超过 30%）

H_1：$\pi > 30\%$（家庭拥有汽车的比例超过 30%）

通过上面几个例子可以得到关于建立假设的如下几点认识。

(1) 原假设和备择假设是一个完备事件组，而且相互对立。这意味着，在一项假设检验中，原假设和备择假设必有一个成立，而且只有一个成立。

(2) 在建立假设时，通常是先确定备择假设，然后再确定原假设。这样做的原因是备择假设是我们所关心的，是想予以支持或证实的，因而比较清楚，容易确定。由于原假设和备择假设是对立的，只要确定了备择假设，原假设就很容易确定出来。

(3) 在假设检验中，等号"＝"总是放在原假设上。比如，设假设的总体真值为 μ_0，原假设总是 H_0：$\mu=\mu_0$，H_0：$\mu \geqslant \mu_0$ 或 H_0：$\mu \leqslant \mu_0$。而相应的备择假设则分别为 H_1：$\mu \neq \mu_0$，H_1：$\mu < \mu_0$ 或 H_1：$\mu > \mu_0$。将"＝"放在原假设上是因为原假设的内容总是表示参数没有差异或没有改变，或变量间没有关系，等等。同时这样做也是希望原假设涵盖备择假设 H_1 不出现的所有情形。假设检验的惯例是在原假设 H_0 中只写"＝"，所以也可以将例 5-3 中的原假设写成 H_0：$\pi=30\%$。因为感兴趣的备择假设是 H_1：$\pi>30\%$。如果拒绝原假设 H_0：$\pi=30\%$而支持备择假设 H_1：$\pi>30\%$，也就意味着拒绝了 H_0：$\pi<30\%$。换句话说，如果事实上备择假设不正确的话，H_0：$\pi=30\%$就代表了可能有的最坏情形。这样，为数学表述上的方便，就将与 H_1 对立的所有可能情形放进只含一个等号的原假设之中。

(4) 原假设与备择假设的确定实际上带有一定的主观色彩，因为所谓的"研究者想收集证据予以支持的假设"和"研究者想要收集证据予以反对的假设"显然最终仍取决于研究者本人的意向。所以，在面对某一实际问题时，由于不同的研究者有不同的研究目的，即使对同一问题也可能提出截然相反的原假设和备择假设，这是十分正常的，也不违背关于原假设与备择假设的最初定义。无论怎样确定假设的形式，只要它们符合研究者的最终目的，便是合理的。通常情形下，由于检验的目的不同，原假设可以根据三种情形来确定：①如果检验的目的是确定参数是否已经发生变化，这时，原假设的值可以根据过去的经验、对过程的了解情况来确定。②如果检验的目的是证明某种理论或模型是否正确，原假设的值可以通过有关这个过程的一些理论或模型来确定。③如果检验的目的是检验是否符合某种特定标准，原假设的值可以根据事先设计的标准或合同的要求来确定。

(5) 假设检验的目的主要是收集证据拒绝原假设。原假设最初被假设是成立的，之后就是要根据样本数据，确定是否有足够的不符合原假设的证据以拒绝原假设。这与法庭上对被告的定罪类似：先要假定被告是无罪的，直到有证据证明他是有罪的。被告人在审判前被认为是无罪的（原假设被认为是真），审判中需要提供证据。如果有足够的证据与原假设（被告无罪）不符，则拒绝原假设（被告被认为有罪）。如果没有足够的证据证明被告有罪，就不能认定被告有罪。但这里也没有证明被告就是清白的。假设检验得出的统计结论都是根据原假设进行阐述的。我们要么拒绝原假设，要么不拒绝原假设。当不能拒绝原假设时，从来不说"接受原假设"，因为没有证明原假设是真的（如果采用"接受原假设"的说法，则意味着你证明了原假设是正确的）。原假设在开始进行检验时被认定是真的，我们没有足够的证据拒绝原假设时，并不等于"证明"了原假设是真的。它仅仅意味着：我们没有足够的证据拒绝原假设，因此不能拒绝原假设。当我们拒绝原假设时，得出的结论是清楚的，比如，在例 5-2 中，如果拒绝原假设，就可以说该品牌洗涤剂的净含量与说明书所标明的不相符。但如果不拒绝原假设，只能说样本提供的证据还不足以推翻原假设，这并不等于承认原假设是对的，因而不能说该品牌洗涤剂的净含量大于等于 500 克。因此，当不拒绝原假设时，实际上并未给出明确的结论。也就是说，不拒绝原假设，并未说该洗涤剂的净含量大于 500 克，也未说它小于 500 克。

在假设检验中，研究者感兴趣的备择假设的内容，可以是原假设 H_0 某一特定方向的变化，也可以是一种没有特定方向的变化。比如，在例 5-2 中，研究者感兴趣的是每袋洗涤剂的净含量是否低于 500 克，在例 5-3 中，研究者感兴趣的是家庭拥有汽车的比例是否高于 30%。这种具有方向性的假设称为单侧检验（或称单尾检验）。相反，在例 5-1 中，研究者感兴趣的备择假设没有特定的方向，只是关心备择假设 H_1 是否不同于原假设 H_0，并不关心是大于还是小于，这种没有特定方向的假设称为双侧检验（或称双尾检验）。

▶ **定义 5.5** 备择假设具有特定的方向性，并含有符号"$>$"或"$<$"的假设检验，称为单侧检验或单尾检验（one-tailed test）。

▶ **定义 5.6** 备择假设没有特定的方向性，并含有符号"$\neq$"的假设检验，称为双侧检验或双尾检验（two-tailed test）。

在单侧检验中，由于研究者感兴趣的方向不同，又可分为左侧检验和右侧检验。如果研究者感兴趣的备择假设的方向为"$<$"，称为左侧检验；如果研究者感兴趣的备择假设的方向为"$>$"，称为右侧检验。比如，例 5-2 属于左侧检验，而例 5-3 则属于右侧检验。

设 μ 为总体参数（这里代表总体均值），μ_0 为假设的参数的具体数值，可将假设检验的基本形式总结如表 5-1 所示。

表 5-1 假设检验的基本形式

假设	双侧检验	单侧检验	
		左侧检验	右侧检验
原假设	$H_0: \mu = \mu_0$	$H_0: \mu \geqslant \mu_0$	$H_0: \mu \leqslant \mu_0$
备择假设	$H_1: \mu \neq \mu_0$	$H_1: \mu < \mu_0$	$H_1: \mu > \mu_0$

5.1.2 两类错误与显著性水平

假设检验的目的是要根据样本信息做出决策，也就是做出是否拒绝原假设而倾向于备择假设的决策。显然，研究者总是希望能做出正确的决策，但由于决策是建立在样本信息的基础之上，而样本又是随机的，因而就有可能犯错误。

如前所述，原假设与备择假设不能同时成立，即要么拒绝原假设 H_0，要么不拒绝 H_0。此时希望的情形是：当原假设 H_0 正确时没有拒绝它，当原假设 H_0 不正确时拒绝它。但很难保证不犯错误。假设检验过程中可能发生以下两类错误。

▶ **定义 5.7** 当原假设正确时拒绝原假设，所犯的错误称为第Ⅰ类错误（type Ⅰ error），又称弃真错误。犯第Ⅰ类错误的概率通常记为 α。

▶ **定义 5.8** 当原假设错误时没有拒绝原假设，所犯的错误称为第Ⅱ类错误（type Ⅱ error），又称取伪错误。犯第Ⅱ类错误的概率通常记为 β。

假设检验中的结论及其后果有四种情形，见表 5-2。

表 5-2 假设检验的结论与后果

决策结果	实际情形	
	H_0 正确	H_0 不正确
未拒绝 H_0	正确决策	第Ⅱ类错误 β
拒绝 H_0	第Ⅰ类错误 α	正确决策

需要注意的是：只有当原假设被拒绝时，才会犯第Ⅰ类错误；只有当原假设未被拒绝时，才会犯第Ⅱ类错误。因此，可以不犯第Ⅰ类错误或不犯第Ⅱ类错误，但难以保证两类错误都不犯。从直觉上说，这两类错误的概率之间存在这样的关系：在样本容量不变的情形下，要减小 α 就会使 β 增大，而要增大 α 就会使 β 减小，两类错误就像一个跷跷板。人们自然希望犯两类错误的概率都尽可能小，但实际上难以做到，要使 α 和 β 同时减小的唯一办法是增加样本容量。但样本容量的增加又会受许多因素的限制，所以人们只能在两类错误的发生概率之间进行平衡，以使 α 与 β 控制在能够接受的范围内。一般来说，对于一个给定的样本，如果犯第Ⅰ类错误的代价比犯第Ⅱ类错误的代价相对较高，则将犯第Ⅰ类错误的概率定得低些较为合理；反之，如果犯第Ⅰ类错误的代价比犯第Ⅱ类错误的代价相对较低，则将犯第Ⅰ类错误的概率定得高些。至于假设检验中先控制哪类错误，一般来说，发生哪一类错误的后果更为严重，就应该首要控制哪类错误发生的概率。但由于犯第Ⅰ类错误的概率是可以由研究者控制的，因此在假设检验中，人们往往先控制发生第Ⅰ类错误的概率。

发生第Ⅰ类错误的概率也常被用于检验结论的可靠性度量，这一概率也称为显著性水平。

▶ **定义 5.9** 假设检验中犯第Ⅰ类错误的概率，称为显著性水平（level of significance），记为 α。

“显著的”在这里并不是指“重要的”，而是指“非偶然的”。如果样本提供的证据拒绝原假设，称检验的结果是显著的；如果不拒绝原假设，则称检验的结果是不显著的。一项检验在统计上是“显著的”（拒绝原假设），意思是指：这样的（样本）结果不是偶然得到的，或者说，不是靠机遇能够得到的。同样，如果检验的结果是不显著的

(没有充分的证据拒绝原假设)，则表明这样的样本结果是偶然得到的。比如说，给出显著性水平 $\alpha=0.05$，如果样本检验的结果拒绝原假设 H_0，则表明在 5%这么小的概率下，竟然能得到这样的一组样本数据（样本统计量落在拒绝域），这显然不是一件偶然的事，因而说样本检验的结果是显著的。同样，如果在 $\alpha=0.05$ 的显著性水平下没有拒绝原假设，则表明在 5%这么小的概率下，没有得到这样的一组样本数据（检验统计量没有落在拒绝域），因而没有充分证据拒绝原假设，因此称样本检验的结果是不显著的。

显著性水平是指当原假设实际上正确时，检验统计量落在拒绝域的概率。它是人们事先指定的犯第Ⅰ类错误概率 α 的最大允许值。显著性水平 α 越小，犯第Ⅰ类错误的可能性自然就越小，但犯第Ⅱ类错误的可能性则随之增大。实际应用中，显著性水平是我们事先给出的一个值，但究竟确定一个多大的显著性水平值合适？一般情形下，人们认为犯第Ⅰ类错误的后果更严重一些，因此通常会取一个较小的 α 值。著名的英国统计学家 Ronald Fisher 在他的研究中把小概率的标准定为 0.05，所以作为一个普遍适用的原则，人们通常选择显著性水平为 0.05 或比 0.05 更小的概率。常用的显著性水平有 $\alpha=0.01$，$\alpha=0.05$，$\alpha=0.1$ 等，当然也可以取其他值。

确定了显著性水平 α 就等于控制了犯第Ⅰ类错误的概率，但犯第Ⅱ类错误的概率 β 却是不确定的。在拒绝原假设 H_0 时，犯错误的概率不超过给定的显著性水平 α，但当样本观测显示没有充分的理由拒绝原假设时，也难以确切知道第Ⅱ类错误发生的概率。因此，在假设检验中采用“不拒绝 H_0”而不采用“接受 H_0”的表述方法，这种说法实质上并未做出明确结论，在多数场合下便避免了犯第Ⅱ类错误的风险，因为“接受 H_0”所得结论的可靠性将由犯第Ⅱ类错误的概率 β 来测量，而 β 的控制相对复杂。此外，“接受 H_0”的说法有时会产生误导，因为这种说法似乎暗示着原假设 H_0 已经被证明是正确的了。但事实上，H_0 的真实值永远也无法知道，H_0 只是对总体真实值的一个假定值，由样本提供的信息也就自然无法证明它是否正确。因此，采用“不拒绝 H_0”的表述方法更合理一些，因为这种表述意味着样本提供的证据不够强大，所以没有足够的理由拒绝 H_0。当然，不拒绝原假设 H_0 并不意味着 H_0 为真的概率很高，它可能只是意味着得到强结论需要更多的数据。

5.1.3 检验统计量与拒绝域

在提出具体的假设之后，研究者需要提供可靠的证据来支持他所提出的备择假设。实际操作过程中，提出证据的信息主要是来自所抽取的样本，假设检验也就是要凭借可能获得的样本观测结果帮助研究者做出最后的判断和决策。一个很自然的想法是，如果样本提供的证据能够证明原假设是不真实的，研究者就有理由拒绝它，而倾向于选择备择假设。

在一般的假设检验过程中，研究者都倾向于通过样本信息提供对备择假设的支持，而倾向于做出“拒绝原假设”的结论。通常，样本能够提供的信息十分丰富和繁杂，针对特定的研究问题，往往需要对这些信息进行压缩和提炼，检验统计量便是对样本信息进行压缩和概括的结果。

▶ **定义 5.10** 根据样本观测结果计算得到的，并据以对原假设和备择假设做出决策的某个样本统计量，称为检验统计量（test statistic）。

检验统计量实际上是总体参数的点估计量（比如，样本均值 $\bar{x}$ 就是总体均值 μ 的一个点估计量），但点估计量并不能直接作为检验统计量，只有将其标准化后，才能用于度量它与原假设的参数值之间的差异程度。而对点估计量标准化时的依据则是：①原假设 H_0 为真；②点估计量的抽样分布。实际上，假设检验中所用的检验统计量都是标准化检验统计量，它反映了点估计量（比如样本均值）与假设的总体参数（比如假设的总体均值）相比相差多少个标准差。为叙述方便，通常将标准化检验统计量简称为检验统计量。对于总体均值和总体比例的检验，标准化检验统计量可表示为：

$$\text{标准化检验统计量}=\frac{\text{点估计量}-\text{假设值}}{\text{点估计量的抽样标准差}} \tag{5.1}$$

检验统计量是一个随机变量，随着样本观测结果的不同它的具体数值也是不同的，但只要已知一组特定的样本观测结果，检验统计量的值也就唯一确定了。假设检验的基本原理就是根据检验统计量建立一个准则，依据这个准则和计算得到的检验统计量值，研究者就可以决定是否拒绝原假设。但统计量的哪些值将导致拒绝原假设而倾向于备择假设？这就需要找出能够拒绝原假设的统计量的所有可能取值，这些取值的集合称为拒绝域。

▶ **定义 5.11** 能够拒绝原假设的检验统计量的所有可能取值的集合，称为拒绝域（rejection region）。

拒绝域就是由显著性水平 α 所围成的区域。如果利用样本观测结果计算出来的检验统计量的具体数值落在了拒绝域内，就拒绝原假设，否则就不拒绝原假设。

拒绝域的大小与我们事先选定的显著性水平有一定关系。在确定了显著性水平 α 之后，就可以根据 α 值的大小确定出拒绝域的具体边界值。拒绝域的边界值称为临界值。

▶ **定义 5.12** 根据给定的显著性水平确定的拒绝域的边界值，称为临界值（critical value）。

在给定显著性水平 α 后，查书后所附的统计表就可以得到具体的临界值（也可以直接由 Excel 中的函数命令计算得到）。将检验统计量的值与临界值进行比较，就可做出拒绝或不拒绝原假设的决策。

当样本容量固定时，拒绝域的面积随 α 的减小而减小。α 值越小，为拒绝原假设所需要的检验统计量的临界值与原假设的参数值就越远。拒绝域的位置则取决于检验是单侧检验还是双侧检验。双侧检验的拒绝域在抽样分布的两侧（所以称为双侧检验），而单侧检验中，如果备择假设具有符号“＜”，拒绝域位于抽样分布的左侧，故称为左侧检验，如果备择假设具有符号“＞”，拒绝域位于抽样分布的右侧，故称为右侧检验。在给定显著性水平 α 的条件下，拒绝域和临界值可用图 5-1 来表示。

从图 5-1 可以得出利用统计量进行检验时的决策准则如下：

双侧检验：|统计量|＞临界值，拒绝原假设。

左侧检验：统计量的值＜－临界值，拒绝原假设。

右侧检验：统计量的值＞临界值，拒绝原假设。

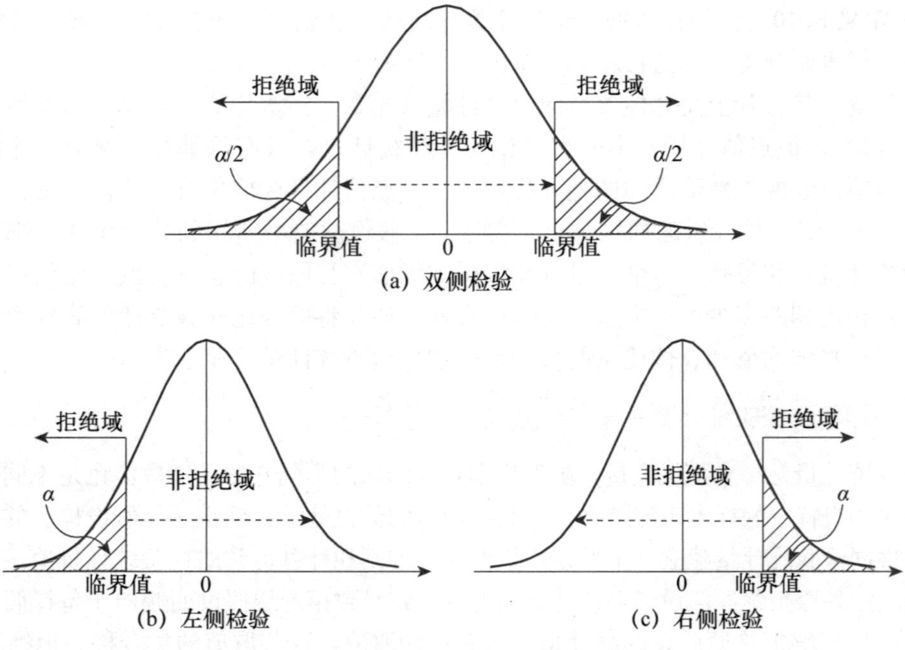

图 5-1 显著性水平、拒绝域和临界值

5.1.4 利用 P 值进行决策

传统的统计量检验方法是在检验之前确定显著性水平 α，这也就意味着事先确定了拒绝域。这样，不论检验统计量的值是大还是小，只要它的值落入拒绝域就拒绝原假设 H_0，否则就不拒绝原假设 H_0。这种固定的显著性水平 α 对检验结果的可靠性起一种度量作用。但不足的是，α 是犯第Ⅰ类错误的上限控制值，它只能提供检验结论可靠性的一个大致范围，而对于一个特定的假设检验问题，却无法给出观测数据与原假设之间不一致程度的精确度量，也就是说，仅从显著性水平来比较，如果选择的 α 值相同，所有检验结论的可靠性都一样。要测量出样本观测数据与原假设中假设的值 μ_0 的偏离程度，则需要计算 P 值。

▶ **定义 5.13** 如果原假设 H_0 是正确的，所得到的样本结果会像实际观测结果那么极端或更极端的概率，称为 P 值（P-value），也称为观察到的显著性水平（observed significance level）。

P 值与原假设的对或错的概率无关，它是关于数据的概率。由 P 值可知在某个总体的许多样本中某一类数据出现的经常程度。也就是说，P 值是当原假设正确时得到所观测的数据的概率。由 P 值可知，如果原假设正确，这样的样本数据出现的可能性有多大。如果这样的样本数据出现的可能性很小，就是原假设不对的合理证据。但我们永远也不会知道对总体的原假设是否正确。如果取显著性水平为 5%，这只能说：如果原假设为真，这样的数据只有 5%的可能性会发生。P 值是反映实际观测到的数据与原假设 H_0 之间不一致程度的一个概率值。P 值越小，说明实际观测到的数据与 H_0 之间不一致的程度就越大，检验的结果也就越显著。由于 P 值是在原假设为真的情形下得到目前这个样本数据的概率，因此，用 P 值进行检验的基本思想是：小的 P 值表明在原假设为真时得到目前这样一个样本结果的可能性很小，所以应该拒绝原假设。需要注意的是，P 值不是给定样本结果时原假设为真的概率，而是给定原假设为真时样本结果出现的概率。

为理解 P 值的计算过程，统一使用符号 z 表示检验统计量，z_c 表示根据样本数据计算得到的检验统计量值，对于假设检验的三种基本形式，从抽样分布上看，计算 P 值的一般表达式如下：

左侧检验：$H_0:\mu\geqslant\mu_0$；$H_1:\mu<\mu_0$

P 值是当 $\mu=\mu_0$ 时，检验统计量小于或等于根据实际观测样本数据计算得到的检验统计量值的概率，即 P 值$=P(z\leqslant z_c\mid\mu=\mu_0)$。

右侧检验：$H_0:\mu\leqslant\mu_0$；$H_1:\mu>\mu_0$

P 值是当 $\mu=\mu_0$ 时，检验统计量大于或等于根据实际观测样本数据计算得到的检验统计量值的概率，即 P 值$=P(z\geqslant z_c\mid\mu=\mu_0)$。

双侧检验：$H_0:\mu=\mu_0$；$H_1:\mu\neq\mu_0$

P 值是当 $\mu=\mu_0$ 时，检验统计量大于或等于根据实际观测样本数据计算得到的检验统计量绝对值的概率的两倍，即 P 值$=2P(z\geqslant|z_c|\mid\mu=\mu_0)$。

对于不同检验的 P 值，可以用图 5-2 来表示。

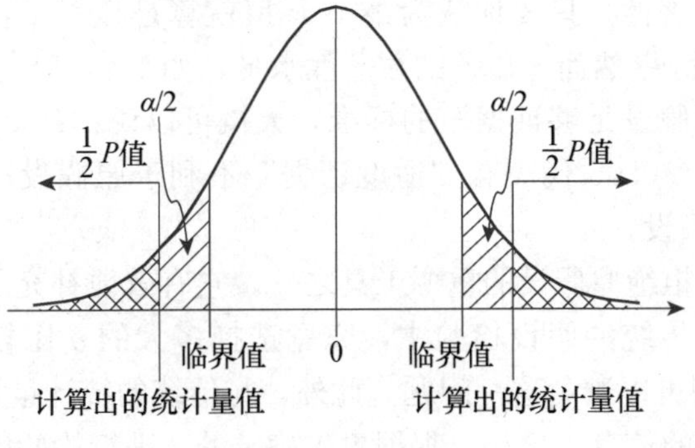

(a) 双侧检验

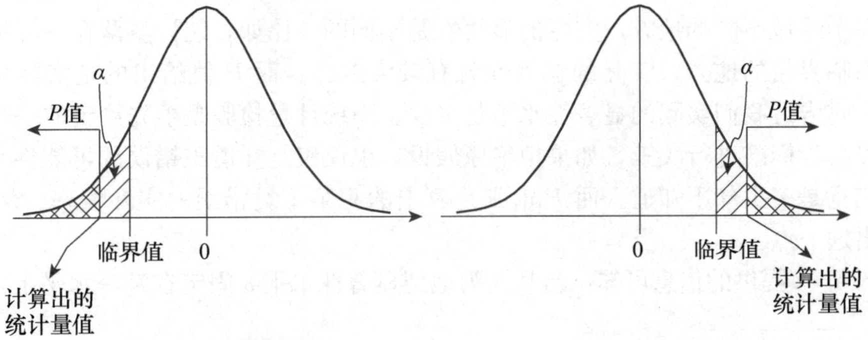

(b) 左侧检验　　(c) 右侧检验

图 5-2　**P 值示意图**

有了 P 值后，可以进一步理解显著性水平的含义：显著性水平是事先所要求的用于拒绝原假设的概率，即 P 值。如果事先给出一个显著性水平，实际上也就是说所要求的 P 值要小到何种程度，这个 P 值就叫显著性水平，用 α 表示。如果事先确定了一个显著性水平 α，也就意味着要求用于拒绝原假设 H_0 的证据必须强到 P 值小于 α 的程度。比如选择 $\alpha=0.05$，样本数据能拒绝原假设的证据要强到：当 H_0 正确时，这种样本结果发生的概率不超过 5%；如果选择 $\alpha=0.01$，就是要求拒绝原假设 H_0 的证据要更强，这种样本结果发生的概率只有 1%。如果 P 值小于或等于 α，就称该组数据不利于原假设的证据有 α 的显著性水平。

在实际检验中，究竟多大的 P 值合适？显著性检验的目的是要描述样本所提供的不利于原假设的证据有多强。但是，要证明原假设不正确，P 值要多小才能令人信服呢？这要根据两种情形来确定：（1）原假设 H_0 的可信度有多高？如果 H_0 所代表的假设是人们多年来一直相信的，就需要很强的证据（小的 P 值）才能说服他们。（2）拒绝 H_0 的结论是什么？如果拒绝 H_0 而肯定 H_1，就需要有很强的证据支持 H_1。比如，H_1 代表要花很多钱把产品包装改换成另一种包装，此时就要有很强的证据显示新包装一定会增加销售量（因为拒绝 H_0 要花很高的成本）。

计算机的应用使 P 值的计算十分容易。在现代统计检验中，并不再需要给出 5%或 1%这类传统的显著性水平。P 值提供了更多的信息，它可使我们选择任意水平来评估结果是否具有统计上的显著性。只要你认为某一 P 值就算是显著了，你就可以在这样的 P 值水平上拒绝原假设。[①] 然而，传统的显著性水平，如 1%，5%，10%等，已经被人们普遍接受为“拒绝原假设足够证据”的标准，大概可以说：$P<0.1$ 代表有“一些证据”不利于原假设；$P<0.05$ 代表有“适度证据”不利于原假设；$P<0.01$ 代表有“很强的证据”不利于原假设。

P 值是用于确定是否拒绝原假设的重要工具之一，它有效地补充了 α 提供的关于检验可靠性的有限信息。在传统的假设检验中，究竟选择多大的 α 比较合适是难以确定的，而用 P 值进行检验则可以避免这一问题。此外，与传统的统计量检验相比，利用 P 值进行检验可以提供更多的信息。比如，根据事先确定的 α 进行检验时，只要统计量的值落在拒绝域，这时拒绝原假设得出的结论就都是一样的，即结果显著。但实际上，统计量落在拒绝域不同的地方，实际的显著性是不同的。比如，统计量落在临界值附近与落在远离临界值的地方，实际的显著性就有较大差异。而 P 值给出的是实际算出的显著水平，它告诉我们实际的显著性水平是多少。而统计量检验是事先给出的一个显著性水平，以其为标准进行决策，如果拒绝原假设，也仅仅是知道犯错误的可能性是 α 那么大，但究竟是多少却不知道。而 P 值则是算出的犯第Ⅰ类错误的实际概率。从图 5－3 可以看出这一点。

由图 5－3 提供的信息可知：与其人为地把显著性水平 α 固定在某一水平上，不如干

① P 值越小，表明结果越显著。但检验结果究竟是显著的、中度显著的还是高度显著的，需要研究者根据 P 值大小和实际问题来确定。

脆选取检验统计量的 P 值；与其大致知道犯第Ⅰ类错误的概率，不如干脆知道一个确切的犯第Ⅰ类错误的概率；与其为选取“适当的” α 而苦恼，不如干脆把真正的 α 算出来。

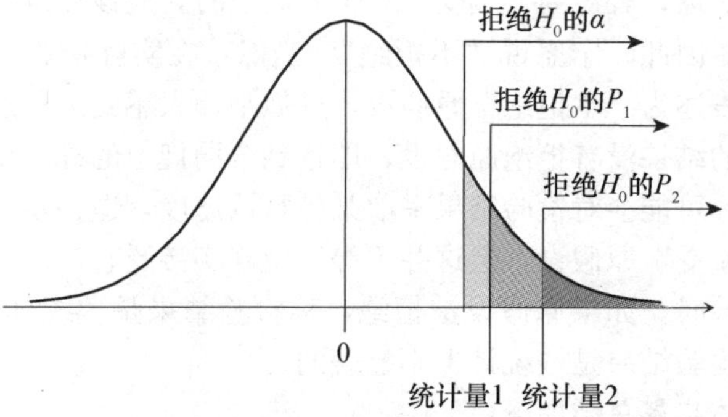

图 5－3 拒绝 H_0 的两个统计量的不同显著性

利用 P 值进行决策的规则十分简单。在已知 P 值的条件下，将其与给定的显著性水平 α 进行比较，就可以确定是否应该拒绝原假设。当然，也可以根据需要来进行决策，而不必事先规定显著性水平。从图 5－2 可以看出，单侧检验中，P 值位于抽样分布的一侧，而双侧检验 P 值位于分布的两侧，每一侧为 P 值的 1/2。通常是将两侧面积的总和定义为 P 值，这样定义的好处是可以将 P 值直接与给定的显著性水平 α 进行比较。① 因此，不论是单侧检验还是双侧检验，用 P 值进行决策的准则都是：

如果 P 值$<\alpha$，拒绝 H_0；如果 P 值$>\alpha$，不拒绝 H_0。

P 值可以通过查表来求得，但毕竟很麻烦，幸运的是，计算机的应用使得 P 值的计算十分容易，多数统计软件都能够输出有关假设检验的主要计算结果，其中就包括 P 值。可以说，P 值的应用几乎取代了传统的统计量检验方法，它不仅能得到与统计量检验相同的结论，而且给出了统计量检验不能给出的信息。

有关 P 值的具体计算，本书中将使用 Excel 进行，具体的计算方法及其应用将在后面做介绍。

本节介绍了假设检验的一些基本问题，理解其中的一些基本概念有助于对假设检验的实际应用。最后，对假设检验结果的表述做一个简单总结。

(1) 在假设检验中，对原假设 H_0 采取“拒绝”或“不拒绝”的表述方式，而不采取“接受”的表述方式。“不拒绝”的表述实际上意味着并未给出明确的结论，原假设正确与否尚未确定。如果说“接受”原假设，则意味着已经证明了原假设是正确的，而实际上，假设检验并不提供原假设“正确”的证据，它只提供不利于原假设的证据。举一个简单的例子说明“接受”的表述不妥，比如，原假设为 $H_0: \mu=10$，从该总体中抽出一个随机样本，得到 $\bar{x}=9.8$，在 $\alpha=0.05$ 的水平上，样本提供的证据没有推翻这一假设，如果“接受”原假设，则意味着样本提供的证据已经证明 $\mu=10$ 是正确的。如果

① 在双侧检验中，如果将一侧的面积定义为 P 值，则需要将 P 值与 $\alpha/2$ 进行比较，若 P 值大于 $\alpha/2$ 则拒绝原假设。

将原假设改为 $H_0:\mu=10.5$，同样，在 $\alpha=0.05$ 的水平上，同一个样本提供的证据也没有推翻这一假设，此时也可说“接受”原假设。但这两个原假设究竟哪一个是“真实的”呢？不知道。所以，表述为“接受”一个原假设时，应该注意到另一个原假设也可能同样与数据相符。因此，宁愿说“不拒绝”。当然，在实际检验中，针对一个具体的问题，将检验结果表述为“不拒绝”原假设，这似乎让人感到无所适从。比如，你想购买一批产品，检验的结果没有拒绝原假设，即达到合同规定的标准要求，你是否购买这批产品呢？这时，你可能会对检验结果采取某种默认态度，退一步说，此时可以将检验结果表述为“可以接受”原假设，但这并不等于说确实接受它。

（2）在假设检验时，如果原假设被拒绝，称检验结果是“统计上显著的”；如果不拒绝原假设，则称检验结果是“统计上不显著的”。

假设检验的具体步骤总结如下：

假设检验的步骤

第 1 步：陈述原假设 H_0 和备择假设 H_1。

第 2 步：从所研究的总体中抽出一个随机样本。

第 3 步：确定一个适当的检验统计量，并利用样本数据算出其具体数值。

第 4 步：确定一个适当的显著性水平 α，并计算出其临界值，指定拒绝域。

第 5 步：将统计量的值与临界值进行比较，并做出决策：若统计量的值落在拒绝域内，拒绝原假设 H_0，否则不拒绝原假设 H_0（也可以直接利用 P 值做出决策）。

5.2 总体均值的检验

当研究一个总体时，要检验的参数主要是总体均值 μ、总体比例 π 和总体方差 σ^2。本节主要介绍总体均值和总体比例的检验方法。

在对总体均值进行假设检验时，采用什么检验步骤和检验统计量取决于所抽取的样本是大样本（$n\geqslant30$）还是小样本（$n<30$）。此外，还需要区分总体是否服从正态分布、总体方差 σ^2 是否已知等几种情形。

5.2.1 大样本的检验方法

假设检验的重要一步是确定适当的检验统计量。根据抽样分布的知识，在大样本情形下，样本均值的抽样分布近似服从正态分布，其抽样标准差为 $\sigma/\sqrt{n}$。将样本均值 $\bar{x}$ 经过标准化后即可得到检验统计量。可以证明，样本均值经标准化后服从标准正态分布，因而采用正态分布的检验统计量。设假设的总体均值为 μ_0，当总体方差 σ^2 已知时，总体均值检验统计量为：

$$z=\frac{\bar{x}-\mu_0}{\sigma/\sqrt{n}} \tag{5.2}$$

当总体方差 σ^2 未知时，可以用样本方差 s^2 来代替总体方差，此时总体均值检验统计量为：

$$z=\frac{\bar{x}-\mu_0}{s/\sqrt{n}} \tag{5.3}$$

【例 5-4】 一种罐装饮料采用自动生产线生产，每罐的容量是 255mL，标准差为 5mL。为检验每罐容量是否符合要求，质检人员在某天生产的饮料中随机抽取了 40 罐进行检验，测得每罐平均容量为 255.8mL。取显著性水平 $\alpha=0.05$，检验该天生产的饮料容量是否符合标准要求。

解： 此时关心的是饮料容量是否符合要求，也就是 μ 是否为 255mL。大于或小于 255mL 都不符合要求，因而属于双侧检验问题。提出的原假设和备择假设为：

$H_0: \mu=255$

$H_1: \mu\neq255$

计算检验统计量的具体数值，得

$$z=\frac{255.8-255}{5/\sqrt{40}}=1.01$$

检验统计量数值的含义是：样本均值与假设的总体均值相比，相差 1.01 个抽样标准差。

利用 Excel 中的【NORM. S. DIST】函数得到的双尾检验 $P=2\times(1-\text{NORM. S. DIST}(1.01, 1))=0.3125$，由于 $P>\alpha=0.05$，不拒绝原假设。检验结果表明：样本提供的证据还不足以推翻原假设，因此不能证明该天生产的饮料不符合标准要求。上面的决策过程可用图 5-4 来表示。

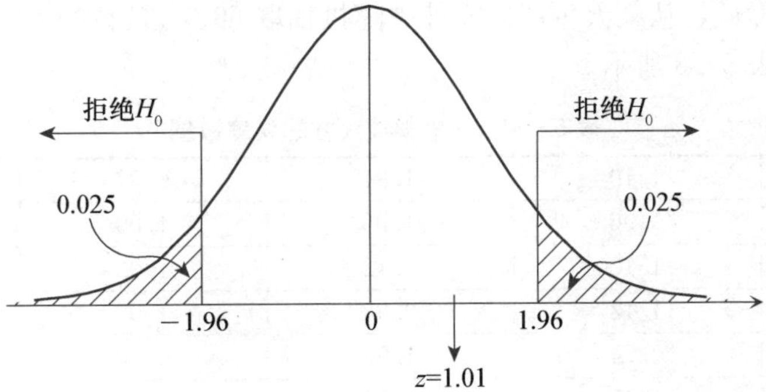

图 5-4 例 5-4 中的拒绝域

文本框 5-1 给出了用 Excel 的【NORM. S. DIST】函数计算 P 值的步骤。

文本框 5-1 用 Excel 的【NORM. S. DIST】函数计算 *P* 值

第 1 步：将光标放在任意空白单元格。然后点击【公式】，点击插入函数【fx】。

第 2 步：在【选择类别】中选择【统计】，并在【选择函数】中点击【NORM. S. DIST】，单击【确定】。

第 3 步：在【Z】后输入 z 的值 1.01，在【Cumulative】后输入 1（或 TRUE），出现的界面如下图所示。

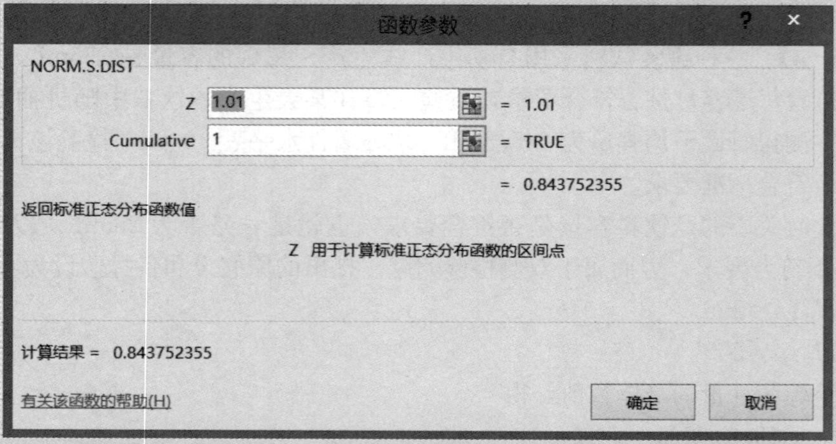

得到的累积概率为 0.843 752 355，该值表示的是在标准正态分布条件下 z 值为 1.01 左边的面积。$z=1.01$ 右边和 $z=-1.01$ 左边的面积是一样的，所以双侧检验最后的 P 值为 $P=2\times(1-0.843\,752\,355)=0.312\,5$。

【例 5-5】 一种机床加工的零件尺寸绝对平均误差为 1.35mm。生产厂家现采用一种新的机床进行加工以期进一步降低误差。为检验新机床加工的零件平均误差与旧机床相比是否有显著降低，从某天生产的零件中随机抽取 50 个进行检验。50 个零件尺寸的绝对误差数据如表 5-3 所示。

表 5-3　50 个零件尺寸的误差数据　　单位：mm

1.26	1.19	1.31	0.97	1.81
1.13	0.96	1.06	1.00	0.94
0.98	1.10	1.12	1.03	1.16
1.12	1.12	0.95	1.02	1.13
1.23	0.74	1.50	0.50	0.59
0.99	1.45	1.24	1.01	2.03
1.98	1.97	0.91	1.22	1.06
1.11	1.54	1.08	1.10	1.64
1.70	2.37	1.38	1.60	1.26
1.17	1.12	1.23	0.82	0.86

利用这些样本数据，检验新机床加工的零件尺寸的平均误差与旧机床相比是否有显著降低。($\alpha=0.01$)

解： 这里关心的是新机床加工的零件尺寸的平均误差与旧机床相比是否有显著降低，也就是是否 $\mu<1.35$。因此属于单侧检验问题，而且属于左侧检验。提出的假设为：

$H_0: \mu \geqslant 1.35$

$H_1: \mu < 1.35$

根据样本数据计算得：$\bar{x}=1.215\,2$，$s=0.365\,749$。

计算检验统计量的具体数值为：

$$z=\frac{1.215\,2-1.35}{0.365\,749/\sqrt{50}}=-2.606\,1$$

该检验统计量数值的含义是：样本均值与假设的总体均值相比，相差$-2.606\,1$个抽样标准差。

利用Excel中的【NORM. S. DIST】函数得到的双尾检验P=NORM. S. DIST(−2.606 1，1)=0.004 957（若输入2.606 1，给出的左侧面积为0.995 421，P值则为$1-0.995\,421=0.004\,579$），由于$P<\alpha=0.01$，所以拒绝原假设。检验结果表明：新机床加工的零件尺寸的平均误差与旧机床相比有显著降低。

在有原始数据的条件下，可直接根据原始数据利用Excel的【Z. TEST】函数计算检验的P值，操作步骤如文本框5-2所示。

文本框5-2 用Excel的【Z. TEST】函数计算大样本正态检验的P值

第1步：将光标放在任意空白单元格。然后点击【公式】，点击插入函数【fx】。

第2步：在【选择类别】中选择【统计】，并在【选择函数】中点击【Z. TEST】，单击【确定】。

第3步：在【Array】中选择数据所在的区域，在【X】后输入总体的假设值，在【Sigma】后输入已知的总体标准差（未知时可用样本标准差代替）。

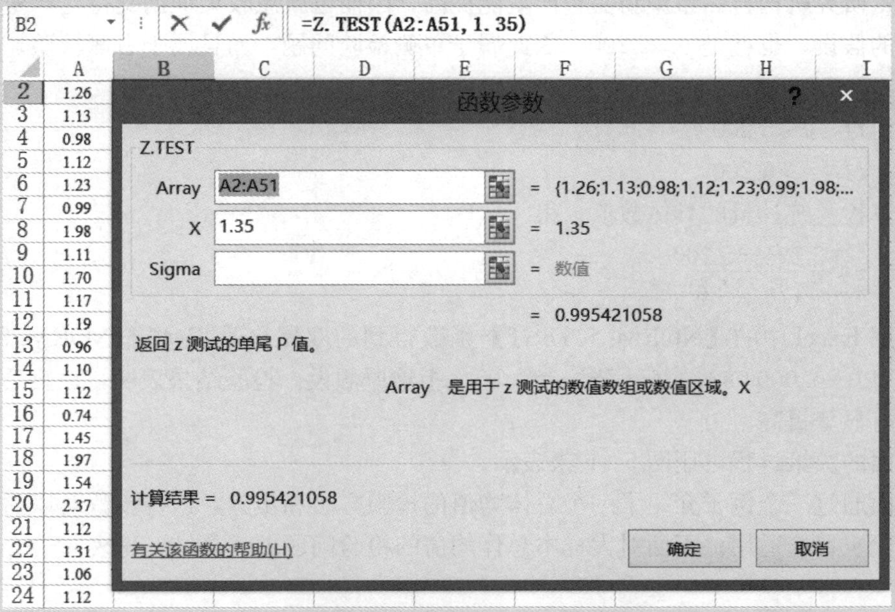

单击【确定】即可得到右尾概率 0.995 421 058。用 1−0.995 421 058 即可得到本例的检验 P 值 0.004 579。

注：熟练的读者可以在 Excel 工作表的任意单元格输入函数表达式：=1−Z.TEST(A2:A51,1.35)，得到相同的结果。

上面的决策过程可用图 5-5 来表示。

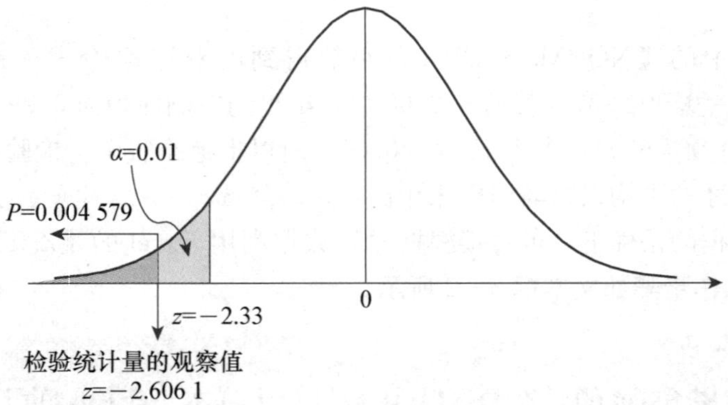

图 5-5　例 5-5 中的拒绝域和 P 值

【例 5-6】 某一小麦品种的平均产量为 5 200kg/hm²。一家研究机构对小麦品种进行了改良以期提高产量。为检验改良后的新品种产量是否有显著提高，随机抽取了 36 个地块进行试种，得到的样本平均产量为 5 275kg/hm²，标准差为 120kg/hm²。试检验改良后的新品种产量是否有显著提高。($\alpha=0.05$)

解：研究机构自然希望新品种产量能提高，因而也就想收集证据支持“产量有显著提高”的假设，也就是 $\mu>5\,200$。因此属于单侧检验问题，而且属于右侧检验。提出的假设为：

$$H_0: \mu \leqslant 5\,200$$
$$H_1: \mu > 5\,200$$

计算检验统计量的具体数值，得

$$z=\frac{5\,275-5\,200}{120/\sqrt{36}}=3.75$$

利用 Excel 中的【NORM.S.DIST】函数得到的双尾检验 $P=1-\text{NORM.S.DIST}(3.75, 1)=0.000\,088$，由于 $P<\alpha=0.05$，拒绝原假设。检验结果表明：改良后的新品种产量有显著提高。

上面的决策过程可用图 5-6 来表示。

上面通过三个例子介绍了一个总体均值的检验方法和步骤，这些步骤对以后介绍的其他检验也普遍适用。下面对大样本总体均值的检验问题做一总结，见表 5-4。

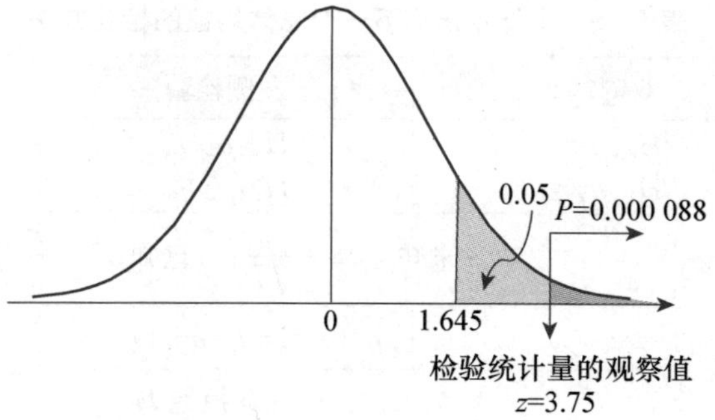

图 5-6 例 5-6 中的拒绝域和 P 值

表 5-4 大样本情形下一个总体均值的检验方法

	双侧检验	左侧检验	右侧检验
假设形式	$H_0: \mu = \mu_0$ $H_1: \mu \neq \mu_0$	$H_0: \mu \geqslant \mu_0$ $H_1: \mu < \mu_0$	$H_0: \mu \leqslant \mu_0$ $H_1: \mu > \mu_0$
检验统计量	σ 已知，$z=\frac{\bar{x}-\mu_0}{\sigma/\sqrt{n}}$；$\sigma$ 未知，$z=\frac{\bar{x}-\mu_0}{s/\sqrt{n}}$		
α 与拒绝域	$\lvert z \rvert > z_{\alpha/2}$	$z < -z_\alpha$	$z > z_\alpha$
P 值决策准则	$P<\alpha$，拒绝 H_0		

5.2.2 小样本的检验方法

在小样本（$n<30$）情形下，检验统计量的选择与总体是否服从正态分布、总体方差是否已知有着密切联系。本节的内容都是首先以总体服从正态分布为假定前提的①，而后再依照总体方差是否已知来选择合适的检验统计量。

当总体方差 σ^2 已知时，即使是在小样本情形下，检验统计量式（5.2）仍然服从标准正态分布，因而仍可按式（5.2）给出的检验统计量对总体均值进行检验，检验的程序与大样本时完全相同，不再赘述。这里着重介绍小样本情形下总体方差未知时总体均值的检验方法。

对于小样本，当总体方差 σ^2 未知时，需要用样本方差 s^2 代替总体方差 σ^2，此时式（5.2）给出的检验统计量不再服从标准正态分布，而是服从自由度为 $n-1$ 的 t 分布。因此需要采用 t 分布来检验总体均值，通常称为"t 检验"。检验统计量为：

$$t=\frac{\bar{x}-\mu_0}{s/\sqrt{n}} \tag{5.4}$$

表 5-5 总结了小样本时总体均值的检验方法。

---

① 如果无法确定总体是否服从正态分布，可以考虑将样本容量增大到 30 以上，然后按大样本的方法进行检验。当然也可以考虑使用本书以外的其他检验方法，如非参数符号检验法，有关非参数检验的内容请参考相关书籍。

表 5-5 小样本情形下一个总体均值的检验方法

	双侧检验	左侧检验	右侧检验
假设形式	$H_0:\mu=\mu_0$ $H_1:\mu\neq\mu_0$	$H_0:\mu\geqslant\mu_0$ $H_1:\mu<\mu_0$	$H_0:\mu\leqslant\mu_0$ $H_1:\mu>\mu_0$
检验统计量	σ 未知，$t=\dfrac{\bar{x}-\mu_0}{s/\sqrt{n}}$；$\sigma$ 已知，$z=\dfrac{\bar{x}-\mu_0}{\sigma/\sqrt{n}}$		
α 与拒绝域	$\lvert t\rvert>t_{\alpha/2}(n-1)$	$t<-t_\alpha(n-1)$	$t>t_\alpha(n-1)$
P 值决策准则	$P<\alpha$，拒绝 H_0		

【例 5-7】 一种汽车配件的平均长度要求为 12cm，高于或低于该标准均被认为是不合格的。汽车生产企业在购进配件时，通常是经过招标，然后对中标的配件提供商提供的样品进行检验，以决定是否采购。现对一个配件提供商提供的 10 个样品进行检验，结果如表 5-6 所示。

表 5-6 10 个样品的长度数据 单位：cm

12.2	10.8	12.0	11.8	11.9	12.4	11.3	12.2	12.0	12.3

假定该供货商生产的配件长度服从正态分布，在 0.05 的显著性水平下，检验该供货商提供的配件是否符合要求。

解： 依题意建立如下原假设与备择假设：

$H_0:\mu=12$

$H_1:\mu\neq12$

根据样本数据计算得：$\bar{x}=11.89$，$s=0.493\,2$。

由于 $n<30$ 为小样本，采用式（5.4）计算检验统计量为：

$$t=\frac{11.89-12}{0.493\,2/\sqrt{10}}=-0.705\,3$$

根据自由度 $n-1=10-1=9$，由 Excel 的【T. DIST. 2T】函数得右尾检验的 $P=$ T. DIST. 2T(0.705 3,9)=0.498 5。由于 $P>\alpha=0.05$，不拒绝原假设，样本提供的证据还不足以推翻原假设，没有证据表明该供货商提供的配件不符合要求。

上面的决策过程可用图 5-7 来表示。

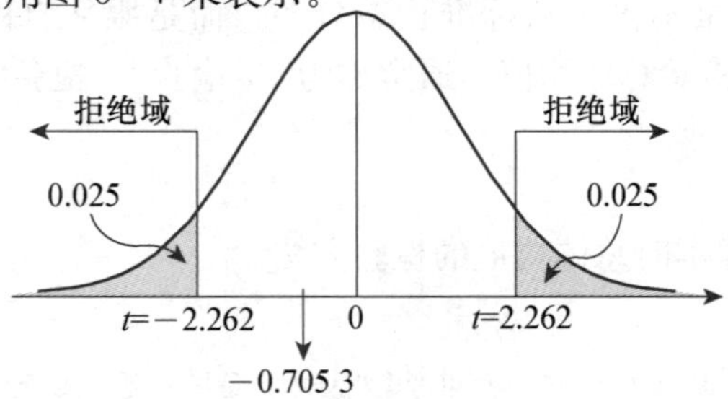

图 5-7 例 5-7 中的 t 分布的拒绝域和 P 值

上面讨论了一个总体均值的检验问题，在实际应用中，首先需要弄清各种方法的适用场合，比如，是大样本还是小样本，总体是否服从正态分布，总体方差是否已知，等等。对于无法确定总体是否服从正态分布的小样本情形，除了考虑选择其他检验方法（如非参数检验）之外，还可以通过增加样本容量来达到大样本标准（一般要求样本容量超过 30），从而将小样本问题转换为大样本下的假设检验问题，当然这完全取决于实际条件是否允许。图 5－8 给出了一个总体均值检验的基本流程，作为不同情形下检验统计量选择形式的总结。

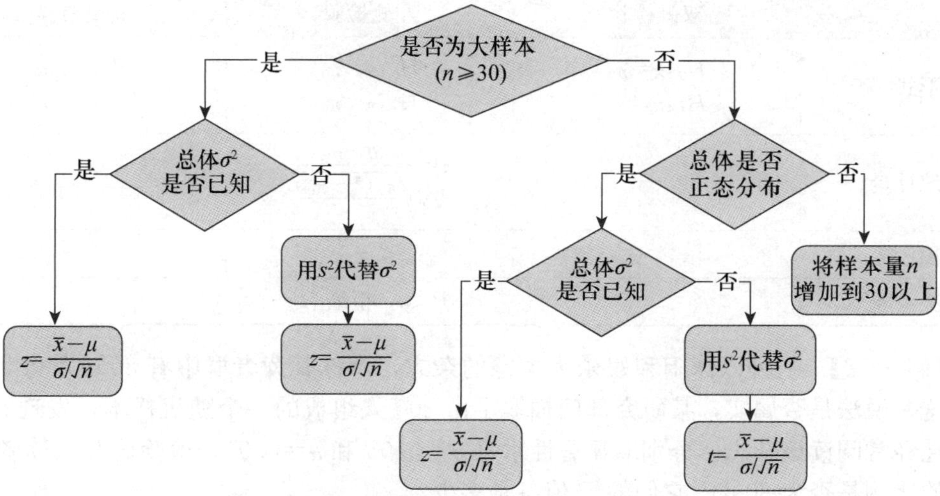

图 5－8　一个总体均值检验的基本流程

5.3　总体比例的检验

总体比例是指总体中具有某种相同特征的个体所占的比例，这些特征可以是数值型的（如一定的重量、一定的厚度或一定规格等），也可以是品质型的（如男女性别、学历层次、职称高低等）。通常用字母 π 表示总体比例，π_0 表示对总体比例的某一假设值，用 p 表示样本比例。总体比例的检验与总体均值的检验基本上是相同的，区别只在于参数和检验统计量的形式不同。所以总体均值检验的整个程序都可以作为总体比例检验的参考，甚至有很多内容可以完全“照搬”。因此，本节将尽可能综合介绍总体比例的检验方法，而且我们只考虑大样本情形下的总体比例检验。

总体比例检验的三种基本形式为：

双侧检验：$H_0: \pi = \pi_0$；$H_1: \pi \neq \pi_0$

左侧检验：$H_0: \pi \geqslant \pi_0$；$H_1: \pi < \pi_0$

右侧检验：$H_0: \pi \leqslant \pi_0$；$H_1: \pi > \pi_0$

在构造检验统计量时，我们仍然利用样本比例 p 与总体比例 π 之间的距离等于多少个标准差 σ_p 来衡量，因为在大样本情形下统计量 p 近似服从正态分布，而统计量

$$z=\frac{p-\pi_0}{\sqrt{\frac{\pi_0(1-\pi_0)}{n}}} \tag{5.5}$$

则近似服从标准正态分布。式（5.5）就是总体比例检验统计量。

在给定显著性水平 α 的条件下，总体比例检验的显著性水平、拒绝域和临界值的图示可参见图 5-1。表 5-7 总结了大样本情形下一个总体比例的检验方法。

表 5-7 大样本情形下一个总体比例的检验方法

	双侧检验	左侧检验	右侧检验
假设形式	$H_0:\pi=\pi_0$ $H_1:\pi\neq\pi_0$	$H_0:\pi\geqslant\pi_0$ $H_1:\pi<\pi_0$	$H_0:\pi\leqslant\pi_0$ $H_1:\pi>\pi_0$
检验统计量	$z=\frac{p-\pi_0}{\sqrt{\frac{\pi_0(1-\pi_0)}{n}}}$		
α 与拒绝域	$\|z\|>z_{\alpha/2}$	$z<-z_\alpha$	$z>z_\alpha$
P 值决策准则	$P<\alpha$，拒绝 H_0		

【例 5-8】 一种以休闲和娱乐为主题的杂志，声称其读者群中有 80%为女性。为验证这一说法是否属实，某研究部门抽取了由 200 人组成的一个随机样本，发现有 146 个女性经常阅读该杂志。分别取显著性水平 $\alpha=0.05$ 和 $\alpha=0.01$，检验该杂志读者群中女性的比例是否为 80%。它们的 P 值各是多少？

解： 研究机构想证明的是杂志所声称的说法是否属实，也就是读者中女性比例是否等于 80%，因此提出的原假设和备择假设为：

$H_0:\pi=80\%$

$H_1:\pi\neq80\%$

根据抽样结果计算得 $p=\frac{146}{200}=73\%$，检验统计量为：

$$z=\frac{0.73-0.8}{\sqrt{\frac{0.8\ (1-0.8)}{200}}}=-2.475$$

利用 Excel 中的【NORM. S. DIST】函数得到的双尾检验 $P=2\times(1-$NORM. S. DIST$(-2.475,1))=0.013\,3$，由于 $P<\alpha=0.05$，拒绝原假设。在显著性水平为 0.05 的条件下，样本提供的证据表明该杂志的说法并不属实。

当显著性水平 $\alpha=0.01$ 时，$P>\alpha=0.01$，所以不拒绝原假设。在显著性水平为 0.01 的条件下，样本提供的证据表明尚不能推翻原假设。

图 5-9（a）和图 5-9（b）分别显示了 0.05 和 0.01 显著性水平的拒绝域。

从上面的例子可以看出，对于同一个检验，不同的显著性水平将会得出不同的结论。这是自然的，请读者领悟其中的道理。

对于总体比例左侧检验和右侧检验中拒绝域的建立，读者可直接参照相应的大样本情形下总体均值的检验方法。

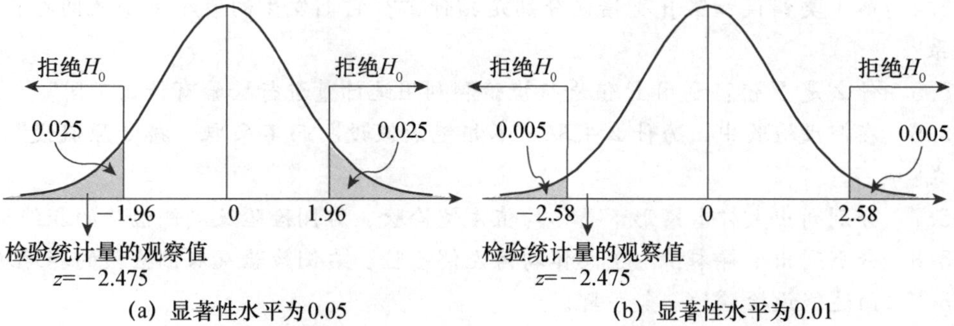

图 5-9　例 5-8 中的拒绝域

本章小结

下面的框图总结了本章介绍的假设检验所使用的分布。

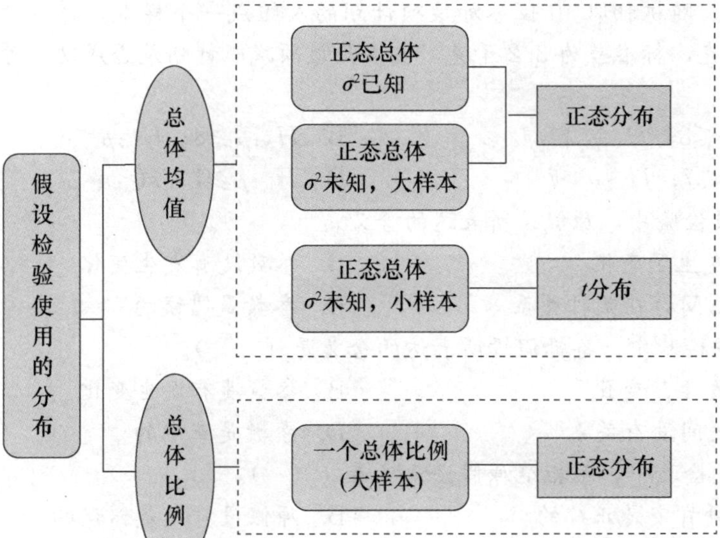

练习题和答案

一、思考题

5.1　解释原假设和备择假设。

5.2　什么是标准化检验统计量？为什么要对统计量进行标准化？

5.3 怎样理解显著性水平？

5.4 第Ⅰ类错误和第Ⅱ类错误分别是指什么？它们发生的概率大小之间存在怎样的关系？

5.5 什么是P值？利用P值进行检验和利用统计量进行检验有什么不同？

5.6 在假设检验中，为什么采取“不拒绝原假设”而不采取“接受原假设”的表述方式？

5.7 分别列出大样本情形下总体均值左侧检验、右侧检验及双侧检验的拒绝域。

5.8 分别列出小样本情形下总体均值左侧检验、右侧检验及双侧检验的拒绝域。

5.9 简述假设检验的一般步骤。

二、选择题

1. 某一地区所估计的营养不良人数高达20%，然而有人认为这个比例实际上还要高，要检验该说法是否正确，则假设形式为（　　）。

A. $H_0:\pi\leqslant 0.2$；$H_1:\pi>0.2$　　B. $H_0:\pi=0.2$；$H_1:\pi\neq 0.2$

C. $H_0:\pi\geqslant 0.2$；$H_1:\pi<0.2$　　D. $H_0:\pi<0.2$；$H_1:\pi\geqslant 0.2$

2. 一项新的减肥计划声称：在计划实施的第一个月内，参加者的体重平均至少可以减轻8千克。随机抽取40位参加该项计划的人组成一个样本，样本结果显示：体重平均减少7千克，标准差为3.2千克，要检验该项减肥计划是否成功，原假设和备择假设是（　　）。

A. $H_0:\mu\leqslant 8$；$H_1:\mu>8$　　B. $H_0:\mu\geqslant 8$；$H_1:\mu<8$

C. $H_0:\mu\leqslant 7$；$H_1:\mu>7$　　D. $H_0:\mu\geqslant 7$；$H_1:\mu<7$

3. 在假设检验中，原假设所表达的含义是（　　）。

A. 参数发生了变化　　B. 参数没有发生变化

C. 变量之间存在某种关系　　D. 参数是错误的

4. 在假设检验中，备择假设所表达的含义是（　　）。

A. 参数发生了变化　　B. 参数没有发生变化

C. 变量之间没有关系　　D. 参数是正确的

5. 在假设检验中，不拒绝原假设意味着（　　）。

A. 原假设肯定是正确的　　B. 原假设肯定是错误的

C. 没有证据证明原假设是正确的　　D. 没有证据证明原假设是错误的

6. 在假设检验中，第Ⅰ类错误是指（　　）。

A. 当原假设正确时拒绝原假设　　B. 当原假设错误时拒绝原假设

C. 当备择假设正确时没有拒绝原假设　　D. 当备择假设不正确时未拒绝备择假设

7. 在假设检验中，第Ⅱ类错误是指（　　）。

A. 当原假设正确时拒绝原假设　　B. 当原假设不正确时未拒绝原假设

C. 当备择假设正确时未拒绝备择假设　　D. 当备择假设不正确时拒绝备择假设

8. 下列假设检验中属于右侧检验的是（　　）。

A. $H_0:\mu=\mu_0$；$H_1:\mu\neq\mu_0$　　B. $H_0:\mu\geqslant\mu_0$；$H_1:\mu<\mu_0$

C. $H_0:\mu\leqslant\mu_0$；$H_1:\mu>\mu_0$　　D. $H_0:\mu>\mu_0$；$H_1:\mu\leqslant\mu_0$

9. 下列假设检验中属于左侧检验的是（　　）。

A. $H_0:\mu=\mu_0$；$H_1:\mu\neq\mu_0$　　B. $H_0:\mu\geqslant\mu_0$；$H_1:\mu<\mu_0$

C. $H_0:\mu\leqslant\mu_0$；$H_1:\mu>\mu_0$　　D. $H_0:\mu>\mu_0$；$H_1:\mu\leqslant\mu_0$

10. 在假设检验中，得到的 P 值越大（　　）。

A. 拒绝原假设的可能性越小　　B. 拒绝原假设的可能性越大

C. 原假设正确的可能性越大　　D. 原假设正确的可能性越小

11. 下面的陈述中错误的是（　　）。

A. P 值与原假设的对或错无关

B. P 值是指样本数据出现的经常程度

C. 不拒绝原假设就意味着原假设是正确的

D. 样本越大就越有可能拒绝原假设

12. 某企业每月发生事故的平均次数为 5 次，企业准备制订一项新的安全生产计划，希望新计划能减少事故次数。用来检验这一计划有效性的原假设和备择假设应为（　　）。

A. $H_0:\mu=5$；$H_1:\mu\neq5$　　B. $H_0:\mu\neq5$；$H_1:\mu=5$

C. $H_0:\mu\leqslant5$；$H_1:\mu>5$　　D. $H_0:\mu\geqslant5$；$H_1:\mu<5$

13. 一家汽车生产企业在广告中宣称“该公司的汽车可以保证在 2 年或 24 000 公里内无事故”，但该汽车的一个经销商认为保证“2 年”这一项是不必要的，因为该企业生产的汽车车主在 2 年内行驶的平均里程超过 24 000 公里。假定这位经销商要检验假设 $H_0:\mu\leqslant24\,000$；$H_1:\mu>24\,000$，抽取容量 $n=32$ 个车主的一个随机样本，计算出 2 年行驶里程的平均值 $\bar{x}=24\,517$ 公里，标准差为 $s=1\,866$ 公里，计算出的检验统计量为（　　）。

A. $z=1.57$　　B. $z=-1.57$

C. $z=2.33$　　D. $z=-2.33$

14. 一项研究发现，2010 年新购买小汽车的人中有 40%是女性。在 2015 年所做的一项调查中，随机抽取 120 个新车主中有 57 人为女性，在 $\alpha=0.05$ 的显著性水平下，检验 2005 年新车主中女性的比例是否有显著增加，建立的原假设和备择假设分别为 $H_0:\pi\leqslant40\%$；$H_1:\pi>40\%$，检验的结论是（　　）。

A. 拒绝原假设　　B. 不拒绝原假设

C. 可以拒绝也可以不拒绝原假设　　D. 可能拒绝也可能不拒绝原假设

15. 容量为 3 升的橙汁容器上的标签标明，该种橙汁的脂肪含量的均值不超过 1 克，在对标签上的说明进行检验时，建立的原假设和备择假设分别为 $H_0:\mu\leqslant1$；$H_1:\mu>1$，该检验所犯的第Ⅰ类错误是（　　）。

A. 实际情形是 $\mu\geqslant1$，检验认为 $\mu>1$　　B. 实际情形是 $\mu\leqslant1$，检验认为 $\mu<1$

C. 实际情形是 $\mu\geqslant1$，检验认为 $\mu<1$　　D. 实际情形是 $\mu\leqslant1$，检验认为 $\mu>1$

三、计算与分析题

5.1 某乐器厂以往生产的乐器采用的是一种镍合金弦线，这种弦线的平均抗拉强度不超过1 035MPa。现产品开发小组研发了一种新型弦线，他们认为其抗拉强度得到了提高。

(1) 在对研究小组开发的产品进行检验时，应该采取哪种形式的假设？为什么？

$H_0:\mu\leqslant 1\,035$；$H_1:\mu>1\,035$

$H_0:\mu\geqslant 1\,035$；$H_1:\mu<1\,035$

$H_0:\mu=1\,035$；$H_1:\mu\neq 1\,035$

(2) 如果不能拒绝原假设，应该得出怎样的结论？

(3) 如果有充足的理由拒绝原假设，结论又如何？

5.2 一名汽车销售管理者声称其每个月平均销售的汽车数量至少为14辆，有关组织想通过研究知道这一数量是否属实。

(1) 为解决该组织的疑问，建立合适的原假设和备择假设。

(2) 当不能拒绝原假设时，该组织会得到什么结论？

(3) 当可以拒绝原假设时，该组织会得到什么结论？

5.3 一条产品生产线用于生产玻璃纸，正常状态下要求玻璃纸的横向延伸率为65，质量控制监督人员需要定期进行抽检，如果证实玻璃纸的横向延伸率不符合规格，该生产线就必须立即停产调整。

(1) 建立适当的原假设和备择假设，帮助监督人员判断该生产线是否运转正常。

(2) 样本数据表明应该拒绝原假设时意味着什么？

(3) 样本数据无法支持拒绝原假设时意味着什么？

5.4 某跨国公司的推销员每周平均销售8 000美元的产品，公司的董事长建议采取一种新的刺激销售的奖励计划，通过试行期的销售数据来决定该计划是否能够提高每个销售人员的平均销售额。

(1) 在这种情形下，发生第Ⅰ类错误指的是什么？将会导致怎样的后果？

(2) 在这种情形下，发生第Ⅱ类错误指的是什么？将会导致怎样的后果？

5.5 某种纤维原有的平均强力不超过6克，现希望通过改进工艺来提高其平均强力。研究人员测得了100个关于新纤维的强力数据，发现其均值为6.35克。假定纤维强力的标准差仍保持为1.19克不变，在5%的显著性水平下对该问题进行假设检验。

(1) 检验的临界值是多少？拒绝法则是什么？

(2) 计算检验统计量的值，你的结论是什么？

5.6 考虑如下的假设检验问题：

$H_0:\mu=15$；$H_1:\mu\neq 15$

一个样本由50项个体组成，其样本均值为14.2，样本标准差为5。

(1) $\alpha=0.05$ 时，拒绝法则是什么？

(2) 计算检验统计量 z 的值。

(3) 你能得出怎样的结论？

5.7 某印刷厂旧机器每台每周的开工成本服从正态分布 $N(100, 25^2)$，现新安装了一台机器，观测到它在 9 周里平均每周的开工成本 $\bar{x}=75$ 元，假定成本的标准差不变，试问在 $\alpha=0.01$ 的水平上该厂机器的平均开工成本是否有所下降？

5.8 经验表明，一个矩形的宽与长之比等于 0.618 的时候会给人比较好的感觉。某工艺品工厂生产的矩形工艺品框架的宽与长要求也按这一比例设计，假定其总体服从正态分布，现随机抽取了 20 个框架测得比值如下：

0.699	0.749	0.654	0.670	0.612
0.672	0.615	0.606	0.690	0.628
0.668	0.611	0.606	0.609	0.601
0.553	0.570	0.844	0.576	0.933

在显著性水平 $\alpha=0.05$ 时能否认为该厂生产的工艺品框架宽与长的平均比例为 0.618？

5.9 一般来说，如果能够证明某部电视连续剧在播出的头 13 周中收视率超过了 25%，则可以认为它获得了成功。现针对一部关于农村生活题材的电视剧抽选了 400 个家庭组成一个样本，发现头 13 周里有 112 个家庭看过这部电视剧。

(1) 建立适当的原假设与备择假设。

(2) 如果允许发生第Ⅰ类错误的最大概率为 0.01，利用这些信息能否断定这部电视剧是成功的？

5.10 一个著名的医生声称有 75%的女性所穿鞋子过小，美国的足部和踝部矫形协会对 356 名女性进行了研究，发现其中有 313 名妇女所穿鞋子的号码至少小一号。取 $\alpha=0.01$，检验如下的假设：

$$H_0:\pi=0.75$$

$$H_1:\pi\neq 0.75$$

对这个医生的论断你有什么看法？

四、练习题解答

选择题答案

1. A；2. B；3. B；4. A；5. D；6. A；7. B；8. C；9. B；10. A；11. C；12. D；13. A；14. A；15. D。

计算与分析题答案

5.1 (1) 研究者想要寻找证据予以支持的假设是“新型弦线的平均抗拉强度相对于以前提高了”，所以原假设与备择假设应为：$H_0:\mu\leqslant 1\,035$；$H_1:\mu>1\,035$。

(2) 如果不能拒绝原假设，表示没有充分的统计证据支持该开发小组认为新型弦线的抗拉强度得到了提高。

(3) 如果有充足的理由拒绝原假设，表示开发小组可以相信新型弦线的抗拉强度超过了 1 035MPa，因此可以进一步采取推广措施。

5.2 （1）该组织想要证实的假设是“每个月平均销售的汽车数量不足 14 辆”，所以提出的假设形式为：$H_0:\mu\geqslant 14$；$H_1:\mu<14$。

（2）当不能拒绝原假设时，该组织认为没有充分的理由怀疑汽车销售管理者的说法。

（3）当可以拒绝原假设时，该组织有充分的统计证据断定汽车销售管理者的声明不真实。

5.3 （1）$H_0:\mu=65$；$H_1:\mu\neq 65$。

（2）样本数据表明应该拒绝原假设时，意味着该生产线生产的玻璃纸平均横向延伸率不符合规格，必须对生产线进行调整。

（3）样本数据无法支持拒绝原假设时意味着质量控制监督人员没有充分的理由认为该生产线所处状态不正常，无须停产调整。

5.4 （1）发生第Ⅰ类错误指的是实际上奖励计划并未提高销售人员的平均销售额，而公司董事长却认为它提高了销售人员的平均销售额，这将导致公司错误地推行新的奖励计划，却无法获得更高的销售额。

（2）发生第Ⅱ类错误指的是实际上奖励计划提高了销售人员的平均销售额，公司董事长却没有意识到，这将使公司错过推行新的奖励计划的机会，也就无法进一步提高销售额。

5.5 （1）检验的临界值是 $z_{0.05}=1.645$，拒绝法则是：如果 $z=\dfrac{\overline{x}-\mu_0}{\sigma/\sqrt{n}}>1.645$，就拒绝 H_0。

（2）检验统计量 $z=\dfrac{6.35-6}{1.19/\sqrt{100}}=2.94>1.645$，所以拒绝原假设，认为新纤维的平均强力超过了 6 克。

5.6 （1）拒绝法则是：如果 $z=\dfrac{\overline{x}-\mu_0}{s/\sqrt{n}}>1.96$ 或 $z=\dfrac{\overline{x}-\mu_0}{s/\sqrt{n}}<-1.96$，则拒绝 H_0。

（2）检验统计量 $z=\dfrac{14.2-15}{5/\sqrt{50}}=-1.13$。

（3）在 5%的显著性水平下，不能拒绝原假设。

5.7 建立原假设与备择假设为：$H_0:\mu\geqslant 100$；$H_1:\mu<100$。

检验统计量 $z=\dfrac{75-100}{25/\sqrt{9}}=-3.0<z_\alpha=-2.33$，拒绝原假设，认为该厂机器的平均开工成本的确有所下降。

5.8 建立原假设与备择假设为：$H_0:\mu=0.618$；$H_1:\mu\neq 0.618$。

$t=\dfrac{0.6583-0.618}{0.09327/\sqrt{20}}=1.93<z_{\alpha/2}=1.96$，所以不拒绝原假设，也就是没有充分的理由怀疑该厂生产的工艺品框架宽与长的平均比例不是 0.618。

5.9 （1）H_0：$p\leqslant 0.25$；H_1：$p>0.25$。

(2) $z=\dfrac{\dfrac{112}{400}-0.25}{\sqrt{\dfrac{0.25(1-0.25)}{400}}}=1.39>z_{0.01}=2.33$，不拒绝原假设，因此没有充分的理由认为这部电视剧是成功的。

5.10 检验统计量 $z=\dfrac{\dfrac{313}{356}-0.75}{\sqrt{\dfrac{0.75(1-0.75)}{356}}}=5.63>2.58$，所以拒绝原假设，该医生的论断并不属实。

第 6 章　相关与回归分析

内容提要

相关与回归是分析变量之间关系的统计方法。从所处理的变量多少来看，如果研究的是两个变量之间的关系，称为简单相关与简单回归分析；如果研究的是两个以上变量之间的关系，称为多元相关与多元回归分析。从变量之间的关系形态来看，有线性相关与线性回归分析及非线性相关与非线性回归分析。本章主要讨论简单线性相关和一元线性回归的基本原理与方法，具体内容包括：

1. 变量间关系的度量。介绍散点图、相关系数计算与应用以及相关系数的显著性检验等问题。

2. 一元线性回归。介绍一元线性回归模型和参数的最小二乘估计、回归方程的评价和显著性检验、利用回归方程进行估计和预测等。

6.1　变量间关系的度量

6.1.1　变量间的关系

在生产和经营活动中，经常要对变量之间的关系进行分析。例如，在企业生产中，要对影响生产成本的各种因素进行分析，以达到控制成本的目的；在农业生产中，需要研究农作物产量与施肥量之间的关系，以便分析施肥量对产量的影响，进而确定合理的施肥量；在商业活动中，需要分析广告费支出与销售收入之间的关系，进而通过广告费支出来预测销售收入；等等。从统计上看，变量之间的关系形态可分为两种类型，即函数关系和相关关系。

函数关系是我们比较熟悉的。设有两个变量 x 和 y，变量 y 随变量 x 一起变化，并完全依赖于 x，当变量 x 取某个数值时，y 依确定的关系取相应的值，则称 y 是 x 的函数，记为 $y=f(x)$，其中 x 称为自变量，y 称为因变量。下面给出几个函数关系的例子。

【例 6-1】 某种产品的销售额与销售量之间的关系。设销售额为 y，销售量为 x，销售价格为 p，则 x 与 y 之间的关系可表示为 $y=px$。这就是说，在销售价格不变的情况下，对于该商品的某一销售量，总有一个销售额与之对应，即销售额完全由销售量所确定，二者之间为线性函数关系。

【例6-2】 企业的原材料消耗额（y）与产量（x_1）、单位产品消耗（x_2）、原材料价格（x_3）之间的关系可表示为 $y=x_1x_2x_3$。这里的 y 与 x_1，x_2，x_3 之间是一种确定的函数关系，但它们不是线性函数关系。

函数关系是一一对应的确定关系。但在实际问题中，变量之间的关系往往不那么简单。例如，考察居民储蓄与居民家庭收入这两个变量，它们之间就不存在完全确定的关系。也就是说，收入水平相同的家庭，他们的储蓄额往往不同，反之，储蓄额相同的家庭，他们的收入水平也可能不同。可见家庭储蓄并不能完全由家庭收入所确定，因为家庭收入尽管与家庭储蓄有密切的关系，但它并不是影响储蓄的唯一因素，还有银行利率、消费水平等其他因素的影响作用。正是由于影响一个变量的因素非常多，才造成了变量之间关系的不确定性。

▶ **定义6.1** *变量之间存在的不确定的数量关系，称为相关关系*（correlation）。

下面是相关关系的几个例子。

【例6-3】 从遗传学角度看，子女的身高（y）与其父母身高（x）有一定关系。一般来说，父母身高较高时，其子女的身高通常也比较高，父母身高较低时，其子女的身高通常也较低。但实际情况并不完全是这样，因为它们之间并不是完全确定的关系。显然，子女的身高并不是完全由父母身高一个因素所决定，还受其他许多因素的影响，因此二者之间属于相关关系。

【例6-4】 考察一个人的收入（y）水平同他的受教育程度（x）这两个变量，它们之间就不存在确定的函数关系。也就是说，受教育程度相同的人，他们的收入水平往往不同，同样，收入水平相同的人，他们受教育的程度也可能不同。因为受教育程度尽管与一个人的收入多少有关系，但它并不是影响收入的唯一因素，还有其他因素（如职业、工作年限等）的影响。因此，只能说收入水平与受教育程度之间是一种相关关系。

【例6-5】 我们知道，农作物的单位面积产量（y）与施肥量（x）有密切的关系。在一定条件下，施肥量越多，单位面积产量就越高。但产量并不是由施肥量一个因素决定的，还受其他许多因素的影响，如降雨量、温度、管理水平等。因此农作物的单位面积产量与施肥量之间并不是函数关系，而是一种相关关系。

从上面的例子可看出相关关系的特点：一个变量的取值不能由另一个变量唯一确定，当变量 x 取某个值时，变量 y 的取值可能有几个。对这种关系不确定的变量显然不能用函数关系进行描述，但也不是无任何规律可循。通过对大量数据的观察与研究，就会发现许多变量之间确实存在一定的客观规律。例如，平均来说，父亲身高较高时，其子女的身高一般也较高；收入水平高的家庭，其家庭储蓄一般也较多。相关与回归分析正是描述与分析这类变量之间关系的统计方法。

6.1.2 相关关系的描述与测度

相关分析就是对两个变量之间线性关系的描述与度量，它要解决的问题包括：

（1）变量之间是否存在关系？

（2）如果存在关系，它们之间是什么样的关系？

（3）变量之间的关系强度如何？

（4）样本所反映的变量之间的关系能否代表总体变量之间的关系？

为解决这些问题，在进行相关分析时，对总体主要有以下两个假定：（1）两个变量之间是线性关系；（2）两个变量都是随机变量。

在进行相关分析时，首先需要绘制散点图来判断变量之间的关系形态，如果是线性关系，则可以利用相关系数来测度两个变量之间的关系强度，最后对相关系数进行显著性检验，以判断样本所反映的关系能否用来代表两个变量总体上的关系。

1. 散点图

对于两个变量 x 和 y，通过观察或实验可以得到若干组数据，记为$(x_i,\ y_i)$（$i=1,\ 2,\ \cdots,\ n$）。用坐标的水平轴代表变量 x，纵轴代表因变量 y，每组数据$(x_i,\ y_i)$在坐标系中用一个点表示，n 组数据在坐标系中形成的 n 个点称为散点，由坐标及其散点形成的二维数据图称为散点图（scatter diagram）。

散点图是描述变量之间关系的一种直观方法，从中可以大致看出变量之间的关系形态及关系强度。图 6－1 就是不同形态的散点图。

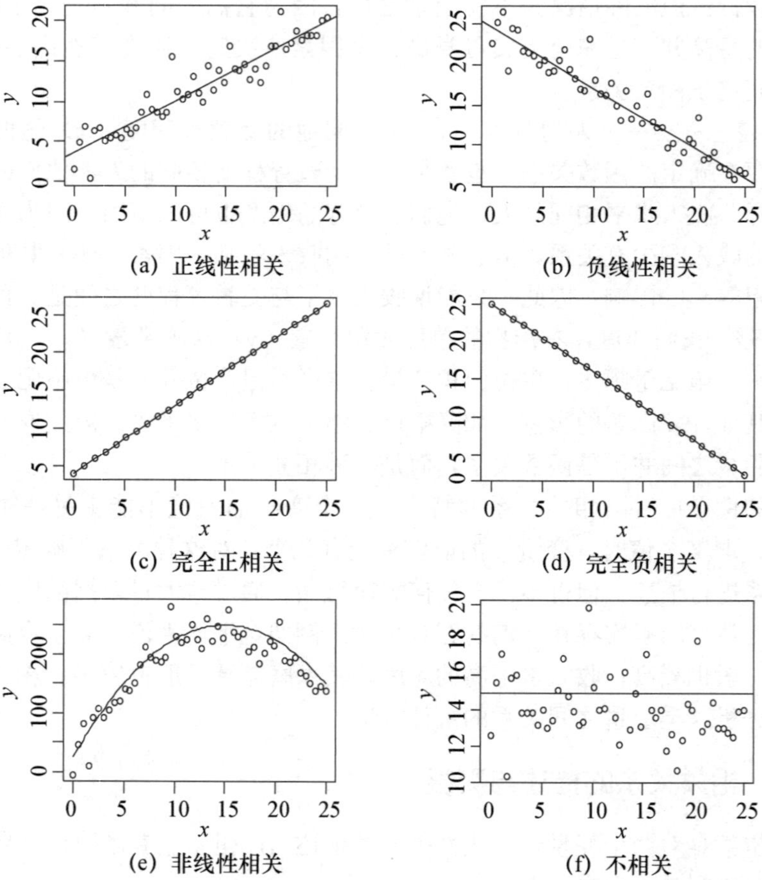

图 6－1　不同形态的散点图

从图 6－1 可以看出，相关关系的表现形态大体上可分为线性相关、非线性相关、完全相关和不相关等几种。就两个变量而言，如果变量之间的关系近似地表现为一条直线，则称为线性相关，见图 6－1（a）和图 6－1（b）；如果变量之间的关系近似地表现为一条曲线，则称为非线性相关，见图 6－1（e）；如果一个变量的取值完全依赖于另一个变量，各观测点落在一条直线上，称为完全相关，见图 6－1（c）和图 6－1（d），这实际上就是函数关系；如果两个变量的观测点很分散，无任何规律，则表示变量之间没有相关关系，见图 6－1（f）。

在线性相关中，若两个变量的变动方向相同，一个变量的数值增加，另一个变量的数值也随之增加，或一个变量的数值减少，另一个变量的数值也随之减少，则称为正相关，见图 6－1（a）；若两个变量的变动方向相反，一个变量的数值增加，另一个变量的数值随之减少，或一个变量的数值减少，另一个变量的数值随之增加，则称为负相关，见图 6－1（b）。

【例 6－6】 某商业银行在多个地区设有分行，其主要业务之一是贷款。为分析不良贷款形成的原因，管理者希望利用银行业务的有关数据做些定量分析，以便找出控制不良贷款的办法。表 6－1 就是该银行所属的 25 家分行 2022 年的有关业务数据。

表 6－1　某商业银行 2022 年的主要业务数据

分行编号	不良贷款（亿元）	贷款余额（亿元）	累计应收贷款（亿元）	贷款项目个数（个）	固定资产投资额（亿元）
1	0.9	67.3	6.8	5	51.9
2	1.1	111.3	19.8	16	90.9
3	4.8	173.0	7.7	17	73.7
4	3.2	80.8	7.2	10	14.5
5	7.8	199.7	16.5	19	63.2
6	2.7	16.2	2.2	1	2.2
7	1.6	107.4	10.7	17	20.2
8	12.5	185.4	27.1	18	43.8
9	1.0	96.1	1.7	10	55.9
10	2.6	72.8	9.1	14	64.3
11	0.3	64.2	2.1	11	42.7
12	4.0	132.2	11.2	23	76.7
13	0.8	58.6	6.0	14	22.8
14	3.5	174.6	12.7	26	117.1
15	10.2	263.5	15.6	34	146.7
16	3.0	79.3	8.9	15	29.9
17	0.2	14.8	0.6	2	42.1
18	0.4	73.5	5.9	11	25.3

续表

分行编号	不良贷款（亿元）	贷款余额（亿元）	累计应收贷款（亿元）	贷款项目个数（个）	固定资产投资额（亿元）
19	1.0	24.7	5.0	4	13.4
20	6.8	139.4	7.2	28	64.3
21	11.6	368.2	16.8	32	163.9
22	1.6	95.7	3.8	10	44.5
23	1.2	109.6	10.3	14	67.9
24	7.2	196.2	15.8	16	39.7
25	3.2	102.2	12.0	10	97.1

管理者想知道：不良贷款是否与贷款余额、累计应收贷款、贷款项目个数、固定资产投资额等因素有关？如果有关系，它们之间是一种什么样的关系？关系强度如何？绘制散点图，并分析不良贷款与贷款余额、累计应收贷款、贷款项目个数、固定资产投资额之间的关系。

解：根据表6-1的数据绘制的散点图如图6-2所示。

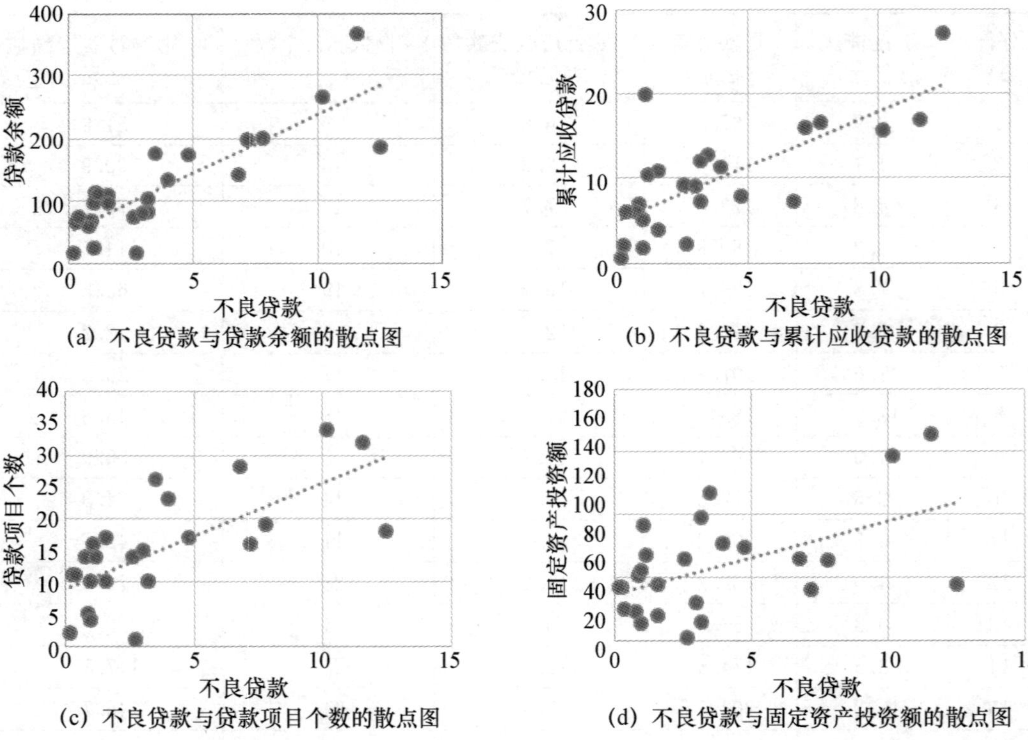

(a) 不良贷款与贷款余额的散点图

(b) 不良贷款与累计应收贷款的散点图

(c) 不良贷款与贷款项目个数的散点图

(d) 不良贷款与固定资产投资额的散点图

图6-2 不良贷款与贷款余额、累计应收贷款、贷款项目个数和固定资产投资额的散点图

从各散点图可以看出，不良贷款与贷款余额、累计应收贷款、贷款项目个数、固定

资产投资额之间都具有一定的线性关系。但从各散点的分布情况看，不良贷款与贷款余额的线性关系比较密切，与固定资产投资额之间的关系最不密切。

2. 相关系数

通过散点图可以判断两个变量之间有无相关关系，并对变量间的关系形态做出大致的描述，但散点图不能准确反映变量之间的关系强度。为准确度量两个变量之间的关系强度，需要计算相关系数。

▶ **定义 6.2** 根据样本数据计算的度量两个变量之间线性关系强度的统计量，称为相关系数（correlation coefficient）。

若相关系数是根据总体全部数据计算的，称为总体相关系数，记为 ρ；若是根据样本数据计算的，则称为样本相关系数，记为 r。样本相关系数的计算公式为：

$$r=\frac{\sum(x-\bar{x})(y-\bar{y})}{\sqrt{\sum(x-\bar{x})^2\sum(y-\bar{y})^2}} \tag{6.1}$$

为了根据原始数据计算 r，可由式（6.1）推导出下面的简化计算公式：

$$r=\frac{n\sum xy-\sum x\sum y}{\sqrt{n\sum x^2-(\sum x)^2}\sqrt{n\sum y^2-(\sum y)^2}} \tag{6.2}$$

按上述计算公式计算的相关系数也称为线性相关系数（linear correlation coefficient），或称为 Pearson 相关系数（Pearson correlation coefficient）。

【例 6-7】 沿用例 6-6。计算不良贷款、贷款余额、累计应收贷款、贷款项目个数、固定资产投资额之间的相关系数。

解： 用 Excel 的【CORREL】函数或【PEARSON】函数可以计算相关系数，用【数据分析】工具可以计算多个变量的相关系数矩阵，操作步骤如文本框 6-1 所示。

文本框 6-1 用 Excel 计算相关系数

#用【CORREL】函数或【PEARSON】函数计算相关系数

第 1 步：将光标放在任意空白单元格。然后点击【公式】，点击插入函数【fx】。

第 2 步：在【选择类别】中选择【统计】，并在【选择函数】中点击【CORREL】（或【PEARSON】，两个函数的语法相同），单击【确定】。

第 3 步：在【Array1】中选择一个变量的数据所在的区域，在【Array2】中选择另一个变量的数据所在的区域。点击【确定】，即可得到相关系数。

#用【数据分析】工具计算相关系数

第 1 步：将光标放在任意空白单元格。然后点击【数据】→【数据分析】。在弹出的对话框中选择【相关系数】。点击【确定】。

第 2 步：在【输入区域】中选择计算相关系数的数据区域，并在【输出区域】中选择结果放置的位置，界面如下图所示。

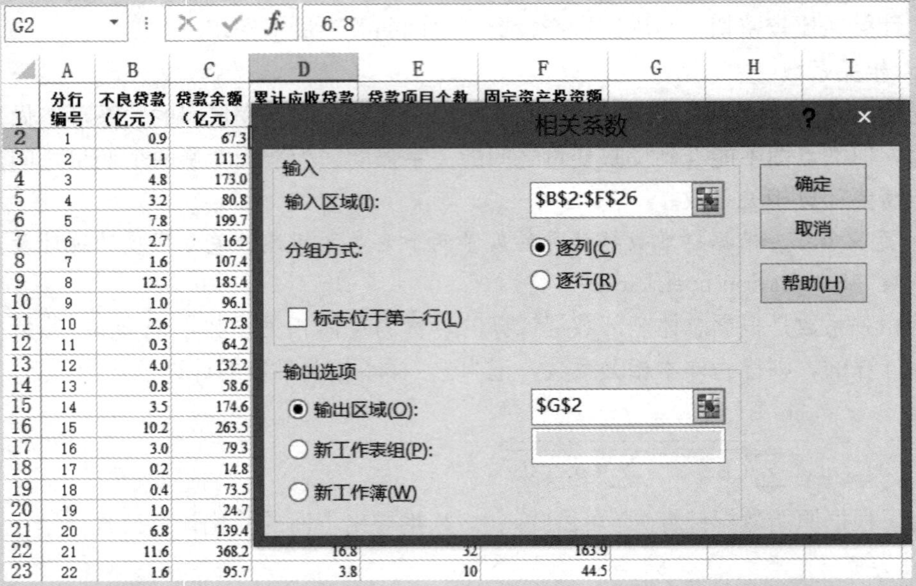

点击【确定】，即可得到相关系数。

用【数据分析】工具计算的相关矩阵如表 6－2 所示。

表 6－2　不良贷款、贷款余额、累计应收贷款、贷款项目个数、固定资产投资额之间的相关矩阵

	不良贷款	贷款余额	累计应收贷款	贷款项目个数	固定资产投资额
不良贷款	1				
贷款余额	0.843 6	1			
累计应收贷款	0.731 5	0.678 8	1		
贷款项目个数	0.700 3	0.848 4	0.585 8	1	
固定资产投资额	0.518 5	0.779 7	0.472 4	0.746 6	1

从相关矩阵可以看出，在不良贷款与其他几个变量的关系中，与贷款余额的相关系数最大，而与固定资产投资额的相关系数最小。

为解释相关系数各数值的含义，首先需要对相关系数 r 的性质有所了解。相关系数的性质可总结如下：

（1）r 的取值范围在 -1～1，即 $-1\leqslant r\leqslant 1$。若 $0<r\leqslant 1$，表明 x 与 y 之间存在正线性相关关系；若 $-1\leqslant r<0$，表明 x 与 y 之间存在负线性相关关系；若 $r=1$，表明 x 与 y 之间为完全正线性相关关系；若 $r=-1$，表明 x 与 y 之间为完全负线性相关关系。可见当 $|r|=1$ 时，y 的取值完全依赖于 x，二者之间即为函数关系；当 $r=0$ 时，说明 y 的取值与 x 无关，即二者之间不存在线性相关关系。

（2）r 具有对称性。x 与 y 之间的相关系数 r_{xy} 和 y 与 x 之间的相关系数 r_{yx} 相等，即 $r_{xy}=r_{yx}$。

（3）r 值大小与 x 和 y 的原点及尺度无关。改变 x 和 y 的数据原点及计量尺度，并不改变 r 值大小。

（4）r 仅仅是 x 与 y 之间线性关系的一个度量，它不能用于描述非线性关系。这意味着，$r=0$ 只表示两个变量之间不存在线性相关关系，并不说明变量之间没有任何关系，例如它们之间可能存在非线性相关关系。变量之间的非线性相关程度较大时，就可能会导致 $r=0$。因此，当 $r=0$ 或很小时，不能轻易得出两个变量之间不存在相关关系的结论，而应结合散点图做出合理的解释。

（5）r 虽然是两个变量之间线性关系的一个度量，却不一定意味着 x 与 y 一定有因果关系。

了解相关系数的性质有助于对其实际意义的解释。但根据实际数据计算出的 r，其取值一般在 $-1\sim1$ 之间。在说明两个变量之间的线性关系的密切程度时，根据经验可将相关程度分为以下几种情况：当 $|r|\geqslant0.8$ 时，可视为高度相关；当 $0.5\leqslant|r|<0.8$ 时，可视为中度相关；当 $0.3\leqslant|r|<0.5$ 时，视为低度相关；当 $|r|<0.3$ 时，说明两个变量之间的相关程度极弱，可视为不相关。但这种解释必须建立在对相关系数的显著性进行检验的基础之上。

6.1.3　相关关系的显著性检验

一般情况下，总体相关系数 ρ 是未知的，通常是将样本相关系数 r 作为 ρ 的近似估计值。但由于 r 是根据样本数据计算出来的，它受到抽样波动的影响。由于抽取的样本不同，r 的取值也就不同，因此 r 是一个随机变量。能否根据样本相关系数说明总体的相关程度呢？这就需要考察样本相关系数的可靠性，也就是进行显著性检验。r 的显著性检验通常采用 R. A. Fisher 提出的 t 分布检验，该检验可以用于小样本，也可以用于大样本。检验的具体步骤如下：

第 1 步：提出假设。

$H_0:\rho=0$

$H_1:\rho\neq0$

第 2 步：计算检验统计量。

$$t=|r|\sqrt{\frac{n-2}{1-r^2}}\sim t(n-2) \tag{6.3}$$

第 3 步：进行决策。根据给定的显著性水平 α 和自由度 $df=n-2$ 查 t 分布表，查出 $t_{\alpha/2}(n-2)$ 的临界值。若 $|t|>t_{\alpha/2}$，则拒绝原假设 H_0，表明总体的两个变量之间存在显著的线性关系。

【例 6-8】 根据表 6-2 计算的相关系数，检验不良贷款与贷款余额之间的相关系数是否显著。（$\alpha=0.05$）

解： 第 1 步：提出假设。

$H_0:\rho=0$

$H_1:\rho\neq0$

第2步：计算检验的统计量。

$$t=|r|\sqrt{\frac{n-2}{1-r^2}}=|0.8436|\sqrt{\frac{25-2}{1-0.8436^2}}=7.5344$$

第3步：进行决策。根据Excel的【T.DIST.2T】得，$P=$T.DIST.2T(7.5344，23)$=$1.18118E-07$<$0.05，拒绝H_0，表明不良贷款与贷款余额之间存在显著的正线性相关关系。

为了对其他相关系数进行检验，表6-3给出了各相关系数的检验统计量，请读者进行检验并分析。

表6-3　各相关系数的检验统计量

	不良贷款	贷款余额	累计应收贷款	贷款项目个数
贷款余额	7.5335			
累计应收贷款	5.1452	4.4329		
贷款项目个数	4.7046	7.6868	3.4667	
固定资产投资额	2.9082	5.9719	2.5707	5.3828

6.2　一元线性回归分析

回归分析（regression analysis）是重点考察一个特定的变量（因变量），而把其他变量（自变量）看作影响这一变量的因素，并通过适当的数学模型将变量间的关系表达出来，进而通过一个或几个自变量的取值来预测因变量的取值。在回归分析中，只涉及一个自变量时称为一元回归，涉及多个自变量时则称为多元回归。如果因变量与自变量之间是线性关系，则称为线性回归（linear regression）；如果因变量与自变量之间是非线性关系则称为非线性回归（nonlinear regression）。回归建模的大致思路如下：

第1步：确定变量间的关系。

第2步：确定因变量和自变量，并建立变量间的关系模型。

第3步：对模型进行评估和检验。

第4步：利用回归方程进行预测。

第5步：对回归模型进行诊断。

6.2.1　一元线性回归模型

1. 回归模型

进行回归分析时，首先需要确定出因变量和自变量。

▶ **定义6.3**　在回归分析中，被预测或被解释的变量，称为因变量（dependent variable），用y表示。

▶ **定义6.4**　在回归分析中，用来预测或用来解释因变量的一个或多个变量，称为自变量（independent variable），用x表示。

例如，在分析贷款余额对不良贷款的影响时，目的是要预测一定的贷款余额条件下的不良贷款是多少。因此不良贷款是被预测的变量，称为因变量，而用来预测不良贷款的贷款余额就是自变量。

当回归中只涉及一个自变量时称为一元回归，因变量 y 与自变量 x 之间为线性关系时称为一元线性回归。在回归分析中，假定自变量 x 是可控制的，而因变量 y 是随机的。

对于具有线性关系的两个变量，可以用一个线性方程来表示它们之间的关系。

▶ **定义 6.5** 描述因变量 y 如何依赖于自变量 x 和误差项 ε 的方程，称为回归模型（regression model）。

对于只涉及一个自变量的一元线性回归模型可表示为：

$$y=\beta_0+\beta_1 x+\varepsilon \tag{6.4}$$

在一元线性回归模型中，y 是 x 的线性函数（$\beta_0+\beta_1 x$）加上误差项 ε。$\beta_0+\beta_1 x$ 反映了由于 x 的变化而引起的 y 的线性变化；ε 是被称为误差项的随机变量，它反映了除 x 和 y 之间的线性关系之外的随机因素对 y 的影响，是不能由 x 和 y 之间的线性关系所解释的变异性。式中的 β_0 和 β_1 称为模型的参数。

式（6.4）称为理论回归模型，对这一模型，我们有以下几个主要假定。

（1）因变量 y 与自变量 x 之间具有线性关系。

（2）在重复抽样中，自变量 x 的取值是固定的，即假定 x 是非随机的。

在上述两个假定下，对于任何一个给定的 x 值，y 的取值都对应着一个分布，因此，$E(y)=\beta_0+\beta_1 x$ 代表一条直线。但由于单个数据点是从 y 的分布中抽出来的，可能不在这条直线上，因此，必须包含一个误差项 ε 来描述模型的数据点。

（3）误差项 ε 是一个期望值为 0 的随机变量，即 $E(\varepsilon)=0$。这意味着在式（6.4）中，由于 β_0 和 β_1 都是常数，所以有 $E(\beta_0)=\beta_0$，$E(\beta_1)=\beta_1$。因此，对于一个给定的 x 值，y 的期望值为 $E(y)=\beta_0+\beta_1 x$。这一假定实际上等于假定模型的形式为一条直线。

（4）对于所有的 x 值，ε 的方差 σ^2 都相同。这意味着对于一个特定的 x 值，y 的方差也等于 σ^2。

（5）误差项 ε 是一个服从正态分布的随机变量，且独立，即 $\varepsilon\sim N(0,\sigma^2)$。独立性意味着对于一个特定的 x 值，它所对应的 ε 与其他 x 值所对应的 ε 不相关。因此，对于一个特定的 x 值，它所对应的 y 值与其他 x 值所对应的 y 值也不相关。

2. 回归方程

根据回归模型中的假定，ε 的期望值等于 0，因此 y 的期望值 $E(y)=\beta_0+\beta_1 x$，也就是说，y 的期望值是 x 的线性函数。

▶ **定义 6.6** 描述因变量 y 的期望值如何依赖于自变量 x 的方程，称为回归方程（regression equation）。

一元线性回归方程的形式为：

$$E(y)=\beta_0+\beta_1 x \tag{6.5}$$

一元线性回归方程的图示是一条直线，因此也称为直线回归方程。其中 β_0 是回归直线在 y 轴上的截距，是当 $x=0$ 时 y 的期望值；β_1 是直线的斜率，它表示当 x 每变动一个单位时，y 的平均变动值。

3. 估计的回归方程

如果回归方程中的参数 β_0 和 β_1 已知，对于一个给定的 x 的值，利用式（6.5）就能计算出 y 的期望值。但总体回归参数 β_0 和 β_1 是未知的，必须利用样本数据去估计它们。用样本统计量 $\hat{\beta}_0$ 和 $\hat{\beta}_1$ 代替回归方程中的未知参数 β_0 和 β_1，这时就得到了估计的回归方程。

▶ **定义 6.7** 根据样本数据求出的回归方程的估计，称为估计的回归方程（estimated regression equation）。

对于一元线性回归，估计的回归方程形式为：

$$\hat{y}=\hat{\beta}_0+\hat{\beta}_1 x \tag{6.6}$$

式中，$\hat{\beta}_0$ 是估计的回归直线在 y 轴上的截距；$\hat{\beta}_1$ 是直线的斜率，它表示对于一个给定的 x 值，$\hat{y}$ 是 y 的估计值，$\hat{\beta}_1$ 也表示 x 每变动一个单位时，y 的平均变动值。

6.2.2 参数的最小二乘估计

对于第 i 个 x 值，估计的回归方程可表示为：

$$\hat{y}_i=\hat{\beta}_0+\hat{\beta}_1 x_i \tag{6.7}$$

对于 x 和 y 的 n 对观察值（也称观测值），用于描述其关系的直线有多条，究竟用哪条直线来代表两个变量之间的关系，需要有一个明确的原则。此时自然会想到距离各观测点最近的一条直线，用它来代表 x 与 y 之间的关系与实际数据的误差比其他任何直线都小。德国科学家 Karl Gauss（1777—1855）提出用最小化图（见图 6-3）中垂直方向的离差平方和来估计参数 $\hat{\beta}_0$ 和 $\hat{\beta}_1$，根据这一方法确定模型参数 $\hat{\beta}_0$ 和 $\hat{\beta}_1$ 的方法称为最小二乘法。

▶ **定义 6.8** 使因变量的观察值 y_i 与估计值 $\hat{y}_i$ 之间的离差平均和达到最小来求得 $\hat{\beta}_0$ 和 $\hat{\beta}_1$ 的方法，称为最小二乘法，也称为最小平方法（method of least squares）。

最小二乘法的思想可用图 6-3 表示。

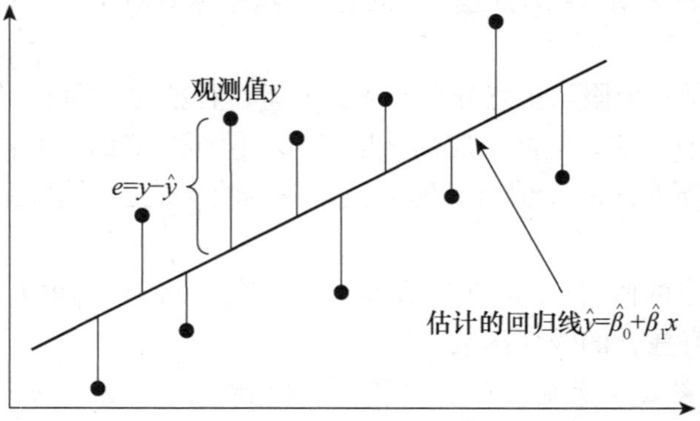

图 6-3 最小二乘法的示意图

根据最小二乘法，有

$$\sum(y_i-\hat{y}_i)^2=\sum(y_i-\hat{\beta}_0-\hat{\beta}_1 x_i)^2=\min \tag{6.8}$$

令 $Q=\sum(y_i-\hat{y}_i)^2$，在给定了样本数据后，Q 是 $\hat{\beta}_0$ 和 $\hat{\beta}_1$ 的函数，且最小值总

是存在。根据微积分的极值定理，对 Q 求相应于 $\hat{\beta}_0$ 和 $\hat{\beta}_1$ 的偏导数，并令其等于 0，便可求出 $\hat{\beta}_0$ 和 $\hat{\beta}_1$，即

$$\begin{cases} \dfrac{\partial Q}{\partial \beta_0}\Big|_{\beta_0=\hat{\beta}_0} = -2\sum_{i=1}^{n}(y_i-\hat{\beta}_0-\hat{\beta}_1 x_i)=0 \\ \dfrac{\partial Q}{\partial \beta_1}\Big|_{\beta_1=\hat{\beta}_1} = -2\sum_{i=1}^{n}x_i(y_i-\hat{\beta}_0-\hat{\beta}_1 x_i)=0 \end{cases} \tag{6.9}$$

经化简得到求解 $\hat{\beta}_0$ 和 $\hat{\beta}_1$ 的标准方程组：

$$\begin{cases} \sum_{i=1}^{n} y_i = n\hat{\beta}_0 + \hat{\beta}_1\sum_{i=1}^{n} x_i \\ \sum_{i=1}^{n} x_i y_i = \hat{\beta}_0\sum_{i=1}^{n} x_i + \hat{\beta}_1\sum_{i=1}^{n} x_i^2 \end{cases} \tag{6.10}$$

解上述方程组，得

$$\begin{cases} \hat{\beta}_1 = \dfrac{n\sum_{i=1}^{n} x_i y_i - \sum_{i=1}^{n} x_i \sum_{i=1}^{n} y_i}{n\sum_{i=1}^{n} x_i^2 - \left(\sum_{i=1}^{n} x_i\right)^2} \\ \hat{\beta}_0 = \bar{y} - \hat{\beta}_1\bar{x} \end{cases} \tag{6.11}$$

【例 6-9】 根据例 6-6 的数据，求不良贷款对贷款余额的估计方程。

解： 根据式 (6.11)，得

$$\begin{cases} \hat{\beta}_1 = \dfrac{25\times 17\,080.14 - 3\,006.7\times 93.2}{25\times 516\,543.37-(3\,006.7)^2} = 0.037\,895 \\ \hat{\beta}_0 = 3.728 - 0.037\,895\times 120.268 = -0.829\,5 \end{cases}$$

即不良贷款对贷款余额的估计方程为 $\hat{y}=-0.829\,5+0.037\,895x$。回归系数 $\hat{\beta}_1=0.037\,895$ 表示，贷款余额每增加 1 亿元，不良贷款平均增加 0.037 895 亿元。在回归分析中，我们对截距 $\hat{\beta}_0$ 常常不能赋予任何真实意义，例如，在不良贷款与贷款余额的回归中，$\hat{\beta}_0=-0.829\,5$，如果要解释的话，它是指当贷款余额为 0 时，不良贷款的平均值为 −0.829 5 亿元，但是，当贷款余额为 0（没有贷款）时，自然也就不会有不良贷款，而在这里，它的值为一个负数，这就很难解释得通。因此，在回归分析中，对截距 $\hat{\beta}_0$ 通常不做实际意义上的解释。

将 x_i 的各个取值代入上述估计方程，可以得到不良贷款的各个估计值 $\hat{y}_i$。由图 6-4 可以看出散点图与回归直线的关系。

回归分析中的计算量较大，特别是多元回归，用手工计算几乎是不可能的。因此，在实际分析中，回归的计算完全依赖于计算机。除专门的统计软件外，为大多数人所熟悉的 Excel 也有部分统计功能，这些功能基本上能满足一些简单的统计分析。下面结合例 6-6，说明用 Excel 进行回归的具体步骤，如文本框 6-2 所示。

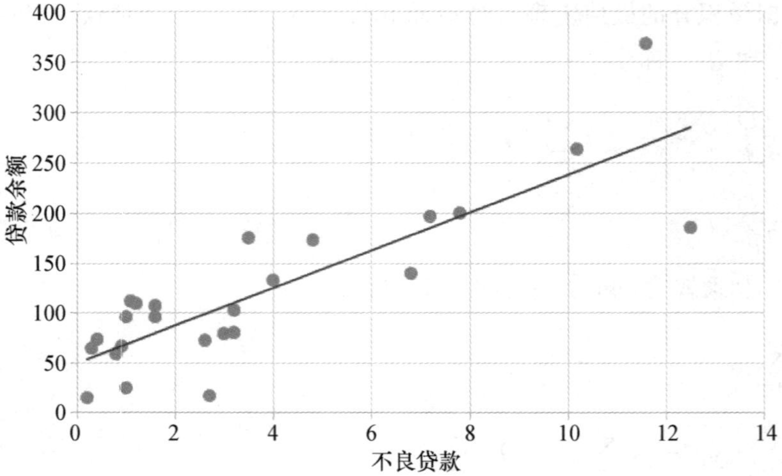

图 6-4　不良贷款对贷款余额的回归直线

文本框 6-2　用 Excel 进行回归

第 1 步：将光标放在任意空白单元格。然后点击【数据】→【数据分析】，并在【分析工具】中选择【回归】。点击【确定】。

第 2 步：在【Y 值输入区域】中输入因变量 y 的数据所在的区域，在【X 值输入区域】中输入自变量 x 的数据所在的区域。在【输出区域】中选择结果的放置位置。在【残差】选项中根据需要选择所要的结果，比如，残差、残差图等。界面如下图所示。

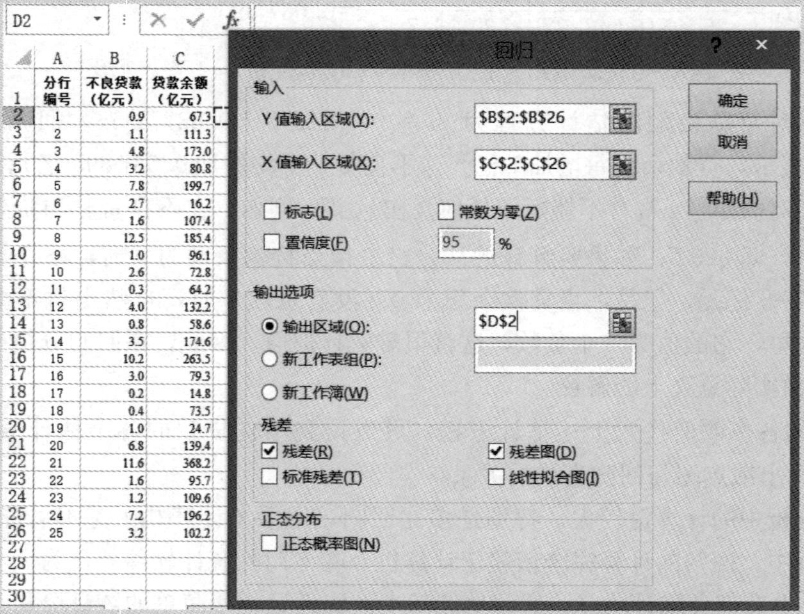

点击【确定】，即可得到回归结果。

按文本框 6-2 的步骤得到的回归结果如表 6-4 所示。

表 6-4 Excel 输出的回归分析结果

SUMMARY OUTPUT

回归统计	
Multiple R	0.843 571 4
R Square	0.711 612 6
Adjusted R Square	0.699 074 1
标准误差	1.979 947 5
观测值	25

方差分析

	df	SS	MS	F	Significance F
回归分析	1	222.485 98	222.485 98	56.753 844	1.183 49E-07
残差	23	90.164 421	3.920 192 2		
总计	24	312.650 4			

	Coefficient	标准误差	t Stat	P-value	下限 95.0%	上限 95.0%
Intercept	−0.829 521	0.723 043 3	−1.147 263	0.263 067 6	−2.325 249 632	0.666 208 4
X Variable 1	0.037 894 7	0.005 030 1	7.533 514 7	1.183E-07	0.027 489 049	0.048 300 4

Excel 输出的回归结果包括以下几个部分。

第一部分是“回归统计”，这部分给出了回归分析中的一些常用统计量，包括相关系数（Multiple R）、判定系数 R^2（R Square）、修正后的 R^2（Adjusted R Square）、标准误差、观测值的个数等。

第二部分是“方差分析”，这部分给出的是回归分析的方差分析表，包括自由度(df)，回归平方和、残差平方和、总平方和（SS）、回归和残差的均方（MS）、检验统计量（F）、F 检验的显著性水平（Significance F）。方差分析部分的主要作用是对回归方程的线性关系进行显著性检验。后面将做详细介绍。

第三部分是参数估计的有关内容。包括回归方程的截距（Intercept）、斜率（X Variable 1）、截距和斜率的标准误差、用于检验的回归系数的 t 统计量（t Stat）、P 值(P-value)，以及截距和斜率的置信区间（下限 95.0%和上限 95.0%）等。

此外，还有“残差分析”部分，这里暂时未给出其输出结果。对于本章内容所涉及的一些结果，将在后面陆续介绍。

6.2.3 回归直线的拟合优度

回归直线 $\hat{y}_i=\hat{\beta}_0+\hat{\beta}_1 x_i$ 在一定程度上描述了变量 x 与 y 之间的数量关系，根据这一方程，可根据自变量 x 的取值来估计或预测因变量 y 的取值。但估计或预测的精度如何将取决于回归直线对观测数据的拟合程度。可以想象，如果各观测数据的散点都落在这一直线上，那么这条直线就是对数据的完全拟合，直线充分代表了各个点，此时用 x 来估计 y 是没有误差的。各观测点越是紧密围绕直线，说明直线对观测数据的拟合程度越好，反之则越差。回归直线与各观测点的接近程度称为回归直线对数据的拟合优度(goodness of fit)。为说明直线的拟合优度，需要计算判定系数。

1. 判定系数

判定系数是对估计的回归方程拟合优度的度量。为说明它的含义，需要对因变量 y 取值的变差进行研究。

因变量 y 的取值是不同的，y 取值的这种波动称为变差。变差的产生受两个方面影响：一是由自变量 x 的取值不同造成的；二是除 x 以外的其他因素（如 x 对 y 的非线性影响、测量误差等）的影响。对一个具体的观测值来说，变差的大小可以用实际观测值 y 与其均值 $\bar{y}$ 之差（$y-\bar{y}$）来表示。而 n 次观测值的总变差可由这些离差的平方和来表示，称为总平方和（total sum of squares），记为 SST，即

$$SST = \sum (y_i - \bar{y})^2 \tag{6.12}$$

从图 6－5 可以看出，每个观测点的离差都可以分解为：

$$y-\bar{y}=(y-\hat{y})+(\hat{y}-\bar{y}) \tag{6.13}$$

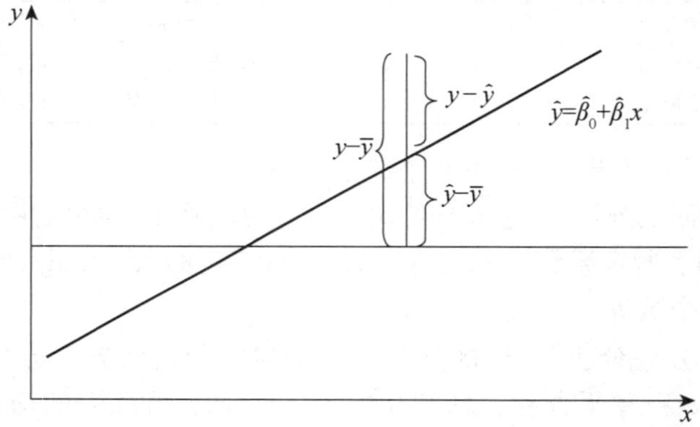

图 6－5　变差分解图

将式（6.13）两边平方，并对所有 n 个点求和，有

$$\sum(y_i-\bar{y})^2=\sum(y_i-\hat{y}_i)^2+\sum(\hat{y}_i-\bar{y})^2+2\sum(y_i-\hat{y}_i)(\hat{y}_i-\bar{y}) \tag{6.14}$$

可以证明，$\sum(y_i-\hat{y}_i)(\hat{y}_i-\bar{y})=0$，因此有

$$\sum(y_i-\bar{y})^2=\sum(y_i-\hat{y}_i)^2+\sum(\hat{y}_i-\bar{y})^2 \tag{6.15}$$

式（6.15）的左边称为总平方和 SST，它可分解为两部分。其中，$\sum(\hat{y}_i-\bar{y})^2$ 是回归值 $\hat{y}_i$ 与均值 $\bar{y}$ 的离差平方和，根据估计的回归方程，估计值 $\hat{y}_i=\hat{\beta}_0+\hat{\beta}_1x_i$，因此可以把（$\hat{y}_i-\bar{y}$）看作由于自变量 x 的变化引起的 y 的变化，而其平方和 $\sum(\hat{y}_i-\bar{y})^2$ 则反映了 y 的总变差中由于 x 与 y 之间的线性关系引起的 y 的变化部分，它是可以由回归直线来解释的 y_i 变差部分，称为回归平方和（sum of squares of regression），记为

SSR。另一部分 $\sum(y_i-\hat{y}_i)^2$ 是各实际观测点与回归值的残差（$y_i-\hat{y}_i$）平方和，它是除了 x 对 y 的线性影响之外的其他因素对 y 变差的作用，是不能由回归直线来解释的 y_i 变差部分，称为残差平方和或误差平方和（sum of squares of error），记为 SSE。三个平方和的关系为：

$$\text{总平方和}(SST)=\text{回归平方和}(SSR)+\text{残差平方和}(SSE) \tag{6.16}$$

从图 6-5 可以直观地看出，回归直线拟合的好坏取决于 SSR 及 SSE 的大小，或者说取决于回归平方和 SSR 占总平方和 SST 的比例 SSR/SST 的大小。各观测点越是靠近直线，SSR/SST 则越大，直线拟合得越好。

▶ **定义 6.9** 回归平方和占总平方和的比例，称为判定系数（coefficient of determination），记为 R^2。

R^2 的计算公式为：

$$R^2=\frac{SSR}{SST}=\frac{\sum(\hat{y}_i-\bar{y})^2}{\sum(y_i-\bar{y})^2}=1-\frac{\sum(y_i-\hat{y}_i)^2}{\sum(y_i-\bar{y})^2} \tag{6.17}$$

判定系数 R^2 测度了回归直线对观测数据的拟合程度。若所有观测点都落在直线上，残差平方和 $SSE=0$，$R^2=1$，拟合是完全的；如果 y 的变化与 x 无关，x 完全无助于解释 y 的变差，此时 $\hat{y}=\bar{y}$，$R^2=0$。可见 R^2 的取值范围是 $[0, 1]$。R^2 越接近 1，表明回归平方和占总平方和的比例越大，回归直线与各观测点越接近，用 x 的变化来解释 y 值变差的部分就越多，回归直线的拟合程度就越好；反之，R^2 越接近 0，回归直线的拟合程度就越差。

在一元线性回归中，相关系数 r 实际上是判定系数的平方根。利用这一结论不仅可以由相关系数直接计算判定系数 R^2，也可以进一步理解相关系数的意义。相关系数 r 与回归系数 $\hat{\beta}_1$ 的正负号是相同的，实际上，相关系数 r 也从另一个角度说明了回归直线的拟合优度。$|r|$ 越接近 1，表明回归直线对观测数据的拟合程度就越高。但用 r 说明回归直线的拟合优度要慎重，因为 r 的值总是大于 R^2 的值（除非 $r=0$ 或 $|r|=1$）。比如，当 $r=0.5$ 时，表面上看似乎有一半的相关，但 $R^2=0.25$，实际上这只能解释总变差的 25%。$r=0.7$ 才能解释近一半的变差，$r<0.3$ 意味着只有很少一部分变差可由回归直线来解释。

【例 6-10】 根据例 6-6 的数据，计算不良贷款对贷款余额回归的判定系数，并解释其意义。

解： 利用表 6-4 Excel 输出的回归分析结果可知，总平方和 $SST=312.6504$；回归平方和 $SSR=222.4860$；残差平方和 $SSE=90.1644$。根据式（6.17），得

$$R^2=\frac{SSR}{SST}=\frac{222.4860}{312.6504}=0.7116=71.16\%$$

也可以根据相关系数求得 $R^2=(r)^2=(0.84357)^2=0.7116=71.16\%$。

实际上，表 6-4 中直接给出了判定系数（R Square）$=0.7116$。

判定系数的实际意义是：在不良贷款取值的变差中，有 71.16%可以由不良贷款与

贷款余额之间的线性关系来解释，或者说，在不良贷款取值的变动中，有71.16%是由贷款余额所决定的。也就是说，不良贷款取值的差异有2/3以上是由贷款余额决定的。可见不良贷款与贷款余额之间有较强的线性关系。

2. 估计标准误差

上面讲到的判定系数可以用于度量回归直线的拟合程度，相关系数也可以起到类似的作用。而残差平方和则可以说明实际观测值 y_i 与回归估计值 $\hat{y}_i$ 之间的差异程度。对于一个变量的诸多观测值，我们可以用标准差来测度各观测值在其平均数周围的分散程度。与之类似的一个量可以用来测度各实际观测点在直线周围的散布状况，这个量就是估计标准误差，也称为估计量的标准差或标准误差。

▶ **定义 6.10** *均方残差（MSE）的平方根，称为估计量的标准差（standard error of estimate），简称为标准误差，用 s_e 来表示。*

估计标准误差是残差的标准差，它度量各观测点在直线周围的分散程度，它是对误差项 ε 的标准差 σ 的估计。其计算公式为：

$$s_e=\sqrt{\frac{\sum(y_i-\hat{y}_i)^2}{n-2}}=\sqrt{\frac{SSE}{n-2}}=\sqrt{MSE} \tag{6.18}$$

从式（6.18）容易看出，估计标准误差是残差平方和 SSE 除以它的自由度 $n-2$ 后的平方根。

估计标准误差 s_e 可以看作在排除了 x 对 y 的线性影响后，y 随机波动大小的一个估计量。从估计标准误差的实际意义看，它反映了用估计的回归方程预测因变量 y 时预测误差的大小。各观测点越靠近直线，s_e 越小，回归直线对各观测点的代表性就越好，根据估计的回归方程进行预测也就越准确；若各观测点全部落在直线上，则 $s_e=0$。此时用自变量来预测因变量是没有误差的。可见 s_e 也从另一个角度说明了回归直线的拟合优度。

【例 6-11】 根据例6-9的有关结果，计算不良贷款对贷款余额回归的估计标准误差，并解释其意义。

解： 利用表6-4 Excel输出的回归分析结果可知，$SSE=90.1644$。根据式（6.18），得

$$s_e=\sqrt{\frac{SSE}{n-2}}=\sqrt{\frac{90.1644}{25-2}}=1.9799\text{(亿元)}$$

实际上，表6-4中直接给出了该值，即标准误差=1.9799。

这就是说，根据贷款余额来估计不良贷款时，平均的估计误差为1.9799亿元。

6.2.4 显著性检验

回归分析的主要目的是根据所建立的估计方程用自变量 x 来估计或预测因变量 y 的取值。建立了估计方程后，还不能马上进行估计或预测，因为该估计方程是根据样本数据得出的，它是否真实地反映了变量 x 和 y 之间的关系，需要通过检验后才能证实。

如前所述，在根据样本数据拟合回归方程时，实际上已经假定变量 x 与 y 之间存在线性关系，即 $y=\beta_0+\beta_1x+\varepsilon$，并假定误差项 ε 是一个服从正态分布的随机变量，且对

不同的 x 具有相同的方差。但这些假设是否成立，需要通过检验后才能证实。

回归分析中的显著性检验主要包括两个方面的内容：一是线性关系的检验；二是回归系数的检验。

1. 线性关系的检验

线性关系的检验是检验自变量 x 和因变量 y 之间的线性关系是否显著，或者说，它们之间能否用一个线性模型 $y=\beta_0+\beta_1x+\varepsilon$ 来表示。为检验两个变量之间的线性关系是否显著，需要构造用于检验的一个统计量。该统计量的构造是以回归平方和（SSR）以及残差平方和（SSE）为基础的。将 SSR 除以其相应的自由度（自变量的个数 k，一元线性回归中自由度为 1）后的结果称为均方回归，记为 MSR；将 SSE 除以其相应的自由度（$n-k-1$，一元线性回归中自由度为 $n-2$）后的结果称为均方残差，记为 MSE。如果原假设成立（$H_0:\beta_1=0$，两个变量之间的线性关系不显著），则比值 MSR/MSE 的抽样分布服从分子自由度为 1、分母自由度为 $n-2$ 的 F 分布，即

$$F=\frac{SSR/1}{SSE/(n-2)}=\frac{MSR}{MSE}\sim F(1,n-2) \tag{6.19}$$

当原假设 $H_0:\beta_1=0$ 成立时，MSR/MSE 的值应接近 1，但如果原假设 $H_0:\beta_1=0$ 不成立，MSR/MSE 的值将变得无穷大。因此，较大的 MSR/MSE 值将导致拒绝原假设 H_0，此时就可以断定变量 x 与 y 之间存在显著的线性关系。线性关系检验的具体步骤如下。

第 1 步：提出假设。

$H_0:\beta_1=0$，两个变量之间的线性关系不显著

$H_1:\beta_1\neq0$，两个变量之间的线性关系显著

第 2 步：计算检验统计量 F。

$$F=\frac{SSR/1}{SSE/(n-2)}=\frac{MSR}{MSE}$$

第 3 步：做出决策。根据给定的显著性水平 α 和 F 统计量的 P 值，若 $P<\alpha$，拒绝 H_0，表明两个变量之间的线性关系是显著的；若 $P>\alpha$，不拒绝 H_0，没有证据表明两个变量之间的线性关系显著。

【例 6-12】 根据例 6-9 的有关结果，检验不良贷款与贷款余额之间线性关系的显著性。($\alpha=0.05$)

解：第 1 步：提出假设。

H_0：$\beta_1=0$，两个变量之间的线性关系不显著

H_1：$\beta_1\neq0$，两个变量之间的线性关系显著

第 2 步：计算检验统计量 F。

$$F=\frac{SSR/1}{SSE/(n-2)}=\frac{222.485\,98/1}{90.164\,421/(25-2)}=\frac{222.485\,98}{3.920\,192}=56.753\,844$$

第 3 步：做出决策。由 Excel 函数【F.DIST.RT】得 $P=$F.DIST.RT(56.753 844,1,23)=1.183 49E-07<0.05，拒绝 H_0，表明不良贷款与贷款余额之间的线性关系是显著的。

实际上，在 Excel 输出的回归结果中，方差分析表部分给出了线性关系显著性检验的全部结果。现将该方差分析表列示在表 6-5 中，并说明它的具体应用。

表 6-5 Excel 输出的方差分析表

方差分析					
	df	SS	MS	F	Significance F
回归分析	1	222.485 98	222.485 98	56.753 844	1.183 49E-07
残差	23	90.164 421	3.920 192 2		
总计	24	312.650 4			

在 Excel 输出的方差分析表部分除给出了检验统计的 F 值外，还给出了用于检验的显著性 F，即 Significance F，它相当于用于检验的 P 值。除了可以用统计量进行决策外，利用 Significance F 可以得出相同的结论，而且十分简单。具体方法是：将 Significance F 的值与给定的显著性水平 α 的值进行比较，如果 Significance F 的值小于 α 的值，拒绝原假设 H_0，表明因变量 y 与自变量 x 之间有显著的线性关系；如果 Significance F 的值大于 α 的值，不拒绝原假设 H_0，没有证据表明因变量 y 与自变量 x 之间没有显著的线性关系。

在表 6-5 的输出结果中，Significance F=1.183 49E-07<α=0.05，这说明不良贷款与贷款余额之间存在显著的线性关系。

2. 回归系数的检验

回归系数的检验是要检验自变量对因变量的影响是否显著的问题。在一元线性回归模型 $y=\beta_0+\beta_1 x+\varepsilon$ 中，如果回归系数 $\beta_1=0$，回归线是一条水平线，表明因变量 y 的取值不依赖于自变量 x，即两个变量之间没有线性关系。如果回归系数 $\beta_1 \neq 0$，也不能肯定就得出两个变量之间存在线性关系的结论，这要看这种关系是否具有统计意义上的显著性。回归系数的显著性检验就是检验回归系数 β_1 是否等于 0。

回归系数显著性检验的具体步骤如下：

第 1 步：提出检验。

$$H_0: \beta_1=0$$

$$H_1: \beta_1 \neq 0$$

第 2 步：计算检验统计量 t。

$$t=\frac{\hat{\beta}_1}{s_{\hat{\beta}_1}} \tag{6.20}$$

第 3 步：做出决策。根据给定的显著性水平 α 和 t 统计量的 P 值，若 $P<\alpha$，拒绝 H_0，表明自变量 x 对因变量 y 的影响是显著的；若 $P>\alpha$，不拒绝 H_0，没有证据表明 x 对 y 的影响显著。

【例 6-13】 根据例 6-9 的有关结果，检验回归系数的显著性。(α=0.05)

第 1 步：提出假设。

$$H_0: \beta_1=0$$

$$H_1: \beta_1 \neq 0$$

第 2 步：计算检验统计量 t。

$$t=\frac{\hat{\beta}_1}{s_{\hat{\beta}_1}}=\frac{0.037\,894\,7}{0.005\,030\,1}=7.533\,514\,7$$

第 3 步：做出决策。由 Excel 函数【T. DIST. 2T】得：P=F. DIST. RT(7.533 514 7, 23)=1.183E-07<0.05，拒绝 H_0，表明贷款余额是影响不良贷款的一个显著性因素。

在实际应用中，可以直接利用 Excel 输出的参数估计表部分进行检验。该部分除了给出检验统计量外，还给出了用于检验的 P 值（P-Value）。检验时可直接将 P 值与给定的显著性水平 α 进行比较。若 P 值小于 α，则拒绝 H_0；若 P 值大于 α，则不能拒绝 H_0。

表 6-5 给出的 Excel 输出的回归分析结果，有些已在上述内容中做了介绍，有些则没有。为使读者能够完全明了 Excel 输出的结果，在本节最后，给出上面未涉及的一些结果的计算公式，见表 6-6。对这些内容的解释可进一步参考有关的书籍。

表 6-6 Excel 输出的部分结果的计算公式

名称	计算公式	注释
Adjusted R Square（修正的 R^2）	$R^2=1-(1-R^2)\times\dfrac{n-1}{n-k-1}$	k 为自变量的个数
Intercept（截距）的抽样标准误差	$s_{\hat{\beta}_0}=s_e\sqrt{\dfrac{1}{n}+\dfrac{\bar{x}^2}{\sum_{i=1}^{n}(x_i-\bar{x})^2}}$	
Intercept 的置信区间（Lower 95%和 Upper 95%）	$\hat{\beta}_0\pm t_{\alpha/2}(n-2)s_e\sqrt{\dfrac{1}{n}+\dfrac{\bar{x}^2}{\sum_{i=1}^{n}(x_i-\bar{x})^2}}$	
斜率的置信区间（Lower 95%和 Upper 95%）	$\hat{\beta}_1\pm t_{\alpha/2}(n-2)\dfrac{s_e}{\sqrt{\sum_{i=1}^{n}(x_i-\bar{x})^2}}$	

6.2.5 利用回归方程进行估计和预测

回归分析的主要目的是根据所建立的估计的回归方程进行预测或控制。在回归模型经过各种检验并表明符合预定的要求后，就可以利用它来完成这一目的。所谓预测（predict）是指通过自变量 x 的取值来预测因变量 y 的取值，例如，根据前面建立的不良贷款与贷款余额的估计方程，给出一个贷款余额的数值，就可以得到不良贷款的一个预测值；而控制（control）则与预测恰好相反，它是根据一个想要的 y 值，求得所要求的 x 值，例如，假定要求不良贷款（y）的数额不超过 2 亿元，那么贷款余额（x）控制在什么水平上。这里主要介绍根据估计方程进行估计和预测的方法，其中包括点估计和区间估计。

1. 点估计

利用估计的回归方程，对于 x 的一个特定值 x_0，求出 y 的一个估计值就是点估计。点估计可分为两种：一是平均值的点估计；二是个别值的点估计。

▶ **定义 6.11** 利用估计的回归方程，对于 x 的一个特定值 x_0，求出 y 的平均值的一个估计值 $E(y_0)$，称为平均值的点估计。

例如，在例 6-9 中，得到的估计的回归方程为 $\hat{y}=-0.829\,5+0.037\,895x$，如果

要估计贷款余额为 100 亿元时所有分行不良贷款的平均值，就是平均值的点估计。根据估计的回归方程，得

$$E(y_0)=-0.8295+0.037895\times100=2.96(\text{亿元})$$

▶ **定义 6.12** 利用估计的回归方程，对于 x 的一个特定值 x_0，求出 y 的一个个别值的估计值 $\hat{y}_0$，称为个别值的点估计。

如果只想知道贷款余额为 72.8 亿元的那个分行（编号为 10 的分行）的不良贷款是多少，则属于个别值的点估计。根据估计的回归方程，得

$$\hat{y}=-0.8295+0.037895\times72.8=1.93(\text{亿元})$$

这就是说，贷款余额为 72.8 亿元的那个分行的不良贷款估计值为 1.93 亿元。

在点估计条件下，对于同一个 x_0，平均值的点估计和个别值的点估计的结果是一样的。但在区间估计中则有所不同。

2. 区间估计

利用估计的回归方程，对于 x 的一个特定值 x_0，求出 y 的一个估计值的区间就是区间估计。区间估计也有两种类型：一是置信区间估计，它是对 x 的一个给定值 x_0，求出 y 的平均值的估计区间，这一区间称为置信区间（confidence interval）；二是预测区间估计，它是对 x 的一个给定值 x_0，求出 y 的一个个别值的估计区间，这一区间称为预测区间（prediction interval）。

（1）y 的平均值的置信区间估计。

▶ **定义 6.13** 对 x 的一个给定值 x_0，求出 y 的平均值的区间估计，称为置信区间估计（confidence interval estimate）。

设 x_0 为自变量 x 的一个特定值或给定值；$E(y_0)$ 为给定 x_0 时因变量 y 的平均值或期望值。当 $x=x_0$ 时，$\hat{y}_0=\hat{\beta}_0+\hat{\beta}_1x_0$ 为 $E(y_0)$ 估计值。

一般来说，不能期望估计值 $\hat{y}_0$ 精确地等于 $E(y_0)$。因此要想用 $\hat{y}_0$ 推断 $E(y_0)$，对于给定的 x_0，$E(y_0)$ 在 $1-\alpha$ 置信水平下的置信区间可表示为：

$$\hat{y}_0\pm t_{\alpha/2}s_e\sqrt{\frac{1}{n}+\frac{(x_0-\bar{x})^2}{\sum_{i=1}^{n}(x_i-\bar{x})^2}} \tag{6.21}$$

【例 6-14】 根据例 6-9 所求得的估计方程，取 $x_0=100$，建立不良贷款 95%的置信区间。

解： 根据前面的计算结果，已知 $n=25$，$s_e=1.9799$，由 Excel 函数【T.INV.2T】得 $t_{0.05/2}=\text{T.INV.2T}(0.05, 23)=2.0687$。

当贷款余额为 100 亿元时，不良贷款的点估计值为：

$$E(y_0)=-0.8295+0.037895\times100=2.96(\text{亿元})$$

根据式（6.21）得 $E(y_0)$ 的置信区间为：

$$2.96\pm2.0687\times1.9799\times\sqrt{\frac{1}{25}+\frac{(100-120.268)^2}{154933.5744}}$$

$$=2.96\pm0.8459$$

即 2.114 1≤$E(y_0)$≤3.805 9。也就是说，当贷款余额为 100 亿元时，不良贷款的平均值在 2.114 1 亿～3.805 9 亿元之间。

当 $x_0=\bar{x}$ 时，$\hat{y}_0$ 的标准差的估计量最小，此时有 $s_{\hat{y}_0}=s_e\sqrt{1/n}$。这就是说，当 $x_0=\bar{x}$ 时，估计是最准确的。x_0 偏离 $\bar{x}$ 越远，y 的平均值的置信区间就变得越宽，估计的效果也就越不好。

（2）y 的个别值的预测区间估计。

▶ **定义 6.14** 对 x 的一个给定值 x_0，求出 y 的一个个别值的区间估计，称为预测区间估计（prediction interval estimate）。

假如不是估计贷款余额为 100 亿元时所有分行的平均不良贷款，而只希望估计贷款余额为 72.8 亿元的那个分行的不良贷款的区间是多少，这个区间则称为预测区间。对于给定的 x_0，y 的一个个别值 y_0 在 $1-\alpha$ 置信水平下的预测区间可表示为：

$$\hat{y}_0 \pm t_{\alpha/2}s_e\sqrt{1+\frac{1}{n}+\frac{(x_0-\bar{x})^2}{\sum_{i=1}^{n}(x_i-\bar{x})^2}} \tag{6.22}$$

与式（6.21）相比，式（6.22）的根号内多了一个 1。因此，即使是对同一个 x_0，这两个区间的宽度也是不一样的，预测区间要比置信区间宽一些。

【例 6-15】 根据例 6-9 所求得的估计方程，建立贷款余额为 72.8 亿元的那个分行不良贷款 95%的预测区间。

解： 根据前面的计算结果，已知 $n=25$，$s_e=1.979\,9$，由 Excel 函数【T.INV.2T】得 $t_{0.05/2}$=T.INV.2T(0.05，23)=2.068 7。

当贷款余额为 72.8 亿元时，不良贷款的点估计值为：

$$\hat{y}=-0.829\,5+0.037\,895\times 72.8=1.93(\text{亿元})$$

不良贷款 95%的预测区间为：

$$1.93\pm 2.068\,7\times 1.979\,9\times\sqrt{1+\frac{1}{25}+\frac{(72.8-120.268)^2}{154\,933.574\,4}}$$

$$=1.93\pm 4.206\,6$$

即 $-2.276\,6\leq\hat{y}_0\leq 6.136\,6$。也就是说，贷款余额为 72.8 亿元的那个分行，其不良贷款的预测区间在 −2.276 6 亿～6.136 6 亿元之间。

表 6-7 给出了 25 家分行不良贷款的置信区间和预测区间。

表 6-7 25 家分行不良贷款的置信区间和预测区间

分行编号	不良贷款 (y)	贷款余额 (x)	不良贷款预测值	预测的残差	置信下限	置信上限	预测下限	预测上限
1	0.9	67.3	1.720 8	−0.820 8	0.733 5	2.708 1	−2.492 4	5.934 0
2	1.1	111.3	3.388 2	−2.288 2	2.563 7	4.212 6	−0.789 8	7.566 2
3	4.8	173.0	5.726 3	−0.926 3	4.740 3	6.712 2	1.513 4	9.939 1
4	3.2	80.8	2.232 4	0.967 6	1.316 0	3.148 7	−1.964 7	6.429 5
5	7.8	199.7	6.738 1	1.062 0	5.574 4	7.901 8	2.480 1	10.996 0

续表

分行编号	不良贷款 (y)	贷款余额 (x)	不良贷款预测值	预测的残差	置信下限	置信上限	预测下限	预测上限
6	2.7	16.2	−0.215 6	2.915 6	−1.573 5	1.142 2	−4.530 7	4.099 4
7	1.6	107.4	3.240 4	−1.640 4	2.410 3	4.070 4	−0.938 7	7.419 5
8	12.5	185.4	6.196 2	6.303 8	5.133 0	7.259 4	1.964 6	10.427 7
9	1.0	96.1	2.812 2	−1.812 2	1.955 3	3.669 1	−1.372 4	6.996 7
10	2.6	72.8	1.929 2	0.670 8	0.972 7	2.885 8	−2.276 8	6.135 3
11	0.3	64.2	1.603 3	−1.303 3	0.597 6	2.609 0	−2.614 2	5.820 8
12	4.0	132.2	4.180 2	−0.180 2	3.351 6	5.008 7	0.001 4	8.359 0
13	0.8	58.6	1.391 1	−0.591 1	0.350 5	2.431 7	−2.834 8	5.617 1
14	3.5	174.6	5.786 9	−2.286 9	4.791 6	6.782 2	1.571 9	10.001 9
15	10.2	263.5	9.155 7	1.044 3	7.455 0	10.856 4	4.720 8	13.590 6
16	3.0	79.3	2.175 5	0.824 5	1.252 1	3.099 0	−2.023 1	6.374 2
17	0.2	14.8	−0.268 7	0.468 7	−1.638 2	1.100 8	−4.587 4	4.050 0
18	0.4	73.5	1.955 7	−1.555 7	1.002 9	2.908 6	−2.249 5	6.160 9
19	1.0	24.7	0.106 5	0.893 5	−1.181 9	1.394 9	−4.187 2	4.400 2
20	6.8	139.4	4.453 0	2.347 0	3.610 0	5.296 0	0.271 3	8.634 7
21	11.6	368.2	13.123 3	−1.523 3	10.416 5	15.830 1	8.213 9	18.032 8
22	1.6	95.7	2.797 0	−1.197 0	1.938 9	3.655 1	−1.387 8	6.981 8
23	1.2	109.6	3.323 7	−2.123 7	2.497 1	4.150 4	−0.854 7	7.502 2
24	7.2	196.2	6.605 4	0.594 6	5.467 3	7.743 6	2.354 4	10.856 4
25	3.2	102.2	3.043 3	0.156 7	2.202 9	3.883 8	−1.137 9	7.224 5

从表 6－7 可以看出，两个区间的宽度不太一样，y 的个别值的预测区间要宽一些。二者的差别表明，估计 y 的平均值比预测 y 的一个特定值或个别值更精确（请读者想一想为什么）。同样，当 $x_0=\bar{x}$ 时，预测区间也是最精确的。图 6－6 给出了置信区间和预测区间示意图。

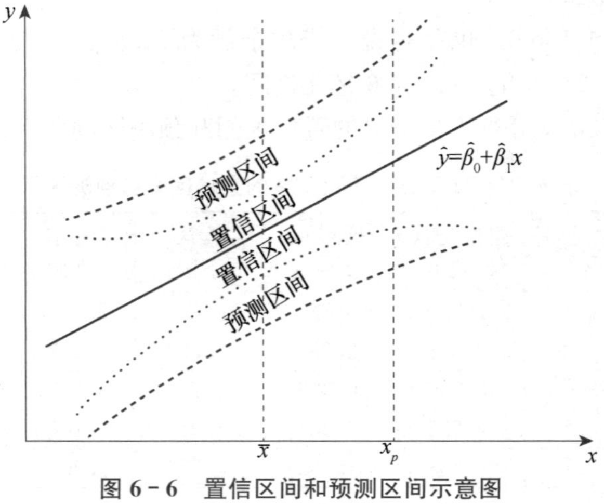

图 6－6　置信区间和预测区间示意图

本章小结

下面的框图总结了本章介绍的一元线性回归建模的基本步骤。

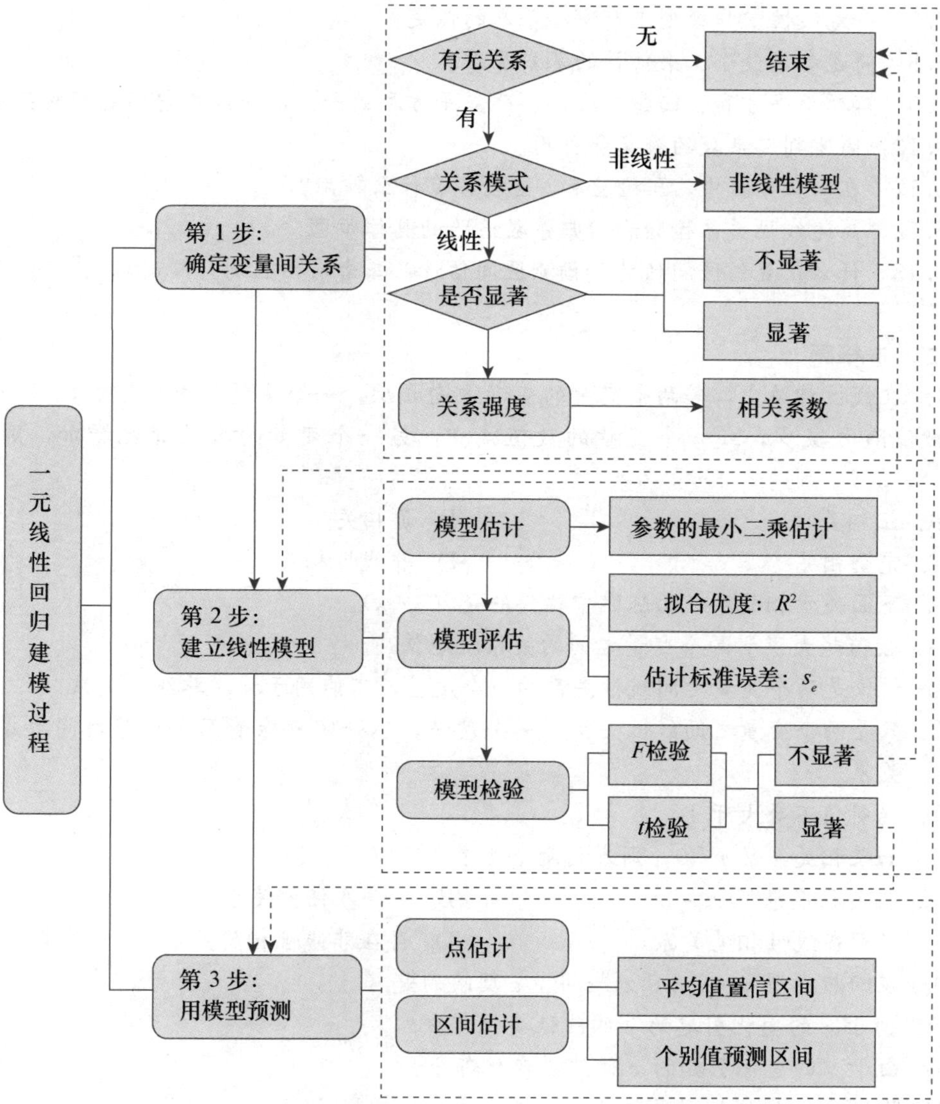

练习题和答案

一、思考题

6.1 解释相关关系的含义，说明相关关系的特点。

6.2　相关分析主要解决哪些问题？

6.3　相关分析中有哪些基本假定？

6.4　简述相关系数的性质。

6.5　简述相关系数显著性检验的步骤。

6.6　解释回归模型、回归方程、估计的回归方程的含义。

6.7　一元线性回归模型中有哪些基本的假定？

6.8　简述参数最小二乘估计的基本原理。

6.9　解释总平方和、回归平方和、残差平方和的含义，并说明它们之间的关系。

6.10　简述判定系数的含义和作用。

6.11　在回归分析中，F 检验和 t 检验各有什么作用？

6.12　简述线性关系检验和回归系数检验的具体步骤。

6.13　什么是置信区间估计和预测区间估计？二者有何区别？

二、选择题

1. 在线性相关中，若两个变量的变动方向相反，一个变量的数值增加，另一个变量的数值随之减少，或一个变量的数值减少，另一个变量的数值随之增加，则称为（　　）。

A. 正相关　　　　B. 负相关

C. 完全相关　　　　D. 非线性相关

2. 下面关于相关系数的陈述中错误的是（　　）。

A. 数值越大说明两个变量之间的关系就越强

B. 仅仅是两个变量之间线性关系的一个度量，不能用于描述非线性关系

C. 只是两个变量之间线性关系的一个度量，不一定意味着两个变量之间存在因果关系

D. 绝对值不会大于1

3. 如果相关系数 $r=0$，则表明两个变量之间（　　）。

A. 相关程度很低　　　　B. 不存在任何关系

C. 不存在线性相关关系　　　　D. 存在非线性相关关系

4. 在回归模型 $y=\beta_0+\beta_1x+\varepsilon$ 中，ε 反映的是（　　）。

A. 由于 x 的变化引起的 y 的线性变化部分

B. 由于 y 的变化引起的 x 的线性变化部分

C. 除 x 和 y 的线性关系之外的随机因素对 y 的影响

D. 由于 x 和 y 的线性关系对 y 的影响

5. 下面关于回归模型的假定中不正确的是（　　）。

A. 自变量 x 是随机的

B. 误差项 ε 是一个期望值为0的随机变量

C. 对于所有的 x 值，ε 的方差 σ^2 都相同

D. 误差项 ε 是一个服从正态分布的随机变量，且独立

6. 根据最小二乘法拟合直线回归方程是使（　　）。

A. $\sum(y_i-\hat{y}_i)^2=$ 最小　　B. $\sum(y_i-\hat{y}_i)=$ 最小

C. $\sum(y_i-\bar{y}_i)^2=$ 最小　　D. $\sum(y_i-\bar{y}_i)=$ 最小

7. 在一元线性回归方程 $\hat{y}=\hat{\beta}_0+\hat{\beta}_1x$ 中，回归系数 $\hat{\beta}_1$ 的实际意义是（　　）。

A. 当 $x=0$ 时，y 的期望值

B. 当 x 变动一个单位时，y 的平均变动数量

C. 当 x 变动一个单位时，y 增加的总数量

D. 当 y 变动一个单位时，x 的平均变动数量

8. 对不同年份的产品成本拟合的直线回归方程为 $\hat{y}=280-1.75x$，回归系数 $\hat{\beta}_1=-1.75$ 表示（　　）。

A. 时间每增加一个单位，产品成本平均增加 1.75 个单位

B. 时间每增加一个单位，产品成本平均下降 1.75 个单位

C. 产品成本每变动一个单位，平均需要 1.75 年时间

D. 时间每减少一个单位，产品成本平均增加 1.75 个单位

9. 在回归分析中，F 检验主要是用来检验（　　）。

A. 相关系数的显著性　　B. 回归系数的显著性

C. 线性关系的显著性　　D. 估计标准误差的显著性

10. 在直线回归方程 $\hat{y}=\hat{\beta}_0+\hat{\beta}_1x$ 中，若回归系数 $\hat{\beta}_1=0$，则表示（　　）。

A. y 对 x 的影响是显著的　　B. y 对 x 的影响是不显著的

C. x 对 y 的影响是显著的　　D. x 对 y 的影响是不显著的

11. 若两个变量之间完全相关，则以下结论中不正确的是（　　）。

A. $|r|=1$　　B. 判定系数 $R^2=1$

C. 估计标准误差 $s_e=0$　　D. 回归系数 $\hat{\beta}_1=0$

12. 回归平方和 SSR 反映了 y 的总变差中（　　）。

A. 由于 x 与 y 之间的线性关系引起的 y 的变化部分

B. 除了 x 对 y 的线性影响之外的其他因素对 y 变差的影响

C. 由于 x 与 y 之间的非线性关系引起的 y 的变化部分

D. 由于 x 与 y 之间的函数关系引起的 y 的变化部分

13. 残差平方和 SSE 反映了 y 的总变差中（　　）。

A. 由于 x 与 y 之间的线性关系引起的 y 的变化部分

B. 除了 x 对 y 的线性影响之外的其他因素对 y 变差的影响

C. 由于 x 与 y 之间的非线性关系引起的 y 的变化部分

D. 由于 x 与 y 之间的函数关系引起的 y 的变化部分

14. 某汽车生产商欲了解广告费用（x）对销售量（y）的影响，收集了过去 12 年的有关数据。通过计算得到下面的方差分析表（$\alpha=0.05$）：

变差来源	df	SS	MS	F	Significance F
回归	1	1 602 708.6	1 602 708.6		2.17E-09
残差	10	40 158.07		—	—
总计	11	1 642 866.67	—	—	—

方差分析表中空格的数据分别为（　　）。

A. 4 015.807 和 399.1　　B. 4 015.807 和 0.002 5

C. 0.975 5 和 399.1　　D. 0.024 4 和 0.002 5

15. 某汽车生产商欲了解广告费用（x）对销售量（y）的影响，收集了过去 12 年的有关数据。通过计算得到下面的方差分析表（$\alpha=0.05$）：

变差来源	df	SS	MS	F	Significance F
回归	1	1 602 708.6	1 602 708.6	—	2.17E-09
残差	10	40 158.07	—	—	—
总计	11	1 642 866.67	—	—	—

根据上表计算的判定系数为（　　）。

A. 0.985 6　　B. 0.985 5

C. 0.975 6　　D. 0.987 7

三、计算与分析题

6.1　从某一行业中随机抽取 12 家企业，所得产量与生产费用的数据如下：

企业编号	产量（台）	生产费用（万元）	企业编号	产量（台）	生产费用（万元）
1	40	130	7	84	165
2	42	150	8	100	170
3	50	155	9	116	167
4	55	140	10	125	180
5	65	150	11	130	175
6	78	154	12	140	185

（1）绘制产量与生产费用的散点图，判断二者之间的关系形态。

（2）计算产量与生产费用之间的线性相关系数。

（3）对相关系数的显著性进行检验（$\alpha=0.05$），并说明二者之间的关系强度。

6.2　一家物流公司的管理人员想研究货物的运送距离和运送时间的关系，为此，他抽出了公司中最近 10 个卡车运货记录的随机样本，得到运送距离（单位：千米）和运送时间（单位：天）的数据如下：

运送距离 x	825	215	1 070	550	480	920	1 350	325	670	1 215
运送时间 y	3.5	1.0	4.0	2.0	1.0	3.0	4.5	1.5	3.0	5.0

（1）绘制运送距离和运送时间的散点图，判断二者之间的关系形态。

（2）计算线性相关系数，说明两个变量之间的关系强度。

（3）利用最小二乘法求出估计的回归方程，并解释回归系数的实际意义。

6.3 随机抽取10家航空公司，对其最近一年的航班正点率和顾客投诉次数进行调查，所得数据如下：

航空公司编号	航班正点率（%）	投诉次数（次）
1	81.8	21
2	76.6	58
3	76.6	85
4	75.7	68
5	73.8	74
6	72.2	93
7	71.2	72
8	70.8	122
9	91.4	18
10	68.5	125

（1）用航班正点率作自变量，顾客投诉次数作因变量，求出估计的回归方程，并解释回归系数的意义。

（2）检验回归系数的显著性（$\alpha=0.05$）。

（3）如果航班正点率为80%，估计顾客的投诉次数。

（4）求航班正点率为80%时，顾客投诉次数95%的置信区间和预测区间。

6.4 下面是20个城市写字楼出租率和每平方米月租金的数据：

地区编号	出租率（%）	每平方米月租金（元）
1	70.6	99
2	69.8	74
3	73.4	83
4	67.1	70
5	70.1	84
6	68.7	65
7	63.4	67
8	73.5	105
9	71.4	95
10	80.7	107
11	71.2	86
12	62.0	66
13	78.7	106
14	69.5	70

续表

地区编号	出租率（%）	每平方米月租金（元）
15	68.7	81
16	69.5	75
17	67.7	82
18	68.4	94
19	72.0	92
20	67.9	76

设每平方米月租金为自变量，出租率为因变量，用 Excel 进行回归，并对结果进行解释和分析。

6.5　一家公司拥有多家子公司，公司的管理者想通过广告支出来估计销售收入，为此抽取了 8 家子公司，得到广告支出和销售收入的数据（单位：万元）如下：

广告支出 x	12.5	3.7	21.6	60.0	37.6	6.1	16.8	41.2
销售收入 y	148	55	338	994	541	89	126	379

建立线性回归模型，并求出当 $x=40$ 万元时，销售收入 95%的置信区间。

四、练习题解答

选择题答案

1. B；2. A；3. C；4. C；5. A；6. A；7. B；8. B；9. C；10. D；11. D；12. A；13. B；14. A；15. C。

计算与分析题答案

6.1　(1) 散点图如下：

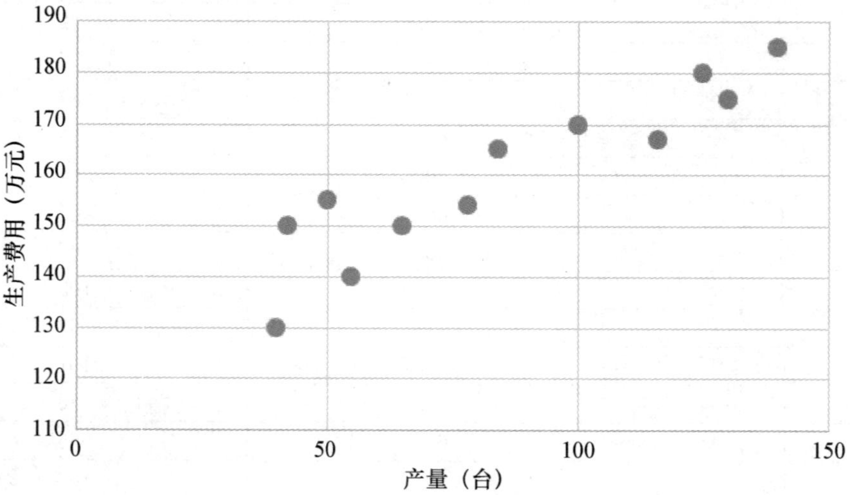

从散点图可以看出，产量与生产费用之间为正的线性相关关系。

（2）利用 Excel 的【CORREL】函数计算的相关系数为 $r=0.920\,2$。

（3）首先提出如下假设：$H_0:\rho=0$；$H_1:\rho\neq 0$。

计算检验统计量：

$$t=\frac{r\sqrt{n-2}}{\sqrt{1-r^2}}=\frac{0.920\,2\times\sqrt{12-2}}{\sqrt{1-0.920\,2^2}}=7.435$$

由 Excel 函数【T. DIST. 2T】得 $P=$ T. DIST. 2T（7.435，10）＝2.223 2E－05，拒绝原假设。表明产量与生产费用之间的线性关系显著。

6.2 （1）散点图如下：

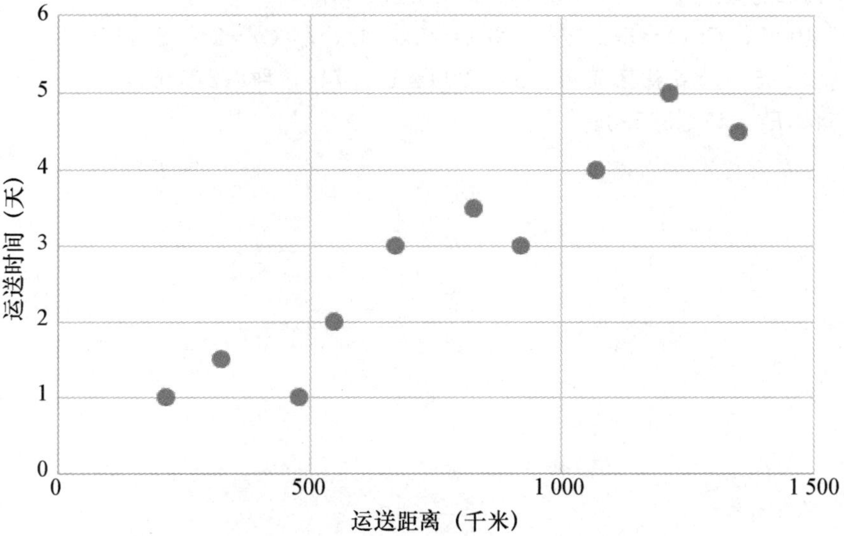

从散点图可以看出，运送距离与运送时间之间为正的线性相关关系。

（2）利用 Excel 的【CORREL】函数计算的相关系数为 $r=0.948\,9$，表明运送距离与运送时间之间有较强的正线性相关关系。

（3）回归方程为：$\hat{y}=0.118\,129+0.003\,585x$。回归系数 $\hat{\beta}_1=0.003\,585$ 表示运送距离每增加 1 千米，运送时间平均增加 0.003 585 天。

6.3 （1）回归方程为：$\hat{y}=430.189\,2-4.7x$。回归系数 $\hat{\beta}_1=-4.7$ 表示航班正点率每增加 1%，顾客投诉次数平均下降 4.7 次。

（2）回归系数检验的 P-Value＝0.001 108＜$\alpha=0.05$，拒绝原假设，回归系数显著。

（3）$\hat{y}_{80}=430.189\,2-4.7\times 80=54.189\,2$（次）。

（4）当 $\alpha=0.05$ 时，$t_{0.05/2}(10-2)=2.306$，$s_e=18.887\,22$。置信区间为：

$$54.189\,2\pm 2.306\times 18.887\,22\sqrt{\frac{1}{10}+\frac{(80-75.86)^2}{397.024}}=54.189\,2\pm 16.48$$

即（37.7，70.7）。

预测区间为：54.189 2±46.57，即（7.6，100.8）。

6.4 出租率与每平方米月租金之间的线性回归方程为：$\hat{y}=49.317\,7+0.249\,2x$。回

归系数 $\hat{\beta}_1=0.2492$ 表示：每平方米月租金每增加 1 元，出租率平均增加 0.249 2%。

$R^2=63.22\%$，表明在出租率的变差中由出租率与月租金之间的线性关系所解释的比例为 63.22%，回归方程的拟合程度一般。

估计标准误差 $s_e=2.6858$，表示当用月租金来预测出租率时，平均的预测误差为 2.685 8%，表明预测误差并不大。

线性关系检验的显著性水平 Significance F=2.798 89E-05<α=0.05，表明回归方程的线性关系显著。回归系数检验的 P-Value=0.000 0<α=0.05，表明回归系数显著，即每平方米月租金是影响出租率的显著因素。

6.5　回归方程为：$\hat{y}=-46.2918+15.23977x$。

当 $x=40$ 时，$E(y)=563.299$。当 $\alpha=0.05$ 时，$t_{\alpha/2}(n-2)=2.447$。

销售收入 95%的置信区间为：563.299±121.745，即（270.65，685.04）。

$441.54\leqslant E(y_{40})\leqslant 685.04$。

第 7 章　时间序列分析和预测

内容提要

时间序列分析是一种广泛应用的数据分析方法，它主要用于描述和探索现象随时间发展变化的特征，以便对未来做出预测。本章主要介绍时间序列的一些简单预测方法，具体内容包括：

1. 时间序列的成分。介绍时间序列的概念和组成要素。
2. 增长率分析。介绍增长率的计算与分析。
3. 时间序列预测的程序和方法。介绍随机波动序列、趋势序列和多成分序列的预测方法。

7.1　时间序列的成分

时间序列是一种常见的数据形式，经济数据中大多数都以时间序列的形式给出。

▶ **定义 7.1**　按时间顺序记录的一组数据，称为时间序列（times series）。

根据观察时间的不同，时间序列中的时间可以是年份、季度、月份或其他任何时间形式。为便于表述，本书中用 t 表示所观察的时间，Y 表示观察值，则Y_i（$i=1$，2，…，n）为时间t_i上的观察值。

时间序列的变化可能受一种或几种因素的影响，导致它在不同时间上取值的差异，这些影响因素就是时间序列的组成要素（components）。一个时间序列通常可以分解为 4 种成分：趋势、季节波动、循环波动和不规则波动。

▶ **定义 7.2**　趋势时间序列在一段较长时期内呈现出来的持续向上或持续向下的变动，称为趋势（trend）。

趋势是由于某种固定性的因素作用于序列而形成的。比如，你可以想象一个地区的 GDP 是年年增长的，一个企业的生产成本是逐年下降的，这些都是趋势。趋势在一定观察期内可能是线性变化，但随着时间的推移也可能呈现出非线性变化。

▶ **定义 7.3**　时间序列在一年内重复出现的周期性波动，称为季节波动（seasonal fluctuation），也称季节性（seasonality）。

季节波动是时间序列呈现出的以年为周期长度的固定变动模式，这种模式年复一年重复出现。它是诸如气候条件、生产条件、节假日或人们的风俗习惯等各种因素影响的结果。农业生产、交通运输、旅游、商品销售等都有明显的季节波动特征。比如，一个商场在节假日的打折促销会使销售额增加，铁路和航空客运在节假日会迎来客流高峰，一个水力发电企业会因水流高峰的到来而使发电量猛增，这些都是因为季节变化引起的。

▶ **定义 7.4** 时间序列呈现出的非固定长度的周期性变动，称为循环波动（cyclical fluctuation），也称为周期性（cyclity）。

在实际生活中，人们经常听到的景气周期、加息周期这类术语，就是所谓的循环波动。循环波动的周期可能会持续一段时间，但与趋势不同，它不是朝着单一方向的持续变动，而是涨落相间的交替波动，比如经济从低谷到高峰，又从高峰慢慢滑入低谷，尔后又慢慢回升；它也不同于季节波动，季节波动有比较固定的规律，且变动周期为一年，而循环波动则无固定规律，变动周期多在一年以上，且周期长短不一。

▶ **定义 7.5** 时间序列中除去趋势、季节波动和循环波动之后剩余的波动，称为不规则波动（irregular variations），也称随机波动（random fluctuation）。

不规则波动是偶然性因素对时间序列产生影响，致使时间序列产生一种波浪形或振荡式变动。

时间序列的四种成分，即趋势（T）、季节波动（S）、循环波动（C）和不规则波动（I）与观测值的关系可以用乘法模型（multiplicative model）表示，也可以用加法模型（additive model）表示。

乘法模型：

$$Y_t = T_t \times S_t \times C_t \times I_t \tag{7.1}$$

加法模型：

$$Y_t = T_t + S_t + C_t + I_t \tag{7.2}$$

观察时间序列的成分可以从图形分析入手。图 7-1 是含有不同成分的时间序列图。

一个时间序列可能由一种成分组成，也可能同时含有几种成分。观察时间序列的图形就可以大致判断时间序列所包含的成分，为选择适当的预测模型奠定基础。

7.2 增长率分析

在一些经济报道中常使用增长率。增长率是对现象在不同时间的变化状况所做的描述。由于对比的基期不同，增长率有不同的计算方法。这里主要介绍增长率和平均增长率的计算方法。

7.2.1 增长率与平均增长率

▶ **定义 7.6** 时间序列的报告其观察值与基期观察值之比减 1 后的结果，称为增长率（growth rate），也称增长速度，用%表示。

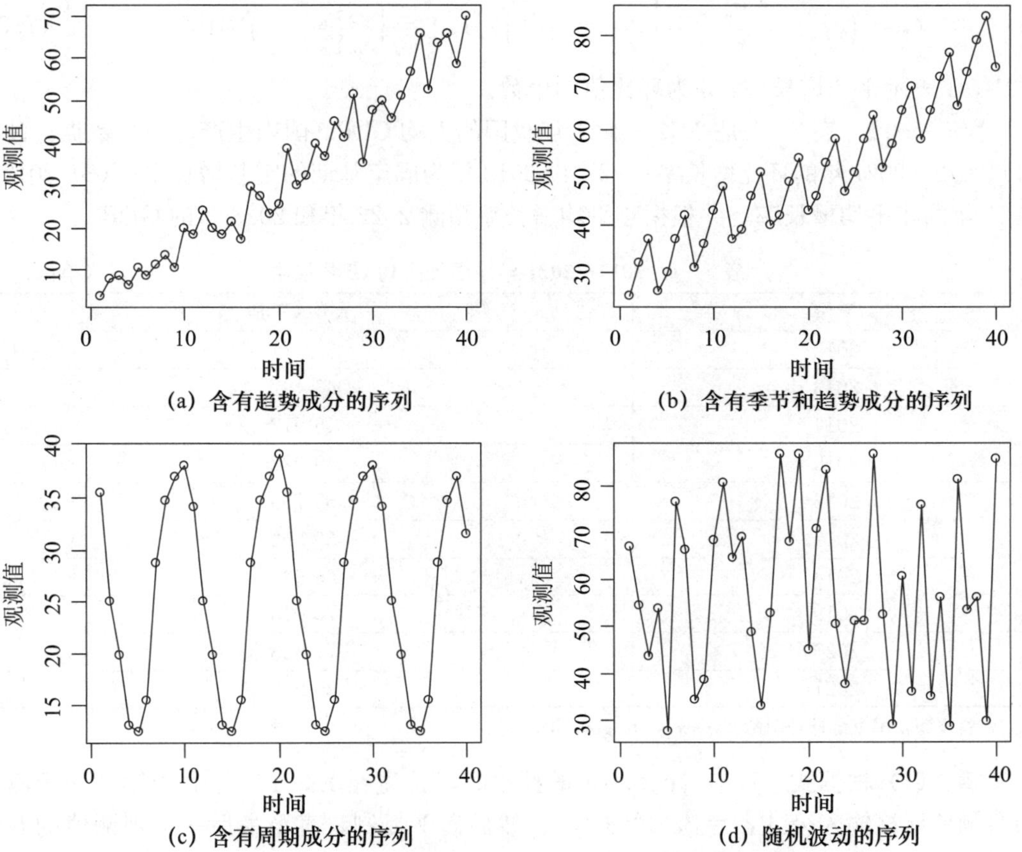

(a) 含有趋势成分的序列

(b) 含有季节和趋势成分的序列

(c) 含有周期成分的序列

(d) 随机波动的序列

图 7-1 含有不同成分的时间序列

由于对比的基期不同，增长率可以分为环比增长率和定基增长率。环比增长率是报告期观测值与前一时期观测值之比减 1，说明观测值逐期增长变化的程度；定基增长率是报告期观测值与某一固定时期观测值之比减 1，说明观测值在整个观察期内总的增长变化程度。设增长率为 G，则环比增长率和定基增长率可表示为：

环比增长率：

$$G_i=\frac{Y_i-Y_{i-1}}{Y_{i-1}}\times 100\%=\left(\frac{Y_i}{Y_{i-1}}-1\right)\times 100 \quad (i=1,2,\cdots,n) \tag{7.3}$$

定基增长率：

$$G_i=\frac{Y_i-Y_0}{Y_0}\times 100\%=\left(\frac{Y_i}{Y_0}-1\right)\times 100 \quad (i=1,2,\cdots,n) \tag{7.4}$$

式中：Y_0表示用于对比的固定基期的观测值。

▶ **定义 7.7** 时间序列的各逐期环比值（也称环比发展速度）的几何平均数（n 个观测值连乘的 n 次方根）减 1 后的结果，称为平均增长率（average rate of increase），也称平均发展速度。

平均增长率用于描述观测值在整个观察期内平均增长变化的程度，计算公式为：

$$\bar{G}=\left(\sqrt[n]{\frac{Y_1}{Y_0}\times\frac{Y_2}{Y_1}\times\cdots\times\frac{Y_n}{Y_{n-1}}}-1\right)\times 100=\left(\sqrt[n]{\frac{Y_n}{Y_0}}-1\right)\times 100 \tag{7.5}$$

式中，$\bar{G}$ 表示平均增长率，n 为环比值的个数。

【例 7－1】 表 7－1 是 2012—2021 年我国的人均 GDP（国内生产总值）数据。计算（1）2012—2021 年的环比增长率；（2）以 2012 年为固定基期的定基增长率；（3）2012—2021 年的年平均增长率，并根据年平均增长率预测 2022 年和 2023 年的 GDP。

表 7－1　2012—2021 年中国的人均 GDP 数据　　（单位：元）

年份	人均 GDP
2012	39 771
2013	43 497
2014	46 912
2015	49 922
2016	53 783
2017	59 592
2018	65 534
2019	70 078
2020	71 828
2021	80 976

资料来源：国家统计局网站（www. stats. gov. cn).

解：（1）根据式（7.3）计算环比增长率时，首先在 Excel 工作表中第 2 个观测值的右侧单元格输入公式：＝B3/B2 * 100，然后向下复制，直至最后一个观测值的右侧单元格。

（2）根据式（7.4）计算定基增长率时，首先在 Excel 工作表中第 2 个观测值的右侧单元格输入公式：＝B3/＄B＄2 * 100（公式中的符号“＄”表示对单元格的绝对引用），然后向下复制，直至最后一个观测值的右侧单元格。得到的结果如表 7－2 所示。

表 7－2　2012—2021 年中国人均 GDP 的环比增长率和定基增长率

年份	人均 GDP	环比增长率（%）	定基增长率（%）
2012	39 771	—	—
2013	43 497	9.37	9.37
2014	46 912	7.85	17.96
2015	49 922	6.42	25.52
2016	53 783	7.73	35.23
2017	59 592	10.80	49.84
2018	65 534	9.97	64.78
2019	70 078	6.93	76.20
2020	71 828	2.50	80.60
2021	80 976	12.74	103.61

（3）根据式（7.5）得：

$$\bar{G}=\left(\sqrt[n]{\frac{Y_n}{Y_0}}-1\right)\times 100=\left(\sqrt[9]{\frac{80\ 976}{39\ 771}}-1\right)\times 100=8.22\%$$

即 2012—2021 年人均 GDP 的年平均增长率为 8.22%，或者说，人均 GDP 平均每年按 8.22%的增长率增长。

根据年平均增长率预测 2022 年和 2023 年的人均 GDP 分别为：

$$\hat{Y}_{2022}=2021\text{ 年人均 GDP}\times(1+\bar{G})$$
$$=80\ 976\times(1+8.22\%)=87\ 632.72\text{（元）}$$
$$\hat{Y}_{2023}=2021\text{ 年人均 GDP}\times(1+\bar{G})^2$$
$$=80\ 976\times(1+8.22\%)^2=94\ 836.67\text{（元）}$$

7.2.2　增长率分析应注意的问题

对于大多数时间序列，特别是有关社会经济现象的时间序列，经常利用增长率来描述其增长状况。尽管增长的计算与分析都比较简单，但实际应用中，有时也会出现误用乃至滥用的情况。因此，在应用增长率分析实际问题时，应注意以下几点：

首先，当时间序列中的观测值出现 0 或负数时，不宜计算增长率。例如，假定某企业连续 5 年的利润额（单位：万元）分别为 5，2，0，－3，2，对这一序列计算增长率，要么不符合数学公理，要么无法解释其实际意义。在这种情况下，适宜直接用绝对数进行分析。

其次，在有些情况下，不能单纯就增长率论增长率，要注意增长率与绝对水平的结合分析。先看一个例子。

【例 7－2】　假定两个企业各年的利润额及增长率数值如表 7－3 所示。

表 7－3　甲、乙两个企业的有关资料

年份	甲企业		乙企业	
	利润额（万元）	增长率（%）	利润额（万元）	增长率（%）
去年	500	—	60	—
今年	600	20	84	40

如果不看利润额的绝对值，仅就增长率对甲、乙两个企业进行分析评价，可以看出乙企业的利润增长率比甲企业高出一倍。如果就此得出乙企业的生产经营业绩比甲企业要好得多，这样的结论就是不切实际的。因为增长率是一个相对值，它与对比的基期值的大小有很大关系。大的增长率背后，其隐含的绝对值可能很小，小的增长率背后，其隐含的绝对值可能很大。这就是说，由于对比的基点不同，可能会造成增长率数值上的较大差异。上述例子表明，由于两个企业的生产起点不同，基期的利润额不同，才造成了二者增长率的较大差异。从利润的绝对额来看，两个企业的增长率每增长一个百分点所增加的利润绝对额是不同的。在这种情况下，则需要将增长率与绝对水平结合起来进行分析，通常要计算增长 1%绝对值来补充增长率分析中的局限性。

▶ **定义 7.8**　每增长一个百分点而增加的绝对数量，称为增长 1%绝对值。

增长 1%绝对值的计算公式为：

$$增长\ 1\%\ 绝对值 = \frac{前期水平}{100} \tag{7.6}$$

根据表 7-3 的资料计算，甲企业利润增长一个百分点增加的利润额为 5 万元，而乙企业则为 0.6 万元，甲企业远高于乙企业。这说明甲企业的生产经营业绩并不比乙企业差，而是更好。

7.3 时间序列预测的程序和方法

一个具体的时间序列，它可能只含有一种成分，也可能同时含有几种成分。含有不同成分的时间序列所用的预测方法是不同的。时间序列预测通常包括以下几个步骤：

第 1 步，确定时间序列所包含的成分。

第 2 步，找出适合该时间序列的预测方法。

第 3 步，对可能的预测方法进行评估，以确定最佳预测方案。

第 4 步，利用最佳预测方案进行预测，并分析其预测的残差，以检查模型是否合适。

7.3.1 确定时间序列的成分

确定时间序列成分的有效方法就是画出时间序列图。下面通过一个例子说明如何用时间序列图来观察时间序列所包含的成分。

【例 7-3】 表 7-4 是某智能产品制造企业 2007—2022 年的净利润、产量、管理成本和销售价格的时间序列。绘制图形观察其所包含的成分。

表 7-4 某智能产品制造公司 2007—2022 年的经营数据

年份	净利润（万元）	产量（台）	管理成本（万元）	销售价格（万元/台）
2007	1 200	25	27	189
2008	1 750	84	60	233
2009	2 938	124	73	213
2010	3 125	214	121	230
2011	3 250	216	126	223
2012	3 813	354	172	240
2013	4 616	420	218	208
2014	4 125	514	227	209
2015	5 386	626	254	208
2016	5 313	785	223	198
2017	6 250	1 006	226	223
2018	5 623	1 526	232	195
2019	6 000	2 156	200	202
2020	6 563	2 927	181	227
2021	6 682	4 195	153	254
2022	7 500	6 692	119	222

解：4 个时间序列的图形如图 7－2 所示。

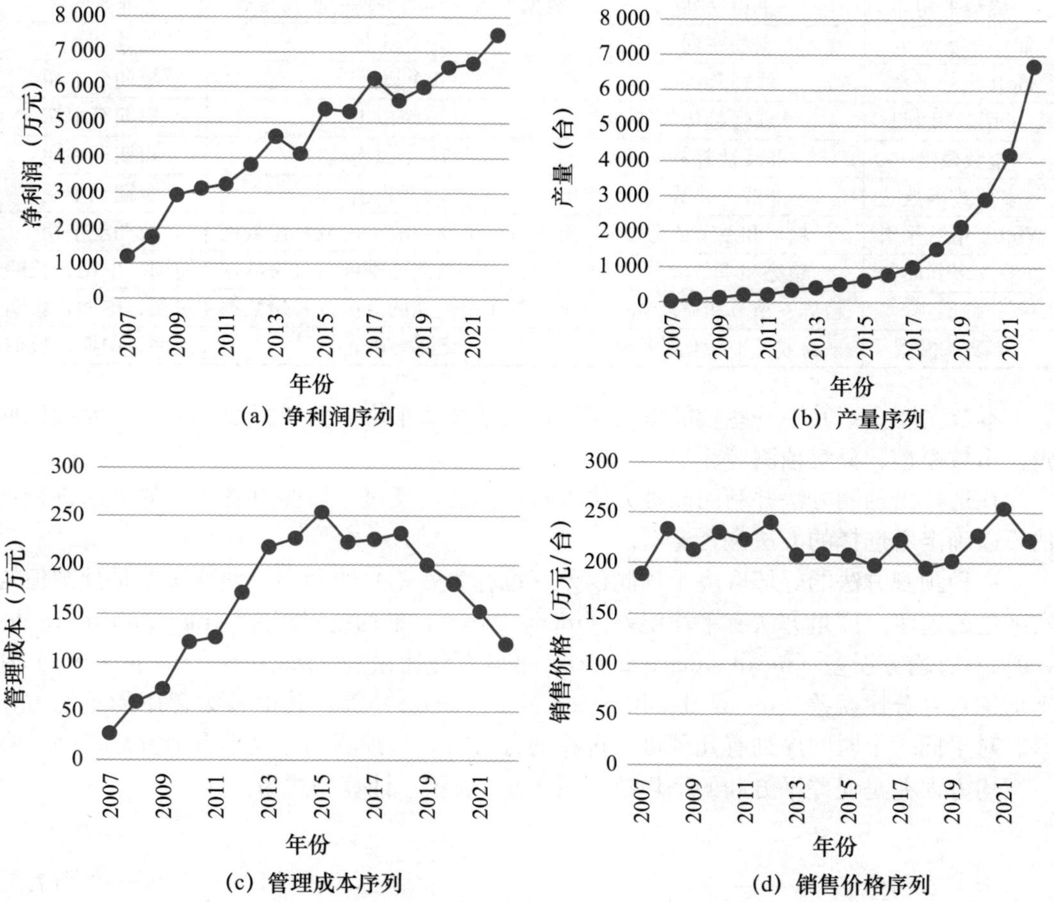

(a) 净利润序列　(b) 产量序列　(c) 管理成本序列　(d) 销售价格序列

图 7－2　表 7－4 的 4 个时间序列的线图

图 7－2 显示，净利润呈现一定的线性趋势；产量呈现一定的指数变化趋势；管理成本则呈现出一定的抛物线变化形态；销售价格则没有明显的趋势，呈现出一定的随机波动。

7.3.2　预测方法的选择与评估

选择什么样的方法进行预测，除了受时间序列所包含的成分影响外，还取决于所能获得的历史数据的多少。有些方法只需少量的数据就能进行预测，而有些方法则要求的数据较多。此外，方法的选择还取决于所要求的预测期的长短，有些方法只能进行短期预测，有些则可进行相对长期的预测。

下面的表 7－5 给出了本章介绍的时间序列预测方法及其所适合的数据模式、对数据的要求和预测期的长短等。

表 7－5　预测方法与适合的数据模式

预测方法	适合的数据模式	对数据的要求	预测期
移动平均	平稳序列	数据个数与移动平均的步长相等	非常短
简单指数平滑	平稳序列	5 个以上	短期
Holt 指数平滑	线性趋势	5 个以上	短期至中期
一元线性回归	线性趋势	10 个以上	短期至中期
指数模型	非线性趋势	10 个以上	短期至中期
多项式函数	非线性趋势	10 个以上	短期至中期
Winter 指数平滑	趋势和季节成分	至少有 4 个周期的季度或月份数据	短期至中期
季节性多元回归	趋势和季节成分	至少有 4 个周期的季度或月份数据	短期、中期、长期
分解预测	趋势、季节和循环成分	至少有 4 个周期的季度或月份数据	短期、中期、长期
ARIMA 模型	平稳或可平稳化的序列	至少 50 个	短期、中期、长期

本节主要介绍其中一些较简单的方法，包括移动平均、简单指数平滑、一元线性回归、指数模型、分解预测等。

在选择出预测方法并利用该种方法进行预测后，反过来需要对所选择的方法进行评估，以确定所选择的方法是否合适。

一种预测方法的好坏取决于预测误差（也称为残差）的大小。预测误差是预测值与实际值的差距。度量方法有平均误差（mean error）、平均绝对误差（mean absolute deviation）、均方误差（mean square error）、平均百分比误差（mean percentage error）和平均绝对百分比误差（mean absolute percentage error）等，其中较为常用的是均方误差。对于同一个时间序列有几种可供选择的方法时，以预测误差最小者为宜。

均方误差是误差平方和的平均数，用 MSE 表示，计算公式为：

$$MSE=\frac{\sum_{i=1}^{n}(Y_i-F_i)^2}{n} \tag{7.7}$$

式中，Y_i 是第 i 期的实际值，F_i 是第 i 期的预测值，n 是预测误差的个数。

此外，为考察所选择的模型是否合适，还可以通过绘制残差图来分析。如果模型是正确的，那么，用该模型预测所产生的残差应该以零轴为中心随机分布。残差越接近零轴，且随机分布，说明所选择的模型越好。

7.4　平滑法预测

如果时间序列不含趋势、季节和循环变动，其波动主要是随机成分所致，序列的平均值不随时间的推移而变化，这类序列的预测方法主要有移动平均法、简单指数平滑法等。这些方法是通过对时间序列进行平滑以消除其随机波动，因而也称为平滑法。

7.4.1　移动平均法

▶ **定义 7.9**　对时间序列逐期递移求得平均数作为预测值的一种预测方法，称为移动平均法（moving average）。

移动平均是将最近的 k 期数据加以平均，作为下一期的预测值。设移动间隔为 k（$1<k<t$），则 t 期的移动平均值为：

$$\bar{Y}_t = \frac{Y_{t-k+1} + Y_{t-k+2} + \cdots + Y_{t-1} + Y_t}{k} \tag{7.8}$$

式（7.8）是对时间序列的平滑结果，通过这些平滑值就可以描述出时间序列的变化形态或趋势。当然，也可以用它来进行预测。

对于 $t+1$ 期的简单移动平均预测值为：

$$F_{t+1} = \bar{Y}_t = \frac{Y_{t-k+1} + Y_{t-k+2} + \cdots + Y_{t-1} + Y_t}{k} \tag{7.9}$$

移动平均法只使用最近 k 期的数据，在每次计算移动平均值时，移动的间隔都为 k。该方法也主要适合对较为平稳的时间序列进行预测。应用时，关键是确定合理的移动间隔长度 k。对于同一个时间序列，采用不同的移动步长预测的准确性是不同的。选择移动步长时，可通过试验的办法，选择一个使均方误差达到最小的移动步长。

7.4.2 简单指数平滑法

简单指数平滑法是加权平均的一种特殊形式，它是把 t 期的实际值 Y_t 和 t 期的平滑值 S_t 加权平均作为 $t+1$ 期的预测值。观测值的时间离现时期越远，其权数也跟着呈现指数的下降，因而称为指数平滑。

▶ **定义 7.10** 简单指数平滑法（simple exponential smoothing）是对过去的观察值加权平均进行预测的一种方法，该方法使得第 $t+1$ 期的预测值等于 t 期的实际观察值与第 t 期指数平滑值的加权平均值。

就简单指数平滑而言，$t+1$ 期的预测值是 t 期实际值 Y_t 和 t 期平滑值 S_t 的线性组合，其预测模型为：

$$F_{t+1} = \alpha Y_t + (1-\alpha) S_t \tag{7.10}$$

式中，F_{t+1}为 $t+1$ 期的预测值；Y_t为 t 期的实际值；S_t为 t 期的平滑值；α 为平滑系数（$0<\alpha<1$）。

由于在开始计算时，还没有第 1 个时期的平滑值S_1，通常可以设S_1等于 1 期的实际值，即$S_1=Y_1$。

使用简单指数平滑法预测的关键是确定一个合适的平滑系数 α。因为不同的 α 对预测结果会产生不同影响。当 $\alpha=0$ 时，预测值仅仅是重复上一期的预测结果；当 $\alpha=1$ 时，预测值就是上一期实际值。α 越接近 1，模型对时间序列变化的反应就越及时，因为它对当前的实际值赋予了比预测值更大的权数。同样，α 越接近 0，意味着对当前的预测值赋予更大的权数，因此模型对时间序列变化的反应就越慢。一般而言，当时间序列有较大的随机波动时，宜选较小的 α；如果注重使用近期的值进行预测，宜选较大的 α。但实际应用时，还应考虑预测误差。预测时可选择几个 α 进行比较，然后找出预测误差最小的作为最后的 α 值。一般 α 的取值不大于 0.5。若 α 大于 0.5 才能接近实际值，通常说明序列有某种趋势或波动过大，一般不适合用简单指数平滑法进行预测。

简单指数平滑法的优点是只需要少数几个观测值就能进行预测，方法相对简单，其缺点是预测值往往滞后于实际值，而且无法考虑趋势和季节成分。

【例 7-4】 沿用例 7-3。分别用移动平均法（$k=3$）和简单指数平滑法（$\alpha=0.3$）预测 2023 年的销售价格，计算出预测误差，并将实际值和预测后的序列绘制成图形进行比较。

解： 使用 Excel 的【数据分析】工具可以进行移动平均和简单指数平滑预测，操作步骤如文本框 7-1 所示。

文本框 7-1　用 Excel 作移动平均和简单指数平滑预测

 # 移动平均预测

第 1 步：点击【数据】→【数据分析】。在出现的对话框中选择【移动平均】，点击【确定】。

第 2 步：在出现的对话框中，在【输入区域】中输入要预测的数据所在的区域。在【间隔】中输入移动平均的间隔长度（本例为 3)。在【输出区域】中选择结果的输出位置（通常选择与第 2 期数值对应的右侧单元格)。选择【图表输出】。界面如下图所示。

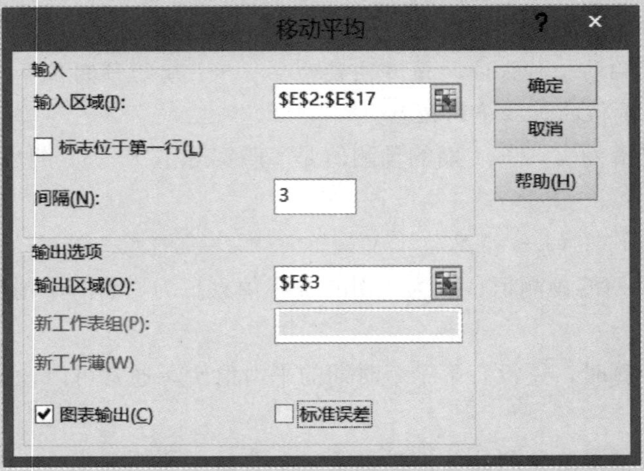

点击【确定】。

 # 简单指数平滑预测

第 1 步：点击【数据】→【数据分析】。在出现的对话框中选择【指数平滑】，点击【确定】。

第 2 步：在出现的对话框中，在【输入区域】中输入要预测的数据所在的区域。在【阻尼系数】中输入 $1-\alpha$ 的值（本例为 0.7)。在【输出区域】中选择结果的输出位置（选择与第 1 期数值对应的右侧单元格)。选择【图表输出】。界面如下图所示。

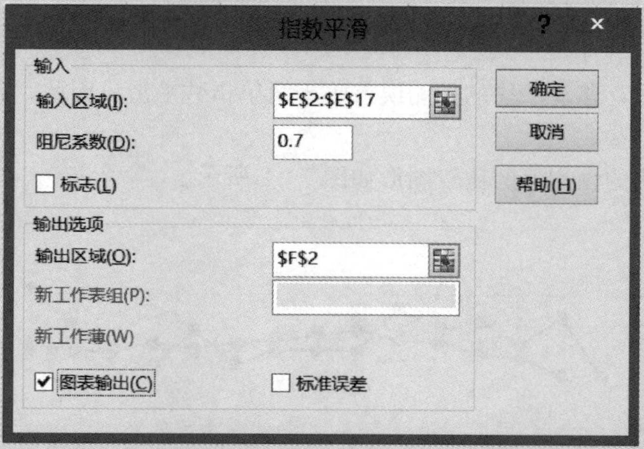

点击【确定】。

按文本框 7－1 的步骤得到的预测结果如表 7－6 所示（表中的＃N/A 表示没有数值）。

表 7－6 销售价格的移动平均和简单指数平滑预测

年份	销售价格	移动平均预测		指数平滑预测	
		$k=3$	预测误差	$\alpha=0.3$	预测误差
2007	189	＃N/A	＃N/A	＃N/A	＃N/A
2008	233	＃N/A	＃N/A	189.00	44.00
2009	213	＃N/A	＃N/A	202.20	10.80
2010	230	211.67	18.33	205.44	24.56
2011	223	225.33	−2.33	212.81	10.19
2012	240	222.00	18.00	215.87	24.13
2013	208	231.00	−23.00	223.11	−15.11
2014	209	223.67	−14.67	218.57	−9.57
2015	208	219.00	−11.00	215.70	−7.70
2016	198	208.33	−10.33	213.39	−15.39
2017	223	205.00	18.00	208.77	14.23
2018	195	209.67	−14.67	213.04	−18.04
2019	202	205.33	−3.33	207.63	−5.63
2020	227	206.67	20.33	205.94	21.06
2021	254	208.00	46.00	212.26	41.74
2022	222	227.67	−5.67	224.78	−2.78
2023	＃N/A	234.33	＃N/A	223.95	＃N/A

根据表 7－6 的预测误差计算，移动平均预测的均方误差为：

$$MSE=\frac{4\ 749.09}{13}=365.315$$

简单指数平滑预测的均方误差为：

$$MSE=\frac{6\ 711.08}{15}=447.405$$

从均方误差看，移动平均的预测误差小于简单指数平滑，因此，就本例而言，采用移动平均预测要好些。

两种预测方法的预测值的比较图形如图7-3所示。

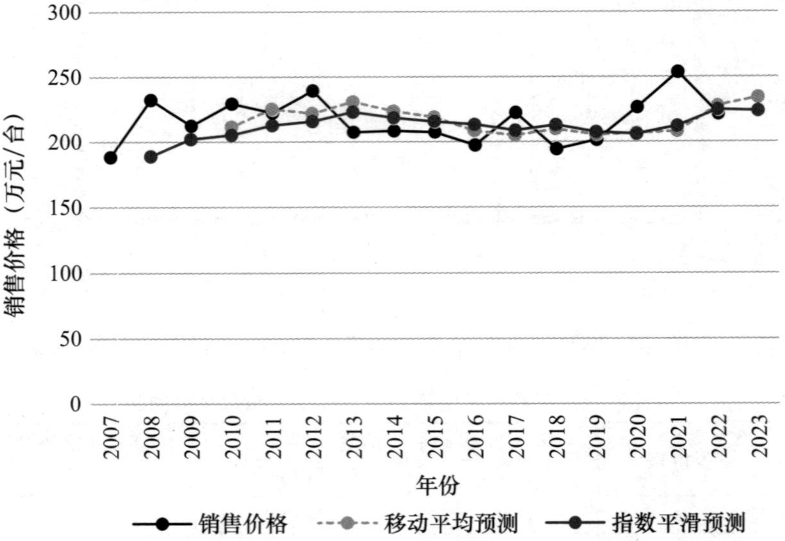

图7-3　移动平均预测和简单指数平滑预测结果的比较

从图7-4可以看出，2008年简单指数平滑预测的误差较大（3期移动平均不能预测2008年的值），而其他年份的预测误差与移动平均预测的误差相差不大，说明两种方法的预测效果差不多。

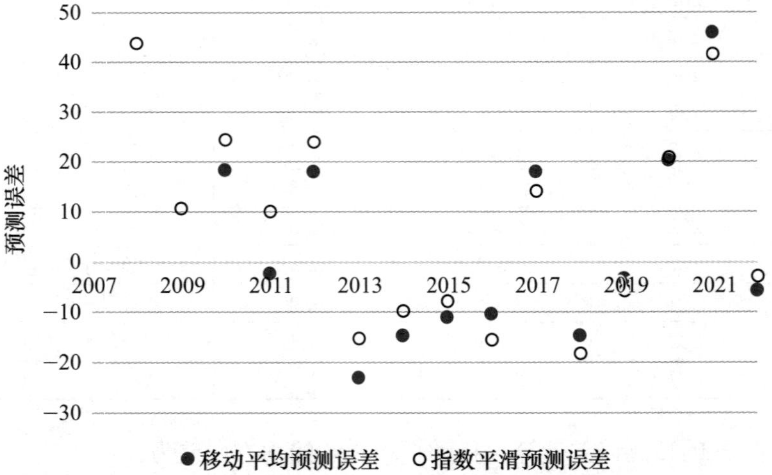

图7-4　移动平均预测和简单指数平滑预测误差的散点图

从残差的分布看，分布基本上在零轴附近随机分布，没有明显的固定模式，说明所选的预测方法基本上是合理的（读者可选择不同的移动平均步长和平滑系数进行预测，比较不同方法的预测效果）。

7.5 趋势外推预测

上面介绍的平滑法只适合于随机波动的序列，当序列存在明显的趋势或季节成分时，这些方法就不再适用。时间序列的趋势可以分为线性趋势和非线性趋势，如果这种趋势能够延续到未来，就可以利用趋势进行外推预测。本节主要介绍线性趋势和非线性趋势的预测方法。

7.5.1 线性趋势预测

线性趋势（linear trend）是时间序列按一个固定的常数（不变的斜率）增长或下降。例如，观察图 7-2（a）净利润序列图，就会发现有明显的线性趋势。如果这种趋势能延续到未来，就可以利用这种趋势预测未来的净利润。

当各期观测值按线性趋势变化时，可以用下列线性趋势方程来描述：

$$\hat{Y}_t = a + bt \tag{7.11}$$

式中：$\hat{Y}_t$ 代表观测值 Y_t 的预测值；t 代表时间标号；a 代表趋势线在 Y 轴上的截距，是当 $t=0$ 时，$\hat{Y}_t$ 的数值；b 是趋势线的斜率，表示时间 t 变动一个单位时，观察值的平均变动数量。

趋势方程中的两个待定系数 a 和 b 可按回归中的最小二乘法求得（该方法的内容见第 6 章）。根据最小二乘法得到的趋势线中未知数 a 和 b 的计算公式如下：

$$\begin{cases} b = \dfrac{n\sum tY - \sum t \sum Y}{n\sum t^2 - (\sum t)^2} \\ a = \bar{Y} - bt \end{cases} \tag{7.12}$$

通过趋势方程可以计算出各期的预测值，并通过这些预测值来分析序列的变化趋势及其模式。

【例 7-5】 沿用例 7-3。用最小二乘法确定直线趋势方程，计算出各期的预测值和预测误差，预测 2023 年的净利润，并将原序列和各期的预测值序列绘制成图形进行比较。

解： 根据最小二乘法求得的线性趋势方程为：

$$y = 1\,426.95 + 377.226x$$

$b_1 = 377.226$ 表示：时间每变动一年，净利润平均变动 377.226 万元。将时间编号 17（2023 年）带入上述方程，即可得到 2023 年的预测值。表 7-7 给出了各年净利润的预测值和残差。

表 7-7 净利润的一元线性回归预测

年份	时间编号	净利润	预测值	残差
2007	1	1 200	1 804.18	−604.18
2008	2	1 750	2 181.40	−431.40
2009	3	2 938	2 558.63	379.37
2010	4	3 125	2 935.86	189.14
2011	5	3 250	3 313.08	−63.08
2012	6	3 813	3 690.31	122.69
2013	7	4 616	4 067.54	548.46
2014	8	4 125	4 444.76	−319.76
2015	9	5 386	4 821.99	564.01
2016	10	5 313	5 199.21	113.79
2017	11	6 250	5 576.44	673.56
2018	12	5 623	5 953.67	−330.67
2019	13	6 000	6 330.89	−330.89
2020	14	6 563	6 708.12	−145.12
2021	15	6 682	7 085.35	−403.35
2022	16	7 500	7 462.57	37.43
2023	17	—	7 839.80	—

图 7-5 是净利润的观测值与其线性预测值的比较。

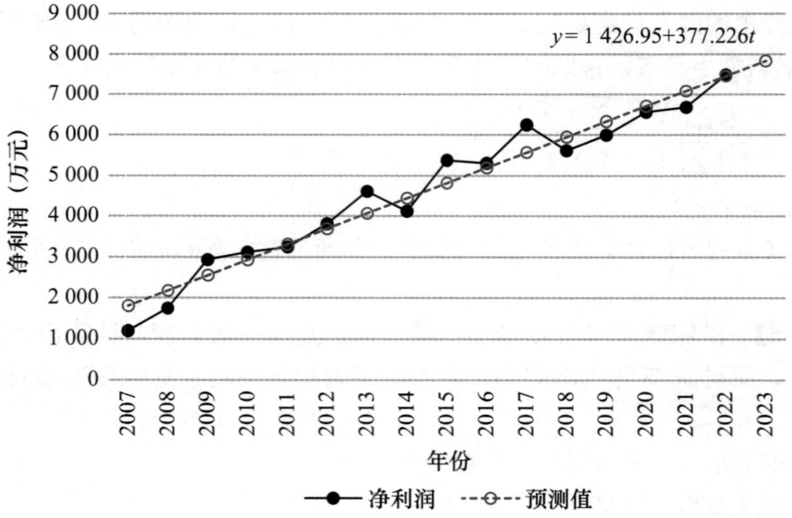

图 7-5 净利润的一元线性回归预测

图 7-6 是各年的预测残差。各年的预测残差基本上围绕零轴随机波动，表明所选择的预测方法是合适的。

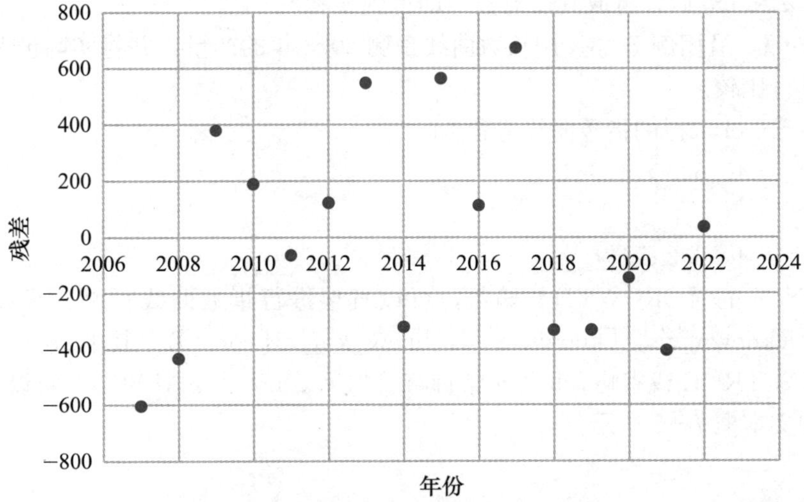

图 7-6 净利润一元线性回归预测的残差图

7.5.2 非线性趋势预测

序列中的趋势通常可以认为是由于某种固定的因素作用于同一方向所形成的。若这些因素随着时间的推移按线性变化，可以对时间序列拟合趋势直线；若呈现出某种非线性趋势（non-linear trend)，则需要拟合适当的趋势曲线。例如，图 7-2（b）和（c）就有明显的非线性趋势。下面介绍几种常用的趋势曲线。

1. 指数曲线

指数曲线（exponential curve）用于描述以几何级数递增或递减的现象，即时间序列的观察值 Y_t 按指数规律变化，或者说时间序列的逐期观察值按一定的增长率增长或衰减。比如，图 7-2（b）的产量序列就呈现出某种指数形态。一般的自然增长及大多数经济序列都有指数变化趋势。指数曲线的一般形式为：

$$\hat{Y}_t = ab^t \tag{7.13}$$

式中，a、b 为待定系数。

若 $b>1$，增长率随着时间 t 的增加而增加；若 $b<1$，增长率随着时间 t 的增加而降低；若 $a>0$，$b<1$，预测值 $\hat{Y}_t$ 逐渐降到以 0 为极限。

为确定指数曲线中的常数 a 和 b，可采取“线性化”手段将其化为对数直线形式，即两端取对数得：

$$\lg\hat{Y}_t = \lg a + t\lg b \tag{7.14}$$

然后根据最小二乘法原理，按直线形式的常数确定方法，得到求解 $\lg a$ 和 $\lg b$ 的标准方程如下：

$$\begin{cases} \sum \lg Y = n\lg a + \lg b\sum t \\ \sum t\lg Y = \lg a\sum t + \lg b\sum t^2 \end{cases} \tag{7.15}$$

求出 lg$a$ 和 lg$b$ 后，再取其反对数，即得到 a 和 b。

【例 7 - 6】 沿用例 7 - 3。用指数曲线预测 2023 年的产量，并将实际值和预测值绘制成图形进行比较。

解： 用 Excel 求得的指数曲线方程为：

$$\hat{Y} = 40.633 \times 1.364^t$$

或表达成：

$$\hat{Y} = 40.633\ e^{0.310\,6}$$

使用 Excel 的【GROWTH】函数，可以直接进行指数曲线预测。函数的语法为 GROWTH（known_y′s，[known_x′s]，[new_x′s]，[const]），其中 const 为逻辑值，如果 const 为 TRUE 或省略，b 将正常计算。如果 const 为 FALSE，b 将设为 1。具体操作步骤如文本框 7 - 2 所示。

文本框 7 - 2　用 Excel 的【GROWTH】函数进行指数曲线预测

第 1 步：选择预测结果的输出区域，比如 C2:C17。

第 2 步：点击【公式】，点击插入函数【 fx 】。

第 3 步：在【选择类别】中选择【统计】，并在【选择函数】中点击【GROWTH】，单击【确定】。

第 4 步：在出现的对话框中，在【known_y's】中输入已知的观测值 Y 的区域（本例为 B2:B17）。在【known_x's】中输已知的时间值所在的区域（本例为 A2:A17）。在【new_x's】中输入要预测的时间值（本例为 A2:A18）。在【const】中输入 TRUE 或省略。界面如下图所示。

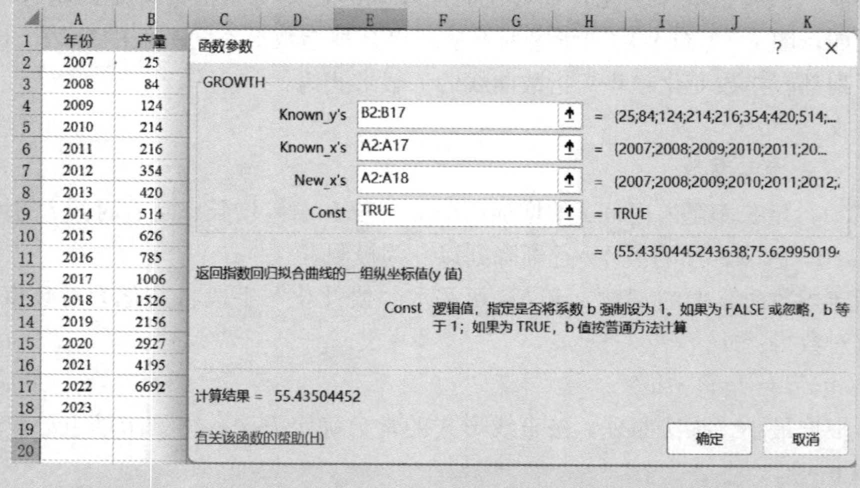

第 5 步：同时按住【Ctrl】＋【Shift】＋【Enter】键。即可得到预测结果。

按文本框 7－2 的步骤得到各年产量的预测值及其残差如表 7－8 所示。

表 7－8 产量的指数曲线预测

年份	产量（台）	预测	残差
2007	25	55.44	—30.44
2008	84	75.63	8.37
2009	124	103.18	20.82
2010	214	140.77	73.23
2011	216	192.05	23.95
2012	354	262.02	91.98
2013	420	357.47	62.53
2014	514	487.70	26.30
2015	626	665.36	—39.36
2016	785	907.76	—122.76
2017	1 006	1 238.45	—232.45
2018	1 526	1 689.62	—163.62
2019	2 156	2 305.14	—149.14
2020	2 927	3 144.90	—217.90
2021	4 195	4 290.58	—95.58
2022	6 692	5 853.63	838.37
2023	—	7 986.11	—

图 7－7 是产量及其指数曲线预测的比较。

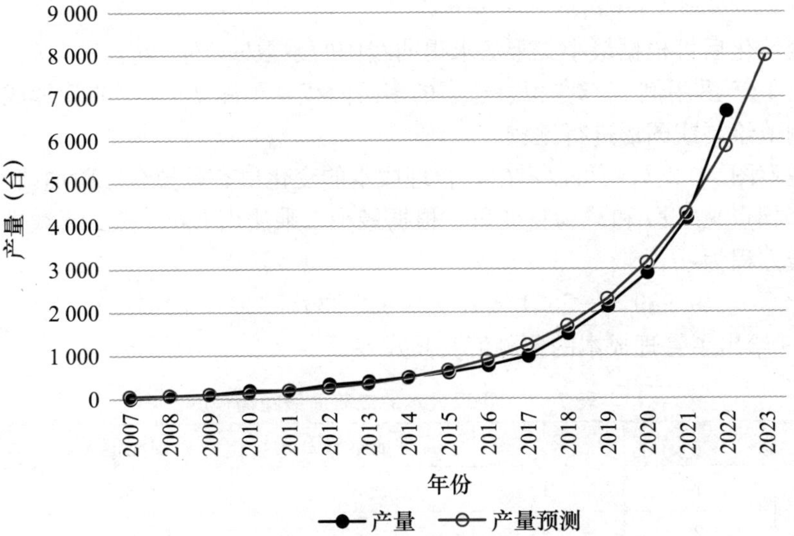

图 7－7 产量及其指数曲线预测

图 7 - 8 是产量指数曲线预测的残差图。

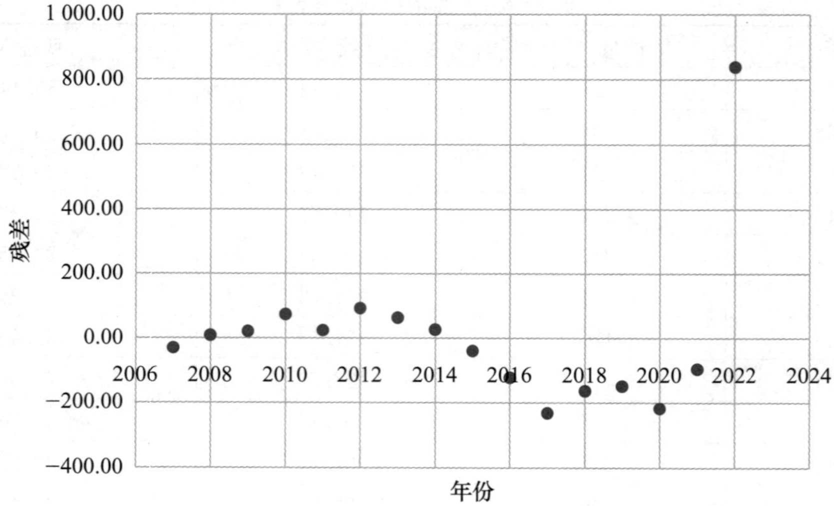

图 7 - 8　产量指数曲线预测的残差图

图 7 - 8 显示，除 2022 年产生了一个较大的残差外，其余年份的残差均较小，而且残差也没有明显的固定模式，表明采用指数模型预测是合适的。

2. 多阶曲线

有些现象的变化形态比较复杂，它们不是按照某种固定的形态变化，而是有升有降，在变化过程中可能有几个拐点。这时就需要拟合多项式函数。当只有一个拐点时，可以拟合二阶曲线，即抛物线；当有两个拐点时，需要拟合三阶曲线；当有 $k-1$ 个拐点时，需要拟合 k 阶曲线。k 阶曲线函数的一般形式为：

$$\hat{Y}_t = b_0 + b_1 t + b_2 t^2 + \cdots + b_k t^k \tag{7.16}$$

将其线性化后可根据最小二乘法求得曲线中的系数b_0，b_1，b_2，…，b_k。

【例 7 - 7】 沿用例 7 - 3。拟合适当的多阶曲线，预测 2023 年的管理成本，并将实际值和预测值绘制成图形进行比较。

解： 观察图 7 - 2（c）可以看出，管理成本的变化形态可拟合二阶曲线（即抛物线，视为有一个拐点）。设 t 和 t^2 为自变量，根据最小二乘法用 Excel 做二元线性回归，得到的二阶曲线方程为：

$$\hat{Y} = -49.9893 + 56.1381t - 2.82283t^2$$

表 7 - 9 给出了管理成本的预测值及其残差。

表 7 - 9　管理成本的二阶曲线趋势预测

年份	t	t^2	管理成本（万元）	预测值	残差
2007	1	1	27	3.33	23.67
2008	2	4	60	51.00	9.00

续表

年份	t	t^2	管理成本（万元）	预测值	残差
2009	3	9	73	93.02	−20.02
2010	4	16	121	129.40	−8.40
2011	5	25	126	160.13	−34.13
2012	6	36	172	185.22	−13.22
2013	7	49	218	204.66	13.34
2014	8	64	227	218.45	8.55
2015	9	81	254	226.60	27.40
2016	10	100	223	229.11	−6.11
2017	11	121	226	225.97	0.03
2018	12	144	232	217.18	14.82
2019	13	169	200	202.75	−2.75
2020	14	196	181	182.67	−1.67
2021	15	225	153	156.95	−3.95
2022	16	256	119	125.58	−6.58
2023	17	289	—	88.56	—

图 7－9 给出了管理成本的实际值和二阶曲线的预测值，图 7－10 给出了预测的残差图。

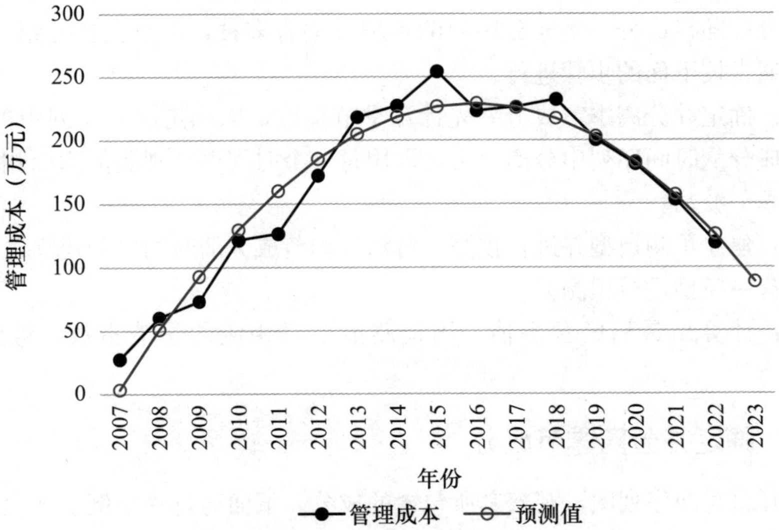

图 7－9　管理成本的二阶曲线预测

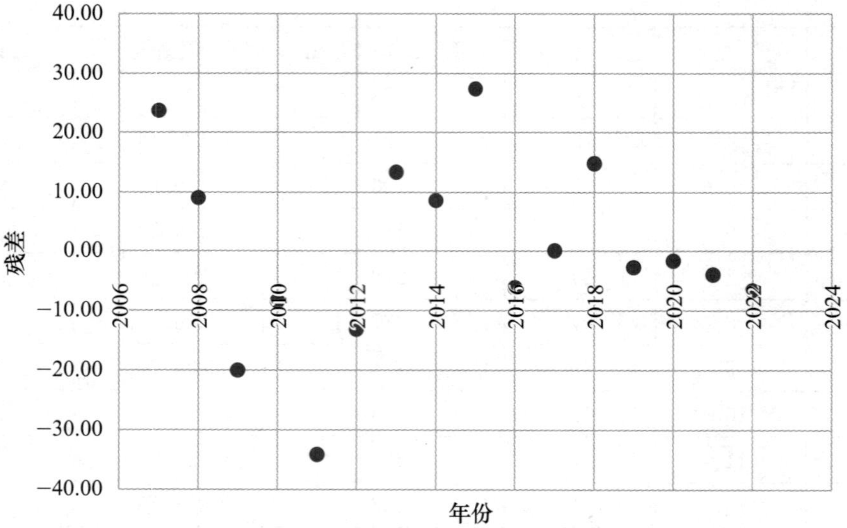

图 7－10　管理成本的二阶曲线残差图

7.6　多成分序列的分解预测

多成分序列是指含有趋势性、季节性、周期性和随机成分的序列。对这类序列预测通常是将时间序列的各个因素依次分解出来，然后再进行预测。由于周期性成分的分析需要有多年的数据，实际中很难得到多年的数据来发现周期性成分，因此，不考虑周期成分时，采用的分解模型为：$Y_t=T_t\times S_t\times I_t$。这一模型表示该时间序列中含有趋势成分、季节成分和随机成分。多成分序列的预测方法有多种，本节主要介绍分解法预测。分解法预测通常按下面的步骤进行。

第 1 步：确定并分离季节成分。先计算季节指数，以确定时间序列中的季节成分，然后将季节成分从时间序列中分离出去，即用每一个时间序列观测值除以相应的季节指数，以消除季节波动。

第 2 步：建立预测模型并进行预测。对消除季节成分的时间序列建立适当的预测模型，并根据这一模型进行预测。

第 3 步：计算出最后的预测值。用预测值乘以相应的季节指数，得到最终的预测值。

7.6.1　确定并分离季节成分

首先，画出时间序列图，观察其所包含的成分。下面通过一个例子来说明确定季节成分并将其分离的过程。

【例 7－8】 表 7－10 是一家饮料生产企业 2017—2022 年各季度的销售量数据。绘制时间序列图观察其所包含的成分。

表 7-10 某饮料生产企业 2017—2022 年各季度的销售量数据 单位：万吨

年份	季度			
	1	2	3	4
2017	20.3	21.2	21.7	20.6
2018	21.0	21.8	22.2	21.2
2019	21.8	22.1	23.0	21.7
2020	22.3	22.7	23.8	22.3
2021	22.7	23.3	24.6	23.1
2022	23.9	24.3	25.4	24.1

解： 销售量的时间序列图如图 7-11 所示。

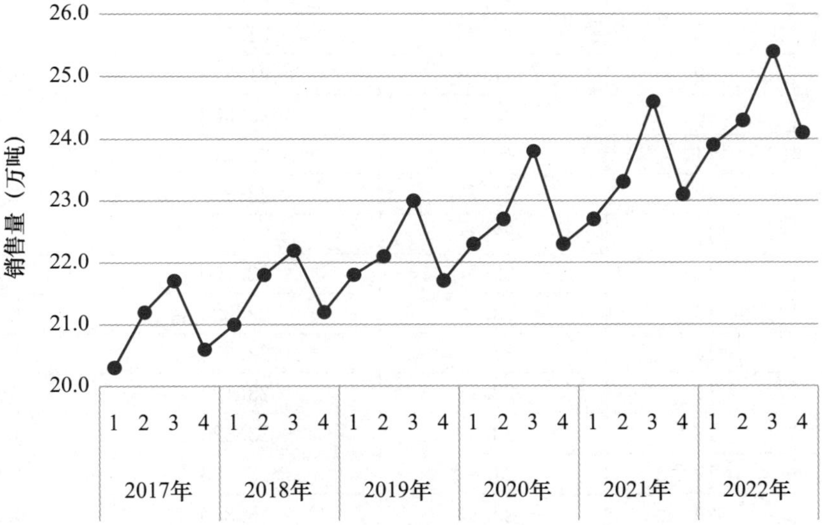

图 7-11 饮料销售量的走势图

图 7-11 显示，饮料销售量的变化具有明显的季节成分，而且随着时间的推移，具有线性上升趋势。因此，可以采用分解法进行预测。

确定并分离季节成分。季节成分用季节指数（seasonal index）来表示。季节指数的计算方法有多种，这里只介绍移动平均趋势剔除法。该方法的基本步骤是：

（1）计算移动平均值（季度数据采用 4 项移动平均，月份数据则采用 12 项移动平均），并将其结果进行“中心化”处理，也就是将移动平均的结果再进行一次 2 项的移动平均，即得出“中心化移动平均值”（*CMA*）。

（2）计算移动平均的比值，也称为季节比率，即将序列的各观测值除以相应的中心化移动平均值，然后再计算出各比值的季度（或月份）平均值。

（3）季节指数调整。由于各季节指数的平均数应等于 1 或 100%，若根据第 2 步计算的季节比率的平均值不等于 1 时，则需要进行调整。具体方法是：将第 2 步计算的每个季节比率的平均值除以它们的总平均值。

首先，计算季节指数。销售量的中心化移动平均及其比值见表7-11。

表7-11 销售量的中心化移动平均及其比值

年/季度	时间标号 (t)	销售量 (Y)	中心化移动平均值 (CMA)	比值 (Y/CMA)
2017/1	1	20.3	—	—
2	2	21.2	—	—
3	3	21.7	21.038	1.031 5
4	4	20.6	21.200	0.971 7
2018/1	5	21	21.338	0.984 2
2	6	21.8	21.475	1.015 1
3	7	22.2	21.650	1.025 4
4	8	21.2	21.788	0.973 0
2019/1	9	21.8	21.925	0.994 3
2	10	22.1	22.088	1.000 6
3	11	23	22.213	1.035 5
4	12	21.7	22.350	0.970 9
2020/1	13	22.3	22.525	0.990 0
2	14	22.7	22.700	1.000 0
3	15	23.8	22.825	1.042 7
4	16	22.3	22.950	0.971 7
2021/1	17	22.7	23.125	0.981 6
2	18	23.3	23.325	0.998 9
3	19	24.6	23.575	1.043 5
4	20	23.1	23.850	0.968 6
2022/1	21	23.9	24.075	0.992 7
2	22	24.3	24.300	1.000 0
3	23	25.4	—	—
4	24	24.1	—	—

为计算各比值的平均值和季节指数，需要将表7-11中的比值再按季度重新排列，结果如表7-12所示。

表7-12 各季节指数计算表

年份	季度			
	1	2	3	4
2017	—	—	1.031 5	0.971 7
2018	0.984 2	1.015 1	1.025 4	0.973 0
2019	0.994 3	1.000 6	1.035 5	0.970 9

续表

年份	季度			
	1	2	3	4
2020	0.990 0	1.000 0	1.042 7	0.971 7
2021	0.981 6	0.998 9	1.043 5	0.968 6
2022	0.992 7	1.000 0	—	—
合计	**4.942 8**	**5.014 6**	**5.178 5**	**4.855 9**
同季平均	**0.988 6**	**1.002 9**	**1.035 7**	**0.971 2**
季节指数（%）	**98.90**	**100.33**	**103.61**	**97.16**

其次，分离季节成分。将各实际观测值分别除以相应的季节指数，结果即为季节成分分离后的序列，见表 7-13 中的（5）列，它反映了在没有季节因素影响的情况下时间序列的变化形态。实际值与季节成分分离后的图形如图 7-12 所示。

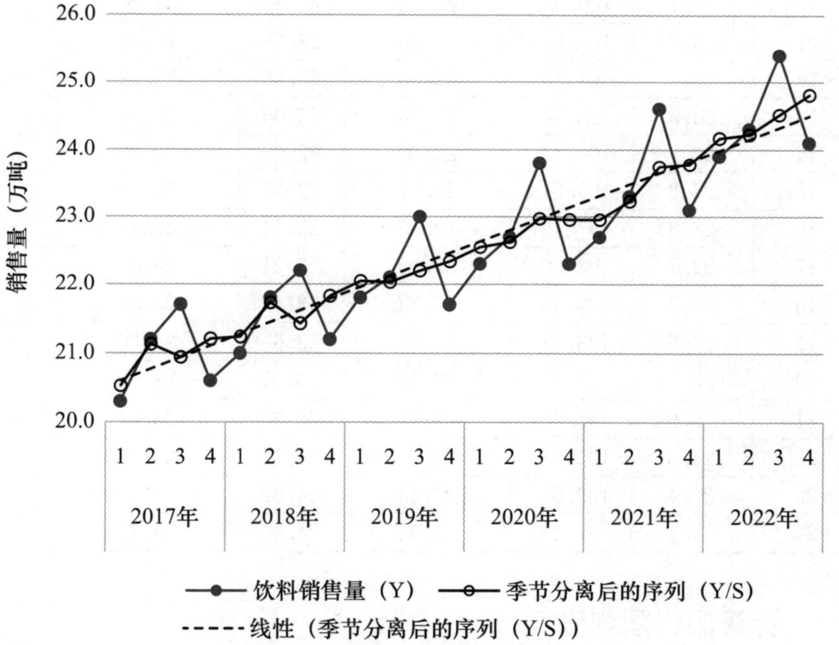

图 7-12　饮料销售量的季节分离图

图 7-12 显示，剔除季节成分后的饮料销售量具有明显的线性趋势。因此，可用一元线性模型来预测各季度的饮料销售量。

7.6.2　建立预测模型并进行预测

由于剔除季节成分后的饮料销售量具有明显的线性趋势，因此，可用一元线性模型来预测各季度的饮料销售量。根据分离季节性因素的序列确定的线性趋势方程为 $\hat{Y}=20.43+0.169t$。根据这一趋势方程计算的各期预测值见表 7-13 中的（6）列。

表 7－13　饮料销售量的预测值

年/季	时间编号（t）	饮料销售量（Y）	季节指数（S）	季节分离后的序列（Y/S）	回归趋势值	最终预测值	预测误差
(1)	(2)	(3)	(4)	(5)＝(3)/(4)	(6)	(7)＝(6)×(4)	(8)＝(3)－(7)
2017/1	1	20.3	98.90	20.53	20.60	20.37	－0.07
2	2	21.2	100.33	21.13	20.77	20.84	0.36
3	3	21.7	103.61	20.94	20.94	21.70	0.00
4	4	20.6	97.16	21.20	21.11	20.51	0.09
2018/1	5	21.0	98.90	21.23	21.28	21.04	－0.04
2	6	21.8	100.33	21.73	21.45	21.52	0.28
3	7	22.2	103.61	21.43	21.62	22.40	－0.20
4	8	21.2	97.16	21.82	21.79	21.17	0.03
2019/1	9	21.8	98.90	22.04	21.95	21.71	0.09
2	10	22.1	100.33	22.03	22.12	22.20	－0.10
3	11	23.0	103.61	22.20	22.29	23.10	－0.10
4	12	21.7	97.16	22.33	22.46	21.82	－0.12
2020/1	13	22.3	98.90	22.55	22.63	22.38	－0.08
2	14	22.7	100.33	22.62	22.80	22.88	－0.18
3	15	23.8	103.61	22.97	22.97	23.80	0.00
4	16	22.3	97.16	22.95	23.14	22.48	－0.18
2021/1	17	22.7	98.90	22.95	23.31	23.05	－0.35
2	18	23.3	100.33	23.22	23.48	23.55	－0.25
3	19	24.6	103.61	23.74	23.65	24.50	0.10
4	20	23.1	97.16	23.78	23.81	23.14	－0.04
2022/1	21	23.9	98.90	24.17	23.98	23.72	0.18
2	22	24.3	100.33	24.22	24.15	24.23	0.07
3	23	25.4	103.61	24.51	24.32	25.20	0.20
4	24	24.1	97.16	24.81	24.49	23.79	0.31

7.6.3　计算最终预测值

将回归预测值乘以相应的季节指数，就得到最终的预测值，见表 7－13 的（7）列。2017 年各季度饮料销售量的预测值如表 7－14。

表 7－14　2017 年饮料销售量的预测值

年/季	时间编号	季节指数	回归预测值	最终预测值
2022/1	25	98.90	24.66	24.39
2	26	100.33	24.83	24.91
3	27	103.61	25.00	25.90
4	28	97.16	25.17	24.45

图 7-13 绘制了饮料销售量的实际值和预测值，可以看出，预测效果非常好。

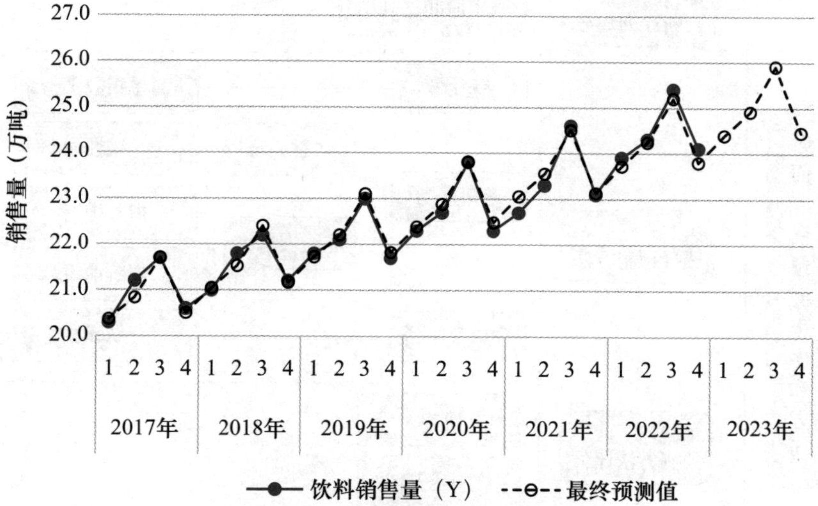

图 7-13　饮料销售量的分解预测

图 7-14 的预测残差图显示，各时间点的预测残差均较小，而且基本上没有固定的模式，表示采用分解预测是合适的。

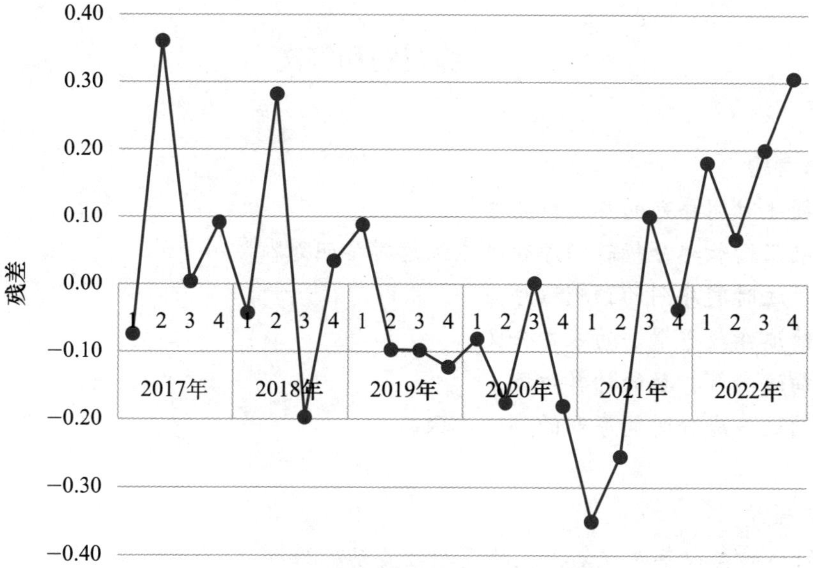

图 7-14　饮料销售量分解预测的残差图

本章小结

下面的框图总结了时间序列预测的基本步骤。

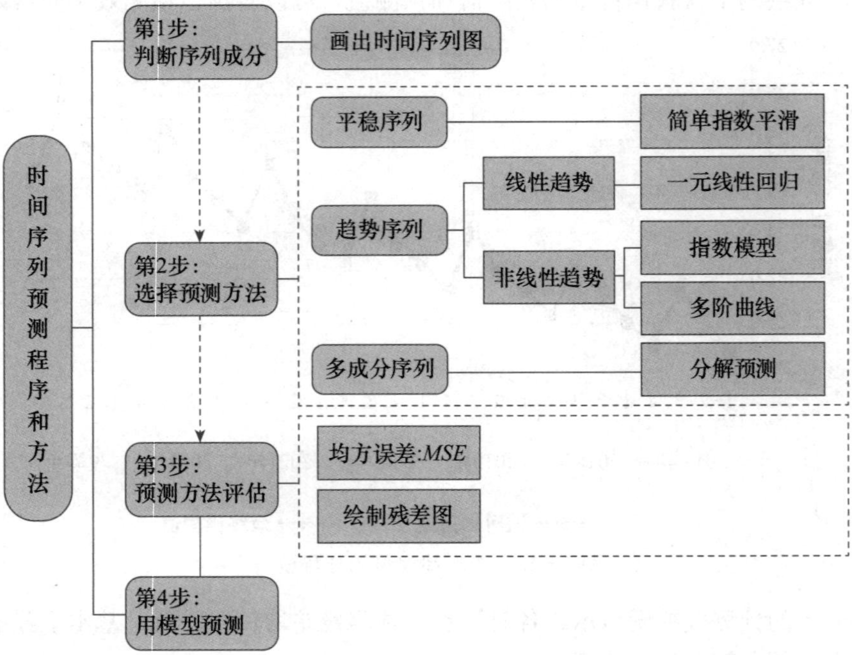

练习题和答案

一、思考题

7.1　简述时间序列的各构成要素。

7.2　利用增长率分析时间序列时应注意哪些问题？

7.3　简述时间序列的预测程序。

7.4　简述指数平滑法的基本含义。

7.5　简述季节指数的计算步骤。

7.6　简述多成分时间序列的预测步骤。

二、选择题

1. 时间序列在一年内重复出现的周期性波动称为（　　）。

A. 趋势　　B. 季节波动

C. 周期波动　　D. 随机波动

2. 环比增长率是（　　）。

A. 报告期观察值与前一时期观察值之比减1

B. 报告期观察值与前一时期观察值之比加1

C. 报告期观察值与某一固定时期观察值之比减1

D. 报告期观察值与某一固定时期观察值之比加 1

3. 增长一个百分点而增加的绝对数量称为（　　）。

A. 环比增长率　　B. 平均增长率

C. 年度化增长率　　D. 增长 1%绝对值

4. 某种商品的价格连续四年环比增长率分别为 8%、10%、9%、12%，该商品价格的年平均增长率为（　　）。

A. （8%+10%+9%+12%）÷4

B. [（108%×110%×109%×120%）−1]÷4

C. $\sqrt[3]{108\%\times110\%\times109\%\times120\%}-1$

D. $\sqrt[4]{108\%\times110\%\times109\%\times120\%}-1$

5. 指数平滑法适合于预测（　　）。

A. 随机波动序列　　B. 非随机波动序列

C. 有趋势成分的序列　　D. 有季节成分的序列

6. 指数平滑法得到的 $t+1$ 期的预测值等于（　　）。

A. t 期的实际观察值与第 $t+1$ 期指数平滑值的加权平均值

B. t 期的实际观察值与第 t 期指数平滑值的加权平均值

C. t 期的实际观察值与第 $t+1$ 期实际观察值的加权平均值

D. $t+1$ 期的实际观察值与第 t 期指数平滑值的加权平均值

7. 如果现象符合随着时间的推移按固定的常数增长或下降的变化规律，则适合的预测方法是（　　）。

A. 移动平均　　B. 简单指数平滑

C. 线性趋势　　D. 指数趋势

8. 如果时间序列的逐期观察值按一定的增长率增长或衰减，则适合的预测方法是（　　）。

A. 移动平均　　B. 简单指数平滑

C. 线性趋势　　D. 指数趋势

9. 对某时间序列建立的指数曲线方程为 $\hat{Y}_t=1\ 500\times(1.2)^t$，这表明该现象（　　）。

A. 每期增长率为 120%　　B. 每期增长率为 20%

C. 每期增长量为 1.2 个单位　　D. 每期的观测值为 1.2 个单位

10. 对某时间序列建立的趋势方程为 $\hat{Y}_t=100-5x$，这表明该序列（　　）。

A. 没有趋势　　B. 呈现线性上升趋势

C. 呈现线性下降趋势　　D. 呈现指数下降趋势

11. 对某企业各年的销售额（单位：万元）拟合的直线趋势方程为 $\hat{Y}_t=6+1.5x$，这表明（　　）。

A. 时间每增加 1 年，销售额平均增加 1.5 万元

B. 时间每增加 1 年，销售额平均减少 1.5 万元

C. 时间每增加 1 年，销售额平均增加 1.5%

D. 下一年度的销售额为 1.5 万元

12. 对某一时间序列拟合的直线趋势方程为 $\hat{Y}_t=a+bx$，如果 b 的值等于 0，则表明该序列（　　）。

A. 没有趋势　　B. 有上升趋势

C. 有下降趋势　　D. 有非线性趋势

13. 季节指数反映了某一月份或季度的数值占全年平均数值的大小。如果现象的发展没有季节波动，则各期的季节指数应（　　）。

A. 等于 0　　B. 等于 100%

C. 小于 100%　　D. 大于 100%

14. 根据各年的月份数据计算季节指数，各季节指数的平均数应等于（　　）。

A. 100%　　B. 400%　　C. 4%　　D. 1 200%

15. 根据各季度商品销售额数据计算的季节指数分别为：一季度 125%，二季度 70%，三季度 100%，四季度 105%。受季节因素影响最大的是（　　）。

A. 一季度　　B. 二季度　　C. 三季度　　D. 四季度

三、计算与分析题

7.1　下表是 2012—2021 年我国的 GDP（国内生产总值）数据如下：

年份	GDP（亿元）
2012	537 329.0
2013	588 141.2
2014	644 380.2
2015	685 571.2
2016	742 694.1
2017	830 945.7
2018	915 243.5
2019	983 751.2
2020	1 005 451.3
2021	1 133 239.8

计算：2012—2021 年的环比增长率；以 2012 年为固定基期的定基增长率；2012—2021 年的年平均增长率。

7.2　下面是一家旅馆过去 18 个月的营业额数据：

月份	营业额（万元）	月份	营业额（万元）
1	295	10	473
2	283	11	470
3	322	12	481
4	355	13	449
5	286	14	544
6	379	15	601
7	381	16	587
8	431	17	644
9	424	18	660

（1）用 3 期移动平均法预测第 19 个月的营业额。

（2）采用指数平滑法，分别用平滑系数 $\alpha=0.3$、$\alpha=0.4$ 和 $\alpha=0.5$ 预测各月的营业额，分析预测误差，说明用哪一个平滑系数预测更合适。

（3）建立一个趋势方程预测第 19 个月的营业额。

7.3 下面是某只股票连续 35 个交易日的收盘价格。分别拟合回归直线 $\hat{Y}_t=b_0+b_1t$ 、二阶曲线 $\hat{Y}_t=b_0+b_1t+b_2t^2$ 和三阶曲线 $\hat{Y}_t=b_0+b_1t+b_2t^2+b_3t^3$，并对结果进行比较。

时间 t	观测值 Y	时间 t	观测值 Y
1	372	19	360
2	370	20	357
3	374	21	356
4	375	22	352
5	377	23	348
6	377	24	353
7	374	25	356
8	372	26	356
9	373	27	356
10	372	28	359
11	369	29	360
12	367	30	357
13	367	31	357
14	365	32	355
15	363	33	356
16	359	34	363
17	358	35	365
18	359		

7.4 下表中的数据是一家大型百货公司最近几年各季度的销售额（单位：万元）数据。计算季节指数以及剔除季节波动后的趋势方程。

年份	季度			
	1	2	3	4
2013	993.1	971.2	2 264.1	1 943.3
2014	1 673.6	1 931.5	3 927.8	3 079.6
2015	2 342.4	2 552.6	3 747.5	4 472.8
2016	3 254.4	4 245.2	5 951.1	6 373.1
2017	3 904.2	5 105.9	7 252.6	8 630.5
2018	5 483.2	5 997.3	8 776.1	8 720.6
2019	5 123.6	6 051.0	9 592.2	8 341.2
2020	4 942.4	6 825.5	8 900.1	8 723.1
2021	5 009.9	6 257.9	8 016.8	7 865.6
2022	6 059.3	5 819.7	7 758.8	8 128.2

四、练习题解答

选择题答案

1. B；2. A；3. D；4. C；5. A；6. B；7. C；8. D；9. B；10. C；11. A；12. A；13. B；14. A；15. B。

计算与分析题答案

7.1 环比增长率和定基增长率如下表所示：

年份	GDP	环比增长率（%）	定基增长率（%）
2012	537 329.0	—	—
2013	588 141.2	9.46	9.46
2014	644 380.2	9.56	19.92
2015	685 571.2	6.39	27.59
2016	742 694.1	8.33	38.22
2017	830 945.7	11.88	54.64
2018	915 243.5	10.14	70.33
2019	983 751.2	7.49	83.08
2020	1 005 451.3	2.21	87.12
2021	1 133 239.8	12.71	110.90

年平均增长率如下：

$$\bar{G}=\left(\sqrt[n]{\frac{Y_n}{Y_0}}-1\right)\times 100=\left(\sqrt[9]{\frac{1\ 133\ 239.8}{537\ 329.0}}-1\right)\times 100=8.644\ 8\%$$

7.2 (1) 第19个月的3期移动平均预测值为：$F_{19}=630.33$

(2) 由Excel输出的指数平滑预测值如下表：

月份	营业额	α = 0.3	误差平方	α = 0.4	误差平方	α = 0.5	误差平方
1	295						
2	283	295	144	295	144	295	144
3	322	291.4	936.4	290.2	1011.2	289	1089
4	355	300.6	2961.5	302.9	2712.3	305.5	2450.3
5	286	316.9	955.2	323.8	1425.2	330.3	1958.1
6	379	307.6	5093.1	308.7	4949	308.1	5023.3
7	381	329	2699.4	336.8	1954.5	343.6	1401.6
8	431	344.6	7459.6	354.5	5856.2	362.3	4722.3
9	424	370.5	2857.8	385.1	1514.4	396.6	748.5
10	473	386.6	7468.6	400.7	5234.4	410.3	3928.7
11	470	412.5	3305.6	429.6	1632.9	441.7	803.1
12	481	429.8	2626.2	445.8	1242.3	455.8	633.5
13	449	445.1	15	459.9	117.8	468.4	376.9
14	544	446.3	9547.4	455.5	7830.2	458.7	7274.8
15	601	475.6	15724.5	490.9	12120.5	501.4	9929.4
16	587	513.2	5443.2	534.9	2709.8	551.2	1283.3
17	644	535.4	11803.7	555.8	7785.2	569.1	5611.7
18	660	567.9	8473.4	591.1	4752.7	606.5	2857.5
合计	—	—	87514.7	—	62992.5	—	50236

$\alpha=0.3$ 时的预测值：

$F_{19}=0.3\times 660+(1-0.3)\times 567.9=595.5$，误差均方$=87\ 514.7$

$\alpha=0.4$ 时的预测值：

$F_{19}=0.4\times 660+(1-0.4)\times 591.1=618.7$，误差均方$=62\ 992.5$

$\alpha=0.5$ 时的预测值：

$F_{19}=0.5\times 660+(1-0.5)\times 606.5=633.3$，误差均方$=50\ 236$

比较各误差均方可知，$\alpha=0.5$ 更合适。

(3) 线性趋势方程为：$\hat{Y}_t=239.73+21.928\ 8t$。$\hat{Y}_{19}=656.377\ 2$。

7.3 在求二阶曲线和三阶曲线时，首先将其线性化，然后用最小二乘法按线性回归进行求解。用Excel求得的趋势直线、二阶曲线和三阶曲线的系数如下：

各趋势方程为：

线性趋势：$\hat{Y}=374.161-0.614t$

二阶曲线：$\hat{Y}=381.644-1.827t+0.034\ t^2$

三阶曲线：$\hat{Y}=372.562+1.003t-0.160\ t^2+0.004\ t^3$

根据趋势方程求得的预测值和预测误差如下表所示：

时间	观测值	直线		二阶曲线		三阶曲线		时间	观测值	直线		二阶曲线		三阶曲线	
t	Y	预测	误差	预测	误差	预测	误差	t	Y	预测	误差	预测	误差	预测	误差
1	372	373.55	-1.55	379.85	-7.85	373.41	-1.41	19	360	362.50	-2.50	359.21	0.80	361.30	-1.30
2	370	372.93	-2.93	378.13	-8.13	373.96	-3.96	20	357	361.88	-4.88	358.70	-1.70	360.62	-3.62
3	374	372.32	1.68	376.47	-2.47	374.24	-0.24	21	356	361.27	-5.27	358.27	-2.27	360.11	-4.11
4	375	371.71	3.30	374.88	0.12	374.27	0.73	22	352	360.65	-8.65	357.91	-5.91	359.78	-7.78
5	377	371.09	5.91	373.36	3.64	374.08	2.92	23	348	360.04	-12.04	357.61	-9.61	359.66	-11.66
6	377	370.48	6.52	371.91	5.09	373.68	3.32	24	353	359.43	-6.43	357.38	-4.38	359.77	-6.77
7	374	369.86	4.14	370.52	3.48	373.12	0.88	25	356	358.81	-2.81	357.22	-1.22	360.14	-4.14
8	372	369.25	2.75	369.20	2.80	372.39	-0.39	26	356	358.20	-2.20	357.13	-1.13	360.78	-4.78
9	373	368.64	4.37	367.96	5.04	371.55	1.45	27	356	357.58	-1.58	357.10	-1.10	361.74	-5.74
10	372	368.02	3.98	366.77	5.23	370.59	1.41	28	359	356.97	2.03	357.14	1.86	363.01	-4.01
11	369	367.41	1.59	365.66	3.34	369.56	-0.56	29	360	356.36	3.64	357.26	2.75	364.65	-4.64
12	367	366.79	0.21	364.62	2.38	368.47	-1.47	30	357	355.74	1.26	357.43	-0.43	366.65	-9.65
13	367	366.18	0.82	363.64	3.36	367.35	-0.35	31	357	355.13	1.87	357.68	-0.68	369.06	-12.06
14	365	365.57	-0.56	362.73	2.27	366.22	-1.22	32	355	354.51	0.49	358.00	-3.00	371.89	-16.89
15	363	364.95	-1.95	361.89	1.11	365.11	-2.11	33	356	353.90	2.10	358.38	-2.38	375.17	-19.17
16	359	364.34	-5.34	361.12	-2.12	364.03	-5.03	34	363	353.29	9.71	358.83	4.17	378.92	-15.92
17	358	363.72	-5.72	360.41	-2.41	363.03	-5.02	35	365	352.67	12.33	359.35	5.65	383.17	-18.17
18	359	363.11	-4.11	359.77	-0.77	362.10	-3.10								

比较各预测误差可知，直线的误差最大，三阶曲线的误差最小。

7.4　各季节指数如下：

	1 季度	2 季度	3 季度	4 季度
季节指数	0.751 7	0.851 3	1.234 3	1.162 7

根据分离季节因素后的数据计算的趋势方程为：$\hat{Y}_t=2\ 043.92+163.706\ 4t$。

第8章 指 数

内容提要

指数是经济分析中的一种常用统计方法，它主要用于反映价格的相对变化程度。本章主要讨论指数的编制方法以及指数的应用，具体内容包括：

1. 指数及其分类。介绍指数的概念和分类。

2. 加权指数。介绍加权综合指数和加权平均指数的编制以及指数体系的分析和应用。

3. 几种常用的价格指数。介绍消费者价格指数、生产者价格指数和股票价格指数的一些基本知识。

8.1 指数及其分类

在日常生活中，我们经常听到或看到各种价格指数的统计数据。例如，消费者价格指数（CPI）、生产者价格指数（PPI）、股票价格指数等等。指数的编制最早起源于物价指数，用于反映价格的变动。广义地讲，任何两个数值对比形成的相对数都可以称为指数；狭义地讲，指数是用于测定多个项目在不同场合下综合变动的一种相对数。从指数理论和方法上看，指数所研究的主要是狭义的指数。因此，本章所讨论的主要是狭义的指数。

▶ **定义 8.1** 测定多个项目在不同场合下综合变动的相对数，称为指数（index number）。

从不同角度出发，指数可以分为以下几种主要类型。

（1）按所反映的内容不同，可以分为数量指数（quantity index number）和质量指数（quality index number）。数量指数是反映物量变动水平的，如产品产量指数、商品销售量指数等；质量指数是反映事物内含数量的变动水平的，如价格指数、产品成本指数等。

（2）按计入指数的项目多少不同，可分为个体指数和综合指数（aggregative index number）。个体指数是反映一个项目或变量变动的相对数，如一种商品的价格或销售量的相对变动水平；综合指数是反映多个项目或变量综合变动的相对数，如多种商品的价格或销售量的综合变动水平。

（3）按计算形式不同，可分为简单指数和加权指数。简单指数（simple index number）又称不加权指数，把计入指数的各个项目的重要性视为相同；加权指数（weighted index number）则对计入指数的项目依据重要程度赋予不同的权数，而后再进行计算。目前应用的主要是加权指数。

（4）按对比场合不同，可分为时间性指数和区域性指数。其中时间性指数中又有定基指数和环比指数之分。在指数序列中，若所有各期指数均使用同一基期计算，称为定基指数；若所有各期指数均以上一个时期为基期计算，称为环比指数。

8.2 加权指数

在计算指数时，对计入指数的各个项目依据其重要程度赋予不同的权数，这种通过加权方法计算的指数称为加权指数。通过加权可以提高指数的准确性和代表性。加权指数因所采用的权数不同有加权综合指数、加权平均指数等不同形式。

8.2.1 加权综合指数

▶ **定义 8.2** 通过加权来测定一组项目的综合变动状况，这样的指数称为加权综合指数（weighted aggregative index number）。

对于加权综合指数，若所测定的是一组项目的物量变动状况，则称为数量指数，如产品产量指数、商品销售量指数等；若所测定的是一组项目的质量变动状况则称为质量指数，如价格指数、产品成本指数等。但由于权数可以固定在不同时期，因而加权综合指数有不同的计算公式。①

1. 价格指数

价格指数用于反映多个产品或商品项目在不同时期的价格综合变动情况。通常情况下，在计算价格指数时，将相应的产量或销售量固定在报告期。用 I_p 表示价格指数，其计算公式为：

$$I_p = \frac{\sum p_1 q_1}{\sum p_0 q_1} \tag{8.1}$$

式中，p_0 和 p_1 分别表示一组项目基期和报告期的价格；q_1 表示一组项目报告期的产量或销售量。

【例 8-1】 某粮油零售市场基期和报告期 3 种商品的零售价格和销售量资料如表 8-1 所示。试以报告期销售量为权数，计算 3 种商品的价格指数。

---

① 较为常见的加权综合指数形式有拉氏指数和帕氏指数两种。拉氏指数是 1864 年由德国学者拉斯贝尔斯（Laspeyres）提出的一种指数计算方法，该方法在计算一组项目的综合指数时，把作为权数的各变量值固定在基期。帕氏指数是 1874 年德国学者帕煦（Paasche）提出的一种指数计算方法，该方法在计算综合指数时，把作为权数的各变量值固定在报告期。

表 8-1 某粮油零售市场 3 种商品的价格和销售量

商品名称	计量单位	单价（元）		销售量	
		基期	报告期	基期	报告期
粳米	t	2 600	3 000	120	150
标准粉	t	2 300	2 100	150	200
花生油	kg	9.8	10.5	1 500	1 600

解：设销售量为 q，零售价格为 p，计算过程见表 8-2。

表 8-2 加权综合指数计算表

商品名称	计量单位	单价（元）		销售量		销售额（元）		
		基期 p_0	报告期 p_1	基期 q_0	报告期 q_1	基期 p_0q_0	报告期 p_1q_1	p_0q_1
粳米	t	2 600	3 000	120	150	312 000	450 000	390 000
标准粉	t	2 300	2 100	150	200	345 000	420 000	460 000
花生油	kg	9.8	10.5	1 500	1 600	14 700	16 800	15 680
合计	—	—	—	—	—	671 700	886 800	865 680

根据式（8.1）得价格指数为：

$$I_p=\frac{\sum p_1q_1}{\sum p_0q_1}=\frac{886\,800}{865\,680}=102.44\%$$

计算结果表明，与基期相比，报告期该粮油零售市场 3 种商品的零售价格平均上涨了 2.44%。

2. 销售量指数

销售量指数用于反映多个产品或商品项目在不同时期的销售量变动情况。通常情况下，在计算销售量指数时，将相应价格（或生产成本）固定在基期。用 I_q 表示销售量指数，其计算公式为：

$$I_q=\frac{\sum p_0q_1}{\sum p_0q_0} \tag{8.2}$$

【例 8-2】 根据表 8-1 中的资料，以基期的零售价格为权数计算 3 种商品的销售量指数。

解：根据表 8-2 中的有关计算结果和式（8.2）得销售量指数为：

$$I_q=\frac{\sum p_0q_1}{\sum p_0q_0}=\frac{865\,680}{671\,700}=128.88\%$$

计算结果表明，与基期相比，报告期该粮油零售市场 3 种商品的销售量平均增加了 28.88%。

8.2.2 加权平均指数

▶ **定义 8.3** 以某一时期的价值总量为权数对个体指数加权平均计算的指数，称为加权平均指数（weighted average index number）。

加权平均指数中，作为权数的总量通常为价值总量，如商品销售额或产品销售额等。加权平均指数可以看作加权综合指数的另一种形式。

1. 价格指数

加权平均价格指数通常是用报告期的销售额 p_1q_1 为权数，对个体价格指数 p_1/p_0 加权平均计算出来的，其计算公式为：

$$I_p=\frac{\sum p_1q_1}{\sum \frac{1}{p_1/p_0}p_1q_1} \tag{8.3}$$

式（8.3）实际上可以看作式（8.1）的另一种表现形式。

【例 8-3】 某企业生产 3 种产品的有关数据如表 8-3 所示。试计算 3 种产品的价格指数。

表 8-3 某企业生产 3 种产品的有关数据

产品名称	计量单位	销售额（万元）		个体价格指数	个体销售量指数
		基期（p_0q_0）	报告期（p_1q_1）	（p_1/p_0）	（q_1/q_0）
甲	件	200	220	1.14	1.03
乙	台	50	50	1.05	0.98
丙	箱	120	150	1.2	1.1

解：根据式（8.3）得 3 种产品的价格指数为：

$$I_p=\frac{\sum p_1q_1}{\sum \frac{1}{p_1/p_0}p_1q_1}=\frac{220+50+150}{\frac{220}{1.14}+\frac{50}{1.05}+\frac{150}{1.20}}=\frac{420}{365.60}=114.88\%$$

计算结果表明，与基期相比，报告期该企业 3 种产品的销售价格平均提高了 14.88%。

2. 销售量指数

加权平均销售量指数通常是用基期的销售额 p_0q_0 为权数，对个体销售量指数 q_1/q_0 加权平均计算出来的。其计算公式为：

$$I_q=\frac{\sum \frac{q_1}{q_0}p_0q_0}{\sum p_0q_0} \tag{8.4}$$

式（8.4）实际上可以看作式（8.2）的另一种表现形式。

【例8-4】 根据表8-3中的数据，以报告期销售额为权数计算3种产品的销售量指数。

解：根据式（8.4）得

$$I_q=\frac{\sum\frac{q_1}{q_0}p_0q_0}{\sum p_0q_0}=\frac{1.03\times200+0.098\times50+1.10\times120}{200+50+120}=\frac{387}{370}=104.59\%$$

计算结果表明，与基期相比，报告期该企业3种产品的销售量平均提高了4.59%。

8.2.3 价值指数与指数体系

前面介绍了指数编制的一般方法。在实际应用中，不仅要确定单个指数的计算方法，更重要的是确定由几个指数组成的指数体系，以便对相互联系的社会经济现象作更深入的分析。

▶ **定义8.4** 由两个不同时期的价值总量对比形成的指数，称为价值指数（value index）。

价值总量通常可以分解为若干构成因素，如商品销售额是销售量（q）与销售价格（p）的乘积。因此，价值指数的一般形式可以写为：

$$v=\frac{\sum p_1q_1}{\sum p_0q_0} \tag{8.5}$$

为分析总量指数变动中各因素的影响方向和程度，可以对总量指数进行分解，得到各个因素指数，如商品销售额指数可分解为销售量与价格两个因素指数。

▶ **定义8.5** 由价值指数及其若干个因素指数构成的数量关系式，称为指数体系（index system）。

在指数体系中，总量指数与各因素指数之间的数量关系表现为两个方面：一是从相对量来看，总量指数等于各因素指数的乘积，如商品销售额指数=价格指数×销售量指数；二是从绝对量来看，总量的变动差额等于各因素指数变动差额之和。因此，指数体系可表示为：

$$\frac{\sum p_1q_1}{\sum p_0q_0}=\frac{\sum p_1q_1}{\sum p_0q_1}\times\frac{\sum p_0q_1}{\sum p_0q_0} \tag{8.6}$$

就绝对水平看其关系式为：

$$\sum p_1q_1-\sum p_0q_0=\left(\sum p_1q_1-\sum p_0q_1\right)+\left(\sum p_0q_1-\sum p_0q_0\right) \tag{8.7}$$

【例8-5】 根据表8-1中的有关数据，利用指数体系分析价格和销售量变动对销售额的影响。

解：销售额指数 $=\frac{\sum p_1q_1}{\sum p_0q_0}=\frac{886\ 800}{671\ 700}=132.02\%$

$$价格指数=\frac{\sum p_1q_1}{\sum p_0q_1}=\frac{886\,800}{865\,680}=102.44\%$$

$$销售量指数=\frac{\sum p_0q_1}{\sum p_0q_0}=\frac{865\,680}{671\,700}=128.88\%$$

三者之间的数量关系为：132.02%=102.44%×128.88%

与基期相比，报告期该粮油零售市场 3 种商品的销售额提高了 32.02%，其中由于价格的变动使销售额提高了 2.44%，由于销售量的变动使销售额提高了 28.88%。

从绝对变动水平来看：

$$销售额变动=\sum p_1q_1-\sum p_0q_0=886\,800-671\,700=215\,100(元)$$

$$价格变动的影响额=\sum p_1q_1-\sum p_0q_1=886\,800-865\,680=21\,120(元)$$

$$\begin{aligned}销售量变动的影响额&=\sum p_0q_1-\sum p_0q_0=865\,680-671\,700\\&=193\,980(元)\end{aligned}$$

三者之间的数量关系为：215 100=21 120+193 980

与基期相比，报告期该粮油零售市场 3 种商品的销售额增加了 215 100 元，其中由于价格的变动使销售额增加了 21 120 元，由于销售量的变动使销售额增加了 193 980 元。

8.3 几种常用的价格指数

上一节简单介绍了指数编制的思想和原理。实际应用中指数的编制要复杂得多，几乎没有完全按照上述公式计算的。但理解指数编制的思想和原理，对理解现实中的指数还是有一定帮助的。

在现实生活中，指数的编制通常是特定政府部门或专业研究机构中少数几个人的事。比如，统计部门公布的各种价格指数主要是统计局的某个部门编制的，股票价格指数是证券交易所编制的，房地产价格指数是由专门的研究机构编制的，等等。这些机构编制并定期公布指数数据。对大多数人而言，没有必要关心指数是如何编制的，只要知道指数所表达的意思就行了。你不会为不知道股票价格指数是怎样编制的而不投资股票，也不会因为不知道 CPI 是怎样编制的而不知道如何消费。一个指数的数值在多数人眼里只是一个“符号”而已。

统计部门编制的价格指数主要有居民消费价格指数（CPI）、工业生产者出厂价格指数（PPI）、商品零售价格指数、固定资产投资价格指数等。其中多数人最为关心的主要是居民消费价格指数。这些价格指数的含义、基本的编制过程和样本选择等都可在国家统计局网站上查到。

8.3.1 消费者价格指数

居民消费价格指数是我国的称谓，实际上它也被广泛称为消费者价格指数（consumer price index)，简称 CPI。它是世界各国普遍编制的一种指数。CPI 是反映一定时期内城乡居民所购买的生活消费品和服务项目价格变动趋势和程度的相对数，是对城市居民消费价格指数和农村居民消费价格指数进行综合汇总计算的结果。通过这一指数，可以观察消费价格的变动水平及对消费者货币支出的影响，研究实际收入和实际消费水平的变动状况，还可以分析生活消费品和服务项目价格变动对职工货币工资的影响。CPI 也是有关部门制定宏观经济政策的重要参考依据。

CPI 是根据样本商品计算的，它的变动反映的是整个消费者群体消费支出的增加或减少。注意：CPI 的上涨或下降不一定意味着你个人的消费支出就一定增加或减少，因为它不能反映个人的消费结构。

8.3.2 生产者价格指数

工业生产者出厂价格指数一般称为生产者价格指数（producer price index)，简称 PPI。PPI 是反映一定时期内全部工业产品出厂价格总水平的变动趋势和程度的相对数，包括工业企业售给本企业以外所有单位的各种产品和直接售给居民用于生活消费的产品。该指数可以观察出厂价格变动对工业总产值及增加值的影响。多数人不像关心 CPI 那样关心 PPI，实际上，PPI 的变动在某种程度上反映了企业生产成本的变动。比如，企业购进的原材料价格上涨，生产成本提高，必然造成出厂价格提高，这最终又会传导到消费价格的提高，导致 CPI 上涨。

8.3.3 股票价格指数

股票价格指数（stock price index）反映的是某一股票市场上多种股票交易价格的变动，其单位用“点”(point）表示。目前，世界各国和地区的主要证券交易所都有自己的股票价格指数，比如，美国的道琼斯股票价格指数和标准普尔股票价格指数，英国的伦敦金融时报 FTSE100 指数，德国的法兰克福 DAX 指数，法国的巴黎 CAC 指数，瑞士的苏黎世 SMI 指数，日本的日经 225 指数等。我国的上海和深圳两个证券交易所也编制了自己的股票价格指数，如上交所的综合指数、深交所的成分股指数、沪深 300 指数等。由于影响股市波动的原因多且复杂，股票价格指数可以作为证券投资者投资时的参考。

本章小结

下面的框图总结了本章介绍的指数公式。

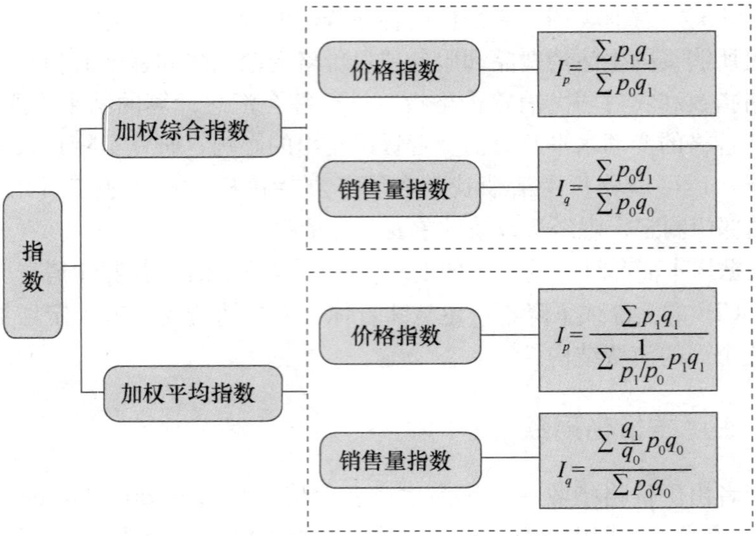

练习题和答案

一、思考题

8.1　解释指数的含义。

8.2　简述指数的分类。

8.3　加权综合指数和加权平均指数有何区别与联系？

二、选择题

1. 设 p 为商品价格，q 为销售量，则指数 $\frac{\sum p_0q_1}{\sum p_0q_0}$ 的实际意义是综合反映（　　）。

A. 商品销售额的变动程度

B. 商品价格变动对销售额的影响程度

C. 商品销售量变动对销售额的影响程度

D. 商品价格和销售量变动对销售额的影响程度

2. 某地区 2022 年的零售价格指数为 105%，这说明（　　）。

A. 商品销售量增长了 5%　　　　B. 商品销售价格增长了 5%

C. 价格变动使销售量增长了 5%　　　　D. 销售量变动使价格增长了 5%

3. 某商店 2022 年与 2021 年相比，商品销售额增长了 16%，销售量增长了 18%，则销售价格增减变动的百分比为（　　）。

A. 1.7%　　　　B. −0.02%

C. 3.7%　　　　D. −0.98%

4. 在指数体系中，总量指数与各因素指数之间的数量关系是（　　）。

A. 总量指数等于各因素指数之和　　B. 总量指数等于各因素指数之差

C. 总量指数等于各因素指数之积　　D. 总量指数等于各因素指数之商

5. 三种空调销售量今年相比去年的指数为106%，三种空调的销售额今年比去年增长8%，则（　　）。

A. 三种空调的价格均有所上涨

B. 价格的提高使销售额提高101.89%

C. 价格的提高使销售额提高14.48%

D. 三种空调的价格综合指数为101.89%

6. 某企业三种产品的生产数据如下：

产品	报告期比基期销售量增长率（%）	销售额	
		基期	报告期
A	1.1	12	9
B	2.3	15	13
C	1.9	10	10

以销售额为权数计算的销售量加权平均指数为（　　）。

A. 101.77%　　B. 101.80%

C. 101.84%　　D. 101.23%

7. 某企业三种产品的生产数据如下：

产品	报告期比基期销售量增长率（%）	销售额	
		基期	报告期
A	1.1	12	9
B	2.3	15	13
C	1.9	10	10

以销售额为权数计算的价格加权平均指数为（　　）。

A. 88.05%　　B. 84.93%

C. 88.08%　　D. 84.96%

8. 某商场第一季度的销售额比去年同期销售额增长了4%，该商场的综合价格指数比去年上涨了5%，则该商场销售量增长了（　　）。

A. 2%　　B. 0.96%

C. −0.95%　　D. −0.96%

9. 根据某市楼市2022年度统计，各房型第一季度和第二季度销售量和平均价格数据如下：

房型	销售量（万平方米）		平均价格（元/平方米）	
	第一季度	第二季度	第一季度	第二季度
商品房住宅	562.34	607.45	6 280	6 353
经济适用房	144.40	157.71	3 249	3 303
存量房	115.30	124.72	2 552	2 521
二手房	70.48	71.62	3 368	3 154
商铺写字楼	22.26	20.38	13 881	12 589

第二季度与第一季度相比，各房型的价格上涨幅度为（　　）。

A. 100.14%　　　　B. 106.78%

C. 0.14%　　　　D. 6.78%

10. 根据某市楼市2022年度统计，各房型第一季度和第二季度销售量和平均价格数据如下：

房型	销售量（万平方米）		平均价格（元/平方米）	
	第一季度	第二季度	第一季度	第二季度
商品房住宅	562.34	607.45	6 280	6 353
经济适用房	144.40	157.71	3 249	3 303
存量房	115.30	124.72	2 552	2 521
二手房	70.48	71.62	3 368	3 154
商铺写字楼	22.26	20.38	13 881	12 589

第二季度与第一季度相比，各房型销售量上涨幅度为（　　）。

A. 100.14%　　　　B. 106.78%

C. 0.14%　　　　D. 6.78%

三、计算与分析题

8.1　某商场出售三种商品的销售量和销售价格资料如下：

商品名称	计量单位	销售量 q		价格 p（元）	
		基期 q_0	报告期 q_1	基期 p_0	报告期 p_1
甲	件	50	52	200	280
乙	米	30	25	100	110
丙	个	40	50	400	450

试计算：

(1) 三种商品销售额总指数；

(2) 以报告期销售量为权数计算三种商品的价格综合指数；

(3) 以基期价格为权数计算三种商品的销售量综合指数；

（4）分析销售量和价格变动对销售额影响的绝对数和相对数。

8.2 根据题8.1中的数据，计算以基期销售量为权数的加权价格指数和以报告期价格为权数的加权销售量指数，并将结果与题8.1的结果进行比较，说明其差异的原因。

8.3 某工厂生产三种产品的有关资料如下：

产品名称	计量单位	总成本（万元）		报告期产量比基期增长（%）
		基期	报告期	
甲	件	45.4	53.6	14.0
乙	米	30.0	33.8	13.5
丙	台	55.2	58.5	8.6

试计算：

（1）三种产品的总成本指数；

（2）以基期总成本为权数的产量指数；

（3）以报告期总成本为权数的单位成本指数；

（4）分析产量和单位成本的变动对产品总成本的影响。

8.4 利用指数体系回答下列问题。

（1）某商场2022年与2021年相比，各种商品的销售量增长了6%，总销售额增长了10%。该商场2022年的销售价格有什么变化？

（2）某地区居民消费价格指数是108%，试分析货币购买力的变化。

四、练习题解答

选择题答案

1. C；2. B；3. B；4. C；5. D；6. B；7. D；8. C；9. C；10. D。

计算与分析题答案

8.1 （1）销售额总指数如下：$v=137.28\%$。

（2）价格综合指数如下：$I_p=121.00\%$。

（3）销售量综合指数如下：$I_q=113.45\%$。

（4）销售量变动使销售额增加13.45%，增加的销售额为3 900元；价格变动使销售额增加21%，增加的销售额为10 810元。

8.2 加权价格指数为：$I_p=121.72\%$。

加权销售量指数为：$I_q=112.78\%$。

与习题8.1的结果有差异的原因是采用的权数的时期不同。

8.3 （1）总成本指数为：$v=111.7\%$。

（2）产量指数为：$I_q=111.6\%$。

（3）单位成本指数为：$I_p=100.1\%$。

（4）产量变动使销售额增加11.6%，增加销售额为15.153 2万元；单位成本变动使销售额增加 0.1%，增加销售额为 0.146 8 万元。

8.4 (1) 销售价格增长了 3.77%。

(2) 货币购买力指数为 92.593%，表明该地区居民消费价格指数上涨使货币购买力下降了 7.407%。

附录 用 Excel 生成概率分布表

表 1　　标准正态分布概率表

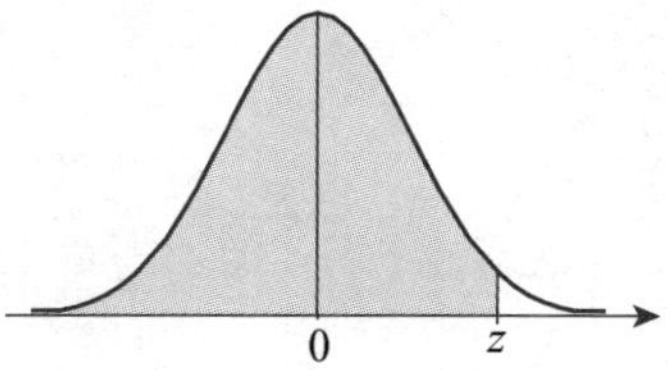

用【NORM. S. DIST】函数生成标准正态分布的累积概率 $P(Z \leqslant z)$ 表

第 1 步：将 z 的值（可根据需要确定）输入工作表的 A 列，将 z 取值的尾数输入第 1 行，形成标准正态分布的表头，如下图所示。

	A	B	C	D	E	F	G	H	I	J
1	**z**	**0.00**	**0.01**	**0.02**	**0.03**	**0.04**	**0.05**	**0.06**	**0.07**	**0.08**
2	**0.0**									
3	**0.1**									
4	**0.2**									
5	**0.3**									
6	**0.4**									
7	**0.5**									
8	**0.6**									
9	**0.7**									
10	**0.8**									
11	**0.9**									
12	**1.0**									

第 2 步：在 B2 单元格输入公式：＝NORM. S. DIST($A2＋B$1,1)，然后将其向下、向右复制即可得到标准正态分布的概率表，部分结果如下图所示（可根据需要生成不同 z 的标准正态分布累积概率表）。

	A	B	C	D	E	F	G	H	I	J
1	**z**	**0.00**	**0.01**	**0.02**	**0.03**	**0.04**	**0.05**	**0.06**	**0.07**	**0.08**
2	**0.0**	0.5000	0.5040	0.5080	0.5120	0.5160	0.5199	0.5239	0.5279	0.5319
3	**0.1**	0.5398	0.5438	0.5478	0.5517	0.5557	0.5596	0.5636	0.5675	0.5714
4	**0.2**	0.5793	0.5832	0.5871	0.5910	0.5948	0.5987	0.6026	0.6064	0.6103
5	**0.3**	0.6179	0.6217	0.6255	0.6293	0.6331	0.6368	0.6406	0.6443	0.6480
6	**0.4**	0.6554	0.6591	0.6628	0.6664	0.6700	0.6736	0.6772	0.6808	0.6844
7	**0.5**	0.6915	0.6950	0.6985	0.7019	0.7054	0.7088	0.7123	0.7157	0.7190
8	**0.6**	0.7257	0.7291	0.7324	0.7357	0.7389	0.7422	0.7454	0.7486	0.7517
9	**0.7**	0.7580	0.7611	0.7642	0.7673	0.7704	0.7734	0.7764	0.7794	0.7823
10	**0.8**	0.7881	0.7910	0.7939	0.7967	0.7995	0.8023	0.8051	0.8078	0.8106
11	**0.9**	0.8159	0.8186	0.8212	0.8238	0.8264	0.8289	0.8315	0.8340	0.8365
12	**1.0**	0.8413	0.8438	0.8461	0.8485	0.8508	0.8531	0.8554	0.8577	0.8599

表 2 标准正态分布分位数表

用【NORM. S. INV】函数生成标准正态分布的分位数表

分位数是根据标准正态分布随机变量分布累积概率的值计算相应的临界值。如果有 $P(Z\leqslant z)=p$，则对于任意给定的 $p(0\leqslant p\leqslant 1)$ 可以求出相应的 z。

第 1 步：将标准正态变量累积概率的值输入工作表的 A 列，其尾数输入第一行，形成标准正态分布分位数表的表头，如下图所示。

	A	B	C	D	E	F	G	H	I	J
1	**p**	**0.000**	**0.001**	**0.002**	**0.003**	**0.004**	**0.005**	**0.006**	**0.007**	**0.008**
2	**0.50**									
3	**0.51**									
4	**0.52**									
5	**0.53**									
6	**0.54**									
7	**0.55**									
8	**0.56**									
9	**0.57**									
10	**0.58**									
11	**0.59**									
12	**0.60**									
13	**0.61**									
14	**0.62**									
15	**0.63**									
16	**0.64**									
17	**0.65**									

第 2 步：在 B2 单元格输入公式：＝NORM. S. INV（＄A2＋B＄1），然后将其向下、向右复制即可得到标准正态分布的分位数表，部分结果如下图所示（读者可根据需要生成不同 p 值的标准正态分布分位数表）。

	A	B	C	D	E	F	G	H	I	J
1	**p**	**0.000**	**0.001**	**0.002**	**0.003**	**0.004**	**0.005**	**0.006**	**0.007**	**0.008**
2	**0.50**	0.0000	0.0025	0.0050	0.0075	0.0100	0.0125	0.0150	0.0175	0.0201
3	**0.51**	0.0251	0.0276	0.0301	0.0326	0.0351	0.0376	0.0401	0.0426	0.0451
4	**0.52**	0.0502	0.0527	0.0552	0.0577	0.0602	0.0627	0.0652	0.0677	0.0702
5	**0.53**	0.0753	0.0778	0.0803	0.0828	0.0853	0.0878	0.0904	0.0929	0.0954
6	**0.54**	0.1004	0.1030	0.1055	0.1080	0.1105	0.1130	0.1156	0.1181	0.1206
7	**0.55**	0.1257	0.1282	0.1307	0.1332	0.1358	0.1383	0.1408	0.1434	0.1459
8	**0.56**	0.1510	0.1535	0.1560	0.1586	0.1611	0.1637	0.1662	0.1687	0.1713
9	**0.57**	0.1764	0.1789	0.1815	0.1840	0.1866	0.1891	0.1917	0.1942	0.1968
10	**0.58**	0.2019	0.2045	0.2070	0.2096	0.2121	0.2147	0.2173	0.2198	0.2224
11	**0.59**	0.2275	0.2301	0.2327	0.2353	0.2378	0.2404	0.2430	0.2456	0.2482
12	**0.60**	0.2533	0.2559	0.2585	0.2611	0.2637	0.2663	0.2689	0.2715	0.2741
13	**0.61**	0.2793	0.2819	0.2845	0.2871	0.2898	0.2924	0.2950	0.2976	0.3002
14	**0.62**	0.3055	0.3081	0.3107	0.3134	0.3160	0.3186	0.3213	0.3239	0.3266
15	**0.63**	0.3319	0.3345	0.3372	0.3398	0.3425	0.3451	0.3478	0.3505	0.3531
16	**0.64**	0.3585	0.3611	0.3638	0.3665	0.3692	0.3719	0.3745	0.3772	0.3799
17	**0.65**	0.3853	0.3880	0.3907	0.3934	0.3961	0.3989	0.4016	0.4043	0.4070

表 3　　χ^2分布临界值表

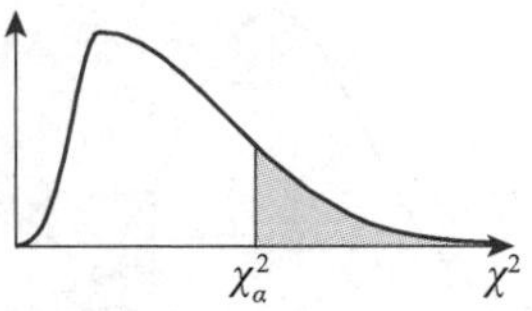

用【CHISQ. INV. RT】函数构建χ^2分布的临界值表

该表是根据χ^2分布的右尾概率 α 计算的相应的临界值，即如果 $P(\chi^2 \geqslant x) = \alpha$，则对于任意给定的概率 α（$0 \leqslant \alpha \leqslant 1$），可以求出相应的 x。

第 1 步：将χ^2分布自由度 df 的值输入工作表的 A 列，将右尾概率 α 的取值输入第 1 行，形成χ^2分布临界值表的表头，如下图所示。

	A	B	C	D	E	F	G	H
1	**df/α**	**0.995**	**0.990**	**0.975**	**0.950**	**0.900**	**0.100**	**0.050**
2	**1**							
3	**2**							
4	**3**							
5	**4**							
6	**5**							
7	**6**							
8	**7**							
9	**8**							
10	**9**							
11	**10**							
12	**11**							
13	**12**							
14	**13**							
15	**14**							
16	**15**							

第 2 步：在 B2 单元格输入公式：＝CHISQ. INV. RT(B＄1，＄A2)，然后将其向下、向右复制即可得到χ^2分布的临界值表，部分结果下图所示（可根据需要生成不同 α 和不同自由度的χ^2分布的临界值表）。

	A	B	C	D	E	F	G	H
1	**df/α**	**0.995**	**0.990**	**0.975**	**0.950**	**0.900**	**0.100**	**0.050**
2	**1**	0.0000	0.0002	0.0010	0.0039	0.0158	2.7055	3.8415
3	**2**	0.0100	0.0201	0.0506	0.1026	0.2107	4.6052	5.9915
4	**3**	0.0717	0.1148	0.2158	0.3518	0.5844	6.2514	7.8147
5	**4**	0.2070	0.2971	0.4844	0.7107	1.0636	7.7794	9.4877
6	**5**	0.4117	0.5543	0.8312	1.1455	1.6103	9.2364	11.0705
7	**6**	0.6757	0.8721	1.2373	1.6354	2.2041	10.6446	12.5916
8	**7**	0.9893	1.2390	1.6899	2.1673	2.8331	12.0170	14.0671
9	**8**	1.3444	1.6465	2.1797	2.7326	3.4895	13.3616	15.5073
10	**9**	1.7349	2.0879	2.7004	3.3251	4.1682	14.6837	16.9190
11	**10**	2.1559	2.5582	3.2470	3.9403	4.8652	15.9872	18.3070
12	**11**	2.6032	3.0535	3.8157	4.5748	5.5778	17.2750	19.6751
13	**12**	3.0738	3.5706	4.4038	5.2260	6.3038	18.5493	21.0261
14	**13**	3.5650	4.1069	5.0088	5.8919	7.0415	19.8119	22.3620
15	**14**	4.0747	4.6604	5.6287	6.5706	7.7895	21.0641	23.6848
16	**15**	4.6009	5.2293	6.2621	7.2609	8.5468	22.3071	24.9958

表 4　　t 分布临界值表

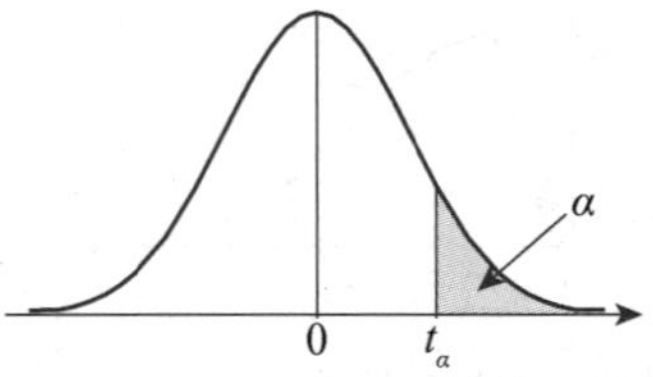

用 Excel 的【T. INV】函数构建 t 分布的临界值表

该表是根据 t 分布的右尾概率 α 计算的相应的临界值。如果 $P(t\geqslant x)=\alpha$，则对于任意给定的概率 $\alpha(0\leqslant\alpha\leqslant 1)$，可以求出相应的 x。

第 1 步：将 t 分布自由度 df 的值输入工作表的 A 列，将右尾概率 α 的取值输入第 1 行，形成 t 分布临界值表的表头，如下图所示。

	A	B	C	D	E	F	G	H
1	df/α	0.100	0.050	0.025	0.010	0.005	0.001	0.0005
2	1							
3	2							
4	3							
5	4							
6	5							
7	6							
8	7							
9	8							
10	9							
11	10							
12	11							
13	12							
14	13							
15	14							
16	15							

第 2 步：在 B2 单元格输入公式：=T. INV(B$1, $A2) * −1，然后将其向下、向右复制即可得到 t 分布的临界值表，部分结果如下图所示（读者可根据需要生成不同 α 和不同自由度的 t 分布的临界值表）。

	A	B	C	D	E	F	G	H
1	df/α	0.100	0.050	0.025	0.010	0.005	0.001	0.0005
2	1	3.0777	6.3138	12.7062	31.8205	63.6567	318.3088	636.6192
3	2	1.8856	2.9200	4.3027	6.9646	9.9248	22.3271	31.5991
4	3	1.6377	2.3534	3.1824	4.5407	5.8409	10.2145	12.9240
5	4	1.5332	2.1318	2.7764	3.7469	4.6041	7.1732	8.6103
6	5	1.4759	2.0150	2.5706	3.3649	4.0321	5.8934	6.8688
7	6	1.4398	1.9432	2.4469	3.1427	3.7074	5.2076	5.9588
8	7	1.4149	1.8946	2.3646	2.9980	3.4995	4.7853	5.4079
9	8	1.3968	1.8595	2.3060	2.8965	3.3554	4.5008	5.0413
10	9	1.3830	1.8331	2.2622	2.8214	3.2498	4.2968	4.7809
11	10	1.3722	1.8125	2.2281	2.7638	3.1693	4.1437	4.5869
12	11	1.3634	1.7959	2.2010	2.7181	3.1058	4.0247	4.4370
13	12	1.3562	1.7823	2.1788	2.6810	3.0545	3.9296	4.3178
14	13	1.3502	1.7709	2.1604	2.6503	3.0123	3.8520	4.2208
15	14	1.3450	1.7613	2.1448	2.6245	2.9768	3.7874	4.1405
16	15	1.3406	1.7531	2.1314	2.6025	2.9467	3.7328	4.0728

参考书目

［1］贾俊平．统计学：基于 Excel. 3 版．北京：中国人民大学出版社，2022.
［2］贾俊平．统计学：基于 SPSS. 4 版．北京：中国人民大学出版社，2022.
［3］贾俊平．统计学：基于 R. 5 版．北京：中国人民大学出版社，即将出版．
［4］贾俊平．数据分析基础：Excel 实现．北京：中国人民大学出版社，2022.
［5］埃维森，格根．统计学：基本概念和方法．北京：高等教育出版社，2000.

贾俊平的其他相关著作

本书基于 SPSS 实现全部例题的计算与分析，并给出了 SPSS 的详细操作步骤和结果。内容包括数据的描述性分析方法、推断方法以及其他常用的一些统计方法等。可作为高等院校经济管理类专业以及部分理、工、农、林、医、药专业的本科生教材使用。

本书包括描述方法、推断方法及其他一些常用的统计方法。结合使用 SPSS 和 Excel 两个软件并给出了具体操作步骤。可作为高等院校经济管理类专业以及部分理、工、农、林、医、药专业的本科或研究生教材使用。

本书基于 Excel 实现例题的计算与分析。内容包括描述统计、推断统计以及实际中常用的一些统计方法等。可作为高等院校非统计学专业本科生教材使用，也可作为实际工作者的参考书。

本书基于 R 实现全部例题的计算与分析，并给出了 R 的详细程序和结果。内容包括数据的描述性分析方法、推断方法以及其他常用的一些统计方法等。可作为高等院校经济管理类专业以及部分理、工、农、林、医、药专业的本科生教材使用。

本书从数据分析角度介绍可视化方法。内容包括类别数据可视化、分布特征可视化、变量间关系可视化、样本相似性可视化、时间序列可视化、概率分布可视化等，所有图形均使用 R 软件实现。可作为高等教育开设可视化课程教材使用。

本书基于 Python 实现例题计算与分析。内容包括 Python 数据处理、数据可视化分析、数据的描述性分析、推断分析以及实际中常用的一些数据分析方法等。可作为高等职业教育教材使用，也可作为数据分析工作者的参考书。

图书在版编目（CIP）数据

统计学基础/贾俊平编著．--7版．--北京：中国人民大学出版社，2023.1
21世纪通识教育系列教材
ISBN 978-7-300-31133-3

Ⅰ．①统… Ⅱ．①贾… Ⅲ．①统计学—高等学校—教材 Ⅳ．①C8

中国版本图书馆CIP数据核字（2022）第191238号

21世纪通识教育系列教材
统计学基础（第7版）
贾俊平　编著
Tongjixue Jichu

出版发行 中国人民大学出版社			
社　　址 北京中关村大街31号		**邮政编码** 100080	
电　　话 010－62511242（总编室）		010－62511770（质管部）	
010－82501766（邮购部）		010－62514148（门市部）	
010－62511173（发行公司）		010－62515275（盗版举报）	
网　　址 http：//www.crup.com.cn			
经　　销 新华书店			
印　　刷 北京昌联印刷有限公司		**版　　次** 2010年4月第1版	
开　　本 787 mm×1092 mm　1/16		2023年1月第7版	
印　　张 14.5 插页1		**印　　次** 2025年8月第8次印刷	
字　　数 314 000		**定　　价** 42.00元	

中国人民大学出版社　理工出版分社

教师教学服务说明

中国人民大学出版社理工出版分社以出版经典、高品质的统计学、数学、心理学、物理学、化学、计算机、电子信息、人工智能、环境科学与工程、生物工程、智能制造等领域的各层次教材为宗旨。

为了更好地为一线教师服务，理工出版分社着力建设了一批数字化、立体化的网络教学资源。教师可以通过以下方式获得免费下载教学资源的权限：

★ 在中国人民大学出版社网站 www.crup.com.cn 进行注册，注册后进入“会员中心”，在左侧点击“我的教师认证”，填写相关信息，提交后等待审核。我们将在一个工作日内为您开通相关资源的下载权限。

★ 如您急需教学资源或需要其他帮助，请加入教师 QQ 群或在工作时间与我们联络。

中国人民大学出版社　理工出版分社

教师 QQ 群： 229223561(统计2组) 982483700(数据科学) 361267775(统计1组)
教师群仅限教师加入，入群请备注（学校+姓名）

联系电话： 010-62511967，62511076

电子邮箱： lgcbfs@crup.com.cn

通讯地址： 北京市海淀区中关村大街 31 号中国人民大学出版社 507 室（100080）